LA COMMUNAUTE EN PAROLES.
Communication, consensus, ruptures

 *PHILOSOPHIE ET LANGAGE*

Sous la direction de
Herman Parret

la communauté en paroles

Communication, consensus, ruptures

MARDAGA

© 1991, Pierre Mardaga, éditeur
Rue Saint-Vincent 12 - 4020 Liège
D. 1991-0024-3

Présentation

La pragmatisation des philosophies du langage et des linguistiques, aujourd'hui, implique que les discours, dans leur riche diversité, sont produits et compris par des sujets qui pensent, parlent et agissent en communauté. Cette intuition n'est souvent que présupposée, sans qu'il y ait de détermination explicite ou de conceptualisation cohérente de la notion de communauté. D'ailleurs, les diverses approches en pragmatique contemporaine en proposent des définitions souvent contradictoires. La pragmatique contextuelle — à partir de Charles Morris et tout au long de la tradition anglo-saxonne — a tendance à considérer, de façon minimaliste, la communauté comme un contexte particulier, parmi d'autres, fonctionnant tout simplement comme un ensemble de facteurs psychosociaux. L'impact de la communauté est ainsi réduit à celui d'un référent bien identifiable, dénoté par des marqueurs spécifiques du discours, et ne jouant aucun rôle fondateur dans la vie du discours. Une pragmatique énonciative, par contre, favorisée par la plupart des courants européens en pragmatique, a fort heureusement tendance à enraciner l'énonciation dans un sujet dont l'agir est contraint par l'existence des communautés. Le sujet-en-communauté est alors le principe même de toute signification se manifestant dans les sociétés, les cultures et les discours. Toutefois, peu d'auteurs, qu'ils soient philosophes ou linguistes, ont élaboré une réflexion approfondie et systématique concernant les rapports, de quelle nature qu'ils soient, entre le sujet énonciateur, la gamme des contextes et la communauté. Le livre que vous avez sous les yeux se propose de jeter quelque lumière épistémologique sur ces rapports fondateurs du sens, non pas en développant une doctrine homogène mais en présentant des points de vue complémentaires. Les contributions dans ce volume illustrent différentes positions sur l'axe qui va de l'empirique vers le théorique, bien qu'elles manifestent toutes une ambition de clarification terminologique et surtout conceptuelle. Les auteurs se sont imposé quelques restrictions thématiques. La réflexion se limite à la *communauté en paroles*, la communauté parlante, ou la communauté de celles et de ceux qui parlent. Il va de soi que la communauté en paroles n'est pas totalement dissociable de la communauté qui pense ou qui joue, ou de la communauté à la recherche de vérité ou d'accomplissement passionnel, comme on le constatera dans plusieurs études de ce recueil. Les trois sous-thèmes — *communication, consensus, ruptures* — sont pensés à partir de la *communauté en paroles*. On notera plusieurs recoupements des orientations et des options défendues mais également de sérieux désaccords. Le présent avant-propos ne fait qu'évoquer quelques lignes de force qui parcourent l'ensemble des études.

1. On découvrira vite, lors du cheminement à travers ce livre, les hésitations et les interrogations, de nature essentiellement épistémologique, concernant le rapport de la *communauté* à l'*individu*, à la *collectivité* et à la *société*. On constatera d'emblée des tensions dans ce champ conceptuel. On ne peut faire l'économie, semble-t-il, d'aucune de ces notions. A quel moment, et par quel supplément conceptuel, un groupe d'individus, une collectivité, une société, deviennent-ils une communauté? On a une intuition bien marquée de la progression en intensité et en importance, comme si la communauté *ajoutait* quelque chose de spécifiquement fondateur et servait de finalité aux autres modes d'être-ensemble.

Le dialogue «raisonné», comme Douglas Walton en décrit la structure et les sophismes, avec sa fonction maïeutique bienfaisante et en même temps par son mouvement stratégique, suffit-il pour qu'une vraie communauté entre interlocuteurs s'installe? Certes, il y a une *rationalité des argumentateurs* qui se manifeste par la mise en œuvre normative des procédures argumentatives mais également par la provocation de déviations, voire de violations. Mais le fonctionnement de cette rationalité ne présuppose pas plus qu'un «intérêt de la raison» bien limité : atteindre un but acceptable pour les deux interlocuteurs. Le comportement stratégique de l'argumentateur n'aboutit en effet jamais à la rupture de la communication, mais il ne transcende pas non plus l'intérêt des individus. Le «dialogue raisonné» de deux argumentateurs n'est sans doute pas un véritable dialogue? — dont parle avec insistance Francis Jacques —

il ne réalise qu'un être-ensemble d'un groupe d'individus interagissant en dehors de tout horizon communautarisant.

Cette «société d'individus radicalement séparés» est analysée par Jean-Pierre Dupuy à partir de la «connaissance commune» (*common knowledge*) dont les individus témoignent quand ils jouent, bien sérieusement, le jeu économique dans la société. Dupuy indique les limites de l'individualisme méthodologique hypostasié par la théorie des jeux, modèle dominant et hautement opérationnel dans les sciences sociales d'aujourd'hui. Là encore, on peut se demander si l'être-ensemble des individus qui disposent de cette «connaissance commune» leur permettant de jouer stratégiquement, est vraiment communautaire. La théorie des jeux, qui parvient avec succès à formaliser le comportement stratégique des joueurs, n'a affaire qu'à des individus qui sont «... des êtres souverains, autonomes et rationnels, mus par leur seul intérêt et coupés de toute influence et de toute sujétion — bref, des êtres dépourvus de tout ce qui fait la vie en société, la subordination à une totalité vivante et nourricière, l'intégration à une communauté indépendamment de tout consentement formel» (p. 36). Dupuy, inspiré par certaines positions de Lacan, défend au moyen d'exemples illustratifs bien convaincants la thèse selon laquelle «l'idéal de transparence totale et de réflexivité absolue manifesté par la ‹connaissance commune› (ne peut) jamais venir à bout de l'extériorité et de l'opacité du collectif» (p. 41). La réflexivité parfaite de la connaissance commune des joueurs mène à une spécularité infinie qui, pour Dupuy, est un idéal autoréfutant et la négation de l'opacité du social. La communauté ne peut être identifiée au groupe des individus ayant en commun une «connaissance» réciproque de leurs intérêts. «La solidarité sociale», comme disait déjà Durkheim, cité par Dupuy, «... est autre chose que l'accord spontané des intérêts individuels, accord dont les contrats sont l'expression naturelle» (p. 36). Cette solidarité-là, au-delà de toute contractualité et de toute conventionnalité, est sans doute nécessaire pour qu'un groupe d'individus se transforme en véritable collectivité, première étape vers l'être-ensemble communautaire.

On retrouve avec surprise cette évocation bien durkheimienne de l'opacité du social dans le traitement de l'*intentionnalité collective* par John Searle. C'est à partir d'une analyse subtile du comportement collectif intentionnel (l'équipe de football, l'orchestre), non équivalent à la somme des comportements individuels, que Searle postule un *«sentiment de la communauté»* pré-existant même à l'intentionnalité collective, voire à la communication et aux actes de langage. Le social ou, si l'on veut, le communautaire, transcende le groupe des individus partageant une intention collective. «L'intentionnalité collective présuppose, en arrière-plan», écrit Searle, «un sentiment de la communauté, un sentiment d'être un groupe, d'‹être-ensemble›; c'est-à-dire qu'elle présuppose un sentiment des autres comme étant plus que de simples agents conscients, comme étant des membres réels ou potentiels d'une activité de coopération» (p. 241). Que «les consciences fusionnent en un sentiment du *nous*» (p. 241) n'est pas une croyance mais un *fait* se manifestant quotidiennement dans le comportement collectif. Que ce sentiment de la communauté soit, selon Searle, biologiquement primitif, est une affirmation qui *s'ajoute* déjà à la proposition qui nous intéressait en premier lieu : que la communication, la conversation et le dialogue, tout comme l'intentionnalité collective, *présupposent* un être-ensemble communautaire transcendant l'être-ensemble en «groupe» d'individus.

John Searle marque ainsi, de sa façon bien limpide, un point que Pierre-Jean Labarrière transpose considérablement dans son beau traitement de la «sémantique» de la communauté, se référant à Hegel et surtout à Ferdinand Tönnies, «inventeur» du schème qui oppose «communauté» et «société». Searle cherche le fondement du comportement social dans le «sentiment du *nous*» ou «sentiment de communauté». Labarrière refuse de placer l'être-ensemble communautaire dans la sphère du *sentiment* et il soutient, par contre, que la communauté «est la *forme idéelle* — d'aucuns diront : transcendantale — qui nous sollicite dans l'immédiateté des conditions sociétales» (p. 126). Notre auteur formule quelques conséquences à partir de cette proposition. L'idée de communauté ne peut être pensée en marge des besoins de l'homme et de l'organisation que ces besoins requièrent : la communauté n'est ni un paradis perdu ni une expérance mythique ni une valeur manipulable dans l'intériorité des sujets. Bien que la communauté n'ait pas de lieu et qu'elle ne se signale que par son inexistence, elle ne peut qu'assumer les conditions mêmes de la société. L'idée de communauté agit à la façon d'un principe opératoire : inexistante en soi, elle travaille sur les formes concrètes de la société. Tönnies déjà avait étudié le rapport la communauté à la société dans son ouvrage de 1887 : *Gemeinschaft und Gesellschaft*, les deux concepts de la «sociologie pure», s'opposant comme les forces élémentaires dans les rapports humains que sont la volonté *organique* et la volonté *réfléchie*. La sphère de la communauté (parenté, voisinage, amitié), selon Tönnies, est celle d'un vivre-ensemble confiant et intime, opposé à la sphère de la société dominée par les valeurs de l'échange et par la nécessité du contrat. La *Gemeinschaft* (avec ses dérivés : *Gemeinwesen, Gemeinde*) est un philosophème qui fascine la philosophie allemande depuis les Lumières. L'histoire de ce philosophème nous apprend que deux options ont été formulées : ou bien on accepte la dialectisation des conditions sociétales et des exigences communautaires, ou bien on résiste à cette dialectisation. En tout cas, Labarrière dissocie l'être-ensemble communautaire de la sphère du sentiment, où Searle l'avait pourtant située : la communauté, écrit Labarrière, «désigne (...), hors de toute figure immédiatement réalisable, le lieu et la forme de (la) *conceptualisation irreprésentable* (des conditions sociétales) (utopique et intemporelle)» (p. 126).

Michel Henry approfondit la question du statut de la communauté par un traitement phénoménologique transcendant l'opposition entre le *sentiment* de communauté et l'*idée* de communauté. Le phénoménologue s'intéresse avant tout à la *donation* de la réalité «commune» aux membres de la communauté. Ce que les sujets ont en commun, c'est la façon dont les choses leur sont données, et c'est en tant que *vivant* que le sujet entre dans la communauté, celle de la vie. Il ne peut y avoir d'opposition entre l'individu et la communauté, pas plus qu'entre le vivant et la vie — ils sont liés par le même destin. Toutefois, la vie s'auto-affectant est hors représentation, même hors monde. Par conséquent, la communauté est par essence invisible, non-perceptible. La non-perceptibilité de l'ipséité de la vie fait que l'être-ensemble sur le mode communautaire — en tant qu'êtres vivants — ne peut être ni une Idée ni un Sentiment. La perspective psychanalytique nous indique comment l'être-ensemble communautaire repose sur l'*affect* qu'est la vie elle-même. Je cite Michel Henry là où il conclut : «... Nous venons de dire ce qu'est un vivant et par conséquent la nature des relations que les vivants ont entre eux dans la communauté pour autant que la nature de leurs relations est identiquement leur propre nature : ce ne sont pas d'abord des relations sises dans le monde et dans sa représentation, mettant en jeu les lois de cette représentation, les lois de la conscience, ce sont les relations sises dans la vie, mettant en jeu les lois de la vie, sa nature, en premier lieu l'*affect* et la force qu'il produit. Ainsi pouvons-nous dire : *toute communauté est par essence affective...*» (p. 92). La vie s'auto-affectant est un fond communautaire, la communauté étant ainsi, comme le dit bien poétiquement Michel Henry, «nappe affective souterraine et chacun y boit la même eau à cette source et à ce puits qu'il est lui-même — mais sans le savoir, sans le distinguer de lui-même, de l'autre ni du fond» (p. 95). Ayant évoqué dans ma propre contribution la «communauté affective» des sujets, lors d'une quête épistémologique des fondements, je me trouve sans doute au même diapason que cette phénoménologie de la communauté des vivants que Michel Henry nous présente dans son article.

2. Les positions philosophiques évoquées sommairement dans ce qui précède concernent surtout la question de savoir si l'être-ensemble communautaire, dans sa distinction avec les autres modes d'être-ensem-

ble dans les collectivités et dans les sociétés, doit être caractérisé comme une Idée, un Sentiment ou un Affect. Une seconde série de contributions font abstraction de cette problématique dignement philosophique, pour se concentrer sur la *structuration interne* de la communauté en paroles. Quatre options sont représentées dans notre recueil. John Gumperz propose de l'évidence pour une première option selon laquelle l'*interprétation* qui instaure un fondement *cognitif* serait le principe de structuration des communautés en paroles et le paramètre décisif expliquant leurs hétérogénéités. Ce fondement cognitif est responsable des performances pluripartites de sujets disposant de présomptions communes concernant la communauté, maîtrisant un ensemble identique de stratégies rhétoriques et conversationnelles, et surtout déployant les mêmes techniques de contextualisation. Si les interlocuteurs coopèrent à la création et au maintien de la participation à la communauté, c'est qu'ils disposent d'un fondement cognitif commun résultant d'une interaction mouvante et créatrice.

Une seconde option présentée dans notre recueil par des auteurs comme Dougas Walton et, partiellement, Francis Jacques consacrent le *consensus* comme étant le principe de structuration des communautés en paroles. Comme déjà indiqué, Walton plaide en faveur du «dialogue raisonné», par conséquent en faveur d'une rationalité maîtrisant les sophismes et les stratégies «anti-communicationnelles», ce qui implique que le comportement stratégique n'est acceptable que s'il est de nature consensuelle. Francis Jacques, qui plaide avec conviction éthique pour un dialogisme bien plus englobant, présente en toute profondeur l'oscillation éternelle entre le *conflit* et le *consensus* comme principe de structuration de la communauté en paroles. On peut, en effet, essayer de maintenir en équilibre *irénè* et *agôn*, le consensus et le conflit, en notant que toute discorde n'est pas stérile ni tout consensus légitime (p. 110). L'angélisme sommaire et le pessimisme agonistique sont, nous explique Francis Jacques, deux idéologies éliminables par une théorie proprement dialogique du dialogue «où deux partenaires en relation *participent* à l'initiative sémantique» (p. 98). Les deux pôles, le conflit et le consensus, ne peuvent entretenir un rapport fonctionnel fructueux que sur l'horizon de l'*a priori communicationnel*. La reconstruction des conditions *a priori* de la communicabilité appartient déjà à la quête des fondements dont on dira un mot dans le troisième paragraphe de cet avant-propos. Reste que l'éternel va-et-vient entre *agôn* et *irénè* est un mouvement de structuration à l'intérieur des communautés de paroles. Jacques discute la position du déconstructionnisme et de Rorty à ce propos, et il refuse l'hypostase du différend insoluble tout comme l'idée d'une incommensurabilité radicale des théories, voire des discours en général, ne générant que des conflits incessants. Il faut déplacer le problème, nous conseille Francis Jacques, «de l'incommensurabilité des théories à la difficile communicabilité des discours correspondants» (p. 107), par conséquent à la *commensuration*. Jacques refuse de décider *a priori* de la pertinence du consensus en général, et il propose de sauvegarder la richesse du «sémantisme» de consensus : le consensus est de fait et/ou de droit, il est fondé et/ou fondateur. Comme il y a un bon et un mauvais usage du consensus, il n'y aura pas de réponse univoque aux questions : le consensus est-il l'objectif de *tout* échange de vue? Le consensus est-il désirable? Le consensus est-il un objectif payant? On peut conclure avec Francis Jacques que ce n'est pas le consensus qui sert de principe de structuration de la communauté en paroles, mais l'oscillation permanente entre le conflit et le consensus : «une telle conception ‹fonctionnelle›», écrit Francis Jacques, «contribue à dépasser les oppositions binaires toujours artificielles» (p. 116).

Michel Meyer, dans sa présentation des *Figures de l'humain*, suit la tradition philosophique, de Platon et d'Aristote par Descartes et Kant jusqu'à la nouvelle rhétorique, pour démontrer que la communauté ne peut être pensée qu'en rapport avec le *passionnel* marquant l'humain. C'est la troisième option concernant le principe de structuration des communautés, déployée dans ce livre. Meyer rappelle la conception aristotélicienne selon laquelle «l'humain se définit moins par l'identité que par la différence. Les hommes sont différents, et sans cesse, ils doivent veiller à ce que leurs différences ne les emportent au-delà du *juste milieu*, là où les extrêmes excluent les points de vue opposés, dont les Autres. Il est impossible de vivre en communauté (la *polis*), si l'exclusive, ou l'exclusion, se voit privilégiée par rapport à l'inclusion communautaire» (p. 169). L'humain, pour Meyer, c'est la différence — la *passion* alors exprime cette différence. La vie en communauté ne sera possible qu'à partir d'un règlement des différends dans la discussion, et donc par la maîtrise des passions, de ce qu'il y a de plus profondément humain. On note chez Descartes la culmination d'une mentalité qui exalte la domestication de la différence ou de l'hétérogénéité radicale et le repérage de l'identité derrière le *pathos* différentiel. Meyer ne partage évidemment pas ce point de vue cartésien, et il propose plutôt, en aristotélicien subtil, que «... l'humain se manifeste dans ce rapport de différence et d'identité entre les sujets, qui auront ainsi à argumenter, c'est-à-dire à négocier leurs différences pour *vivre en communauté*, fût-ce la communauté de la parole» (p. 181). C'est la *problématisation* — et à partir d'elle, l'argumentation et la persuasion — qui sert de principe de structuration de la communauté, l'humain manifestant à *l'intérieur* de la communauté le rapport de différence et d'identité entre les sujets.

Cette identité *fracturée* du sujet de passion, dont nous parle Michel Meyer, on la retrouve, bien qu'autrement motivée, dans la quête de la *vérité* dont François Laruelle et Jacques Poulain nous esquissent certains aspects. Un quatrième principe de structuration des communautés est ainsi proposé. Laruelle s'applique à distinguer entre deux types de communauté, tous les deux «responsables» de la Vérité : la communauté des philosophes, et la communauté scientifique. Que la Cité scientifique soit une communauté construite à partir d'un phantasme d'identité et d'universalité, on ne le niera pas. La communauté des philosophes, par contre, fondée sur des processus d'identification à une apparence philosophique objective, ne crée que des sujets-à-processus (p. 153) : le sujet y est brisé, enchaîné et il ne s'anime que «de la rage à se réaliser» (p. 154). Que Laruelle arrive à la conclusion selon laquelle le philosophe est un *socius* et les philosophes forment une société plutôt qu'une communauté (p. 155), en opposition à la Cité scientifique, doit sans doute être compris comme une justification de la responsabilité spécifique du philosophe. La quête de la Vérité philosophique, pour Laruelle, fonctionne comme un principe de *déstructuration* de la communauté : le sujet «brisé» de cette quête porte une responsabilité bien *solitaire*. Jacques Poulain lui aussi traite de la quête philosophique de la vérité et de la constitution de l'objectivité universelle. La foi pragmatique dans l'intelligibilité du monde, se présentant comme un savoir, est une foi dans le monde (objectif) comme seule instance de vérité. En plus, la vérité et l'objectivité, c'est bien ce qui se *communique*. Ceci a pu constituer une éthique pure de la communication, implicite dans les théories des actes de discours et en logique conversationnelle (de type gricéen), mais accusée par Poulain d'ignorance, d'impuissance et même de mensonge (p. 210). C'est que notre auteur constate que, pré-existant à cet acte de communication, il y a déjà l'identification à la vérité tout aussi bien qu'à l'allocutaire : l'acte de communication est en fait un «acte de magie performative» (p. 211). Poulain s'intéresse avant tout à l'expérience de l'accord communicationnel (p. 219) et donc à l'être-ensemble communautaire selon le mode de cet accord. Il convient de lever l'hypothèse posée par toute pragmatique sur la vérité de l'expérimentation communicationnelle. Il faut s'en débarrasser en mettant en lumière des mécanismes qui expliquent comment les co-sujets se reconnaissent dans une vérité commune et acceptent par conséquent leur propre substituabilité. C'est bien ce *jeu des identifications réciproques* qui sert, selon Poulain, de principe de structuration de la communauté en paroles, surtout en tant que communauté de «quêteurs» de la Vérité.

3. Il convient de rappeler, dans ce dernier paragraphe, comment les efforts de conceptualisation de nos auteurs et leur attention épistémologique constante mènent certains d'entre eux sur le chemin fondationnel et transcendantal. C'est ainsi que la communication et la communauté créée par une communication imprégnée de dialogisme, sont, pour Francis Jacques, contraintes par un *a priori* de la communicabilité qui consiste en un ensemble de conditions de production. L'échange hypothétique des rôles tout comme la détermination commune d'un contexte interlocutif font partie de cet ensemble de conditions *a priori* (p. 117). L'ambiance fondationnelle, comme on peut s'y attendre, est plus évidente encore dans la ligne argumentative de la contribution de Karl-Otto Apel. Une première partie de son texte est bien critique à l'égard de l'explication de la signification illocutionnaire en théorie des actes de discours et dans d'autres pragmatiques qui traitent du sens en termes de «conditions d'acceptabilité» (Austin, Strawson et Searle). Apel indique aussi les points de discordance avec la théorie de l'agir communicationnel de Habermas. La théorie habermassienne reconstruit l'idée d'une *communauté communicationnelle idéale*, anticipée de façon *contractuelle* comme existante. C'est cette idéalisation que Apel ne peut accepter, et notre auteur développe son argumentation prenant comme cible l'idéalisme impliqué dans la distinction que Habermas justifie, entre la négociation ouvertement stratégique et l'usage stratégique dissimulé du langage. Apel est convaincu que l'on peut échapper à ce genre d'idéalisation en recourant à une fondation pragmatico-transcendantale : selon lui, il n'y a pas de démonstration possible du primat normatif de communication à partir d'une reconstruction des pratiques empiriques dans le monde vécu. Apel ne donne aucun détail sur ce «geste» transcendantalisant dans le texte qu'il propose dans ce volume, mais ses lecteurs habituels comprendront d'emblée de quoi il s'agit. Il se révélerait intéressant de comparer les deux notions de communauté qui découlent des conceptions de l'entente communicationnelle d'une part selon Habermas et d'autre part selon Apel. Seul Apel propose la nécessité d'une communauté transcendantale, condition de possibilité de toute éthique de l'intersubjectivité.

J'ai repris moi-même dans ma contribution la discussion des fondements, en démontrant que l'*esthétisation* de l'être-ensemble peut générer une véritable éthique communautaire. Après avoir indiqué comment orienter la quête des fondements, j'ai critiqué moi aussi l'idée d'une communauté argumentative et consensuelle, à la Habermas, non seulement pour son idéalisation, mais également et surtout pour son oubli de la dimension esthétique, celle de l'*aisthèsis* et de l'*affect*, dont l'exploitation nous a donné l'occasion d'élaborer l'idée d'une *communauté af-*

fective. C'est évidemment la *Critique de la Faculté de Juger*, et surtout la notion kantienne de *sensus communis*, qui m'a permis de développer un concept de sensibilité communautaire. Merleau-Ponty, dans *Le visible et l'invisible*, procure quelques instruments, comme son analyse de l'expérience synesthétique, capables de préfigurer ce qu'il en est de la communauté affective. C'est en fin de compte l'esthétisation du politique qui nous mettrait en état de penser une communauté de solidarité dans l'affect. Mes analyses et propositions rejoignent sans doute l'intuition de Michel Henry qui énonce que : «l'affectivité phénoménologique..., c'est l'affectivité en ce qu'elle a d'inconstestable, d'irréductible, d'absolu — phénoménalité qui n'est jamais barrée, qui subsiste quand on barre tout» (p. 91).

Ces quelques lignes de force n'épuisent évidemment pas le riche contenu des études rassemblées dans ce livre et classées bien modestement par ordre alphabétique. Il est bien évident que cet avant-propos ne suggère qu'une infime portion de l'acquis conceptuel et théorique. Et on peut se poser la question de savoir si le livre lui-même est à la hauteur de sa thématique et de la complexité épistémologique des notions reconstruites. En tout cas, la juxtaposition d'approches représentatives, parfois complémentaires et souvent contradictoires, devrait inciter à la réflexion et à l'approfondissement d'une problématique qui ne peut laisser indifférents linguistes et philosophes du langage, celle de la *communauté en paroles*, de sa nature, de son statut et de sa fonction dans les sociétés, les cultures et les discours.

La fondation pragmatico-transcendantale de l'entente communicationnelle illimitée
Karl-Otto APEL

I. *L'insuffisance de l'explication de la signification illocutionnaire en termes de conditions quasi vérificationnistes du «remplissement» ou de la «satisfaction», ainsi que l'équivocité de son complément pragmatique au sens des «conditions d'acceptabilité»*

Comme l'indique le titre de cette étude, j'aimerais aborder un thème dont le sens et la portée concernent la philosophie sociale et l'éthique. Au point de vue méthodologique, cette étude se rattache cependant à la théorie de la signification dans la philosophie analytique du langage, et plus précisément à une forme élargie de cette philosophie, soit celle que J. Habermas et moi concevons comme une pragmatique universelle de la parole (*Rede*) humaine et que de mon côté, je nomme pragmatique transcendantale du discours argumentatif.

J'aimerais tout d'abord expliciter brièvement une première thèse. D'une part, la théorie des actes de parole — en particulier celle de John Searle — a notamment posé les fondements d'un élargissement pragmatique du concept de signification, et ceci grâce à la découverte de la *double structure performative-propositionnelle* de tous les actes de parole et de toutes les phrases explicites. Ces fondements sont ceux d'une théorie qui permet de concevoir la signification comme la force illocutionnaire de la parole, telle qu'elle est indiquée de façon performative. D'autre part, la théorie des actes de parole — abstraction faite de quelques amorces chez Austin[1] — n'a pas tiré les conséquences décisives de cet élargissement du concept de signification; elle est plutôt restée prisonnière d'une compréhension de la signification que je désignerais globalement par le terme de *vérificationnisme*, c'est-à-dire qu'elle est restée prisonnière du modèle de la compréhension des phrases *propositionnelles* en termes de conditions de vérité, modèle qui fut développé après Frege et le premier Wittgenstein dans la *sémantique formelle* des phrases propositionnelles (par exemple au sens de la proposition 4.024 du *Tractatus logico-philosophicus* : «Comprendre une phrase signifie : savoir ce qui est le cas quand elle est vraie»).

Contre cette thèse, l'on pourrait tout d'abord élever l'objection suivante : Peter Strawson et John Searle ont bel et bien entrepris d'élargir la théorie de la compréhension de la signification, afin de tenir compte de la signification spécifique des phrases non constatives et non assertoriques. Strawson a notamment proposé de remplacer l'idée des conditions de vérité par celle des *conditions de remplissement*; ces dernières permettraient de comprendre non seulement la signification des phrases *constatives* mais également celle des *ordres* ou des *promesses*[2]. Dans son deuxième plus important ouvrage, *Intentionality* (1983), John Searle a repris la suggestion de son maître et il l'a développée sous une forme plus précise. Searle parle ici de «conditions de satisfaction» («*conditions of satisfaction*»), à la lumière desquelles les significations de tous les actes de parole doivent être compréhensibles, parce que ces conditions de satisfaction se rapportent finalement aux «états intentionnels» qui d'après lui sont à la base de tous les actes de parole[3]. Afin de tenir compte de la différence entre la force illocutionnaire des actes constatifs, directifs et commissifs, Searle introduit les distinctions suivantes à l'intérieur du concept des «conditions de satisfaction».

Dans le cas des actes de parole constatifs ou assertifs, la direction d'adaptation des conditions de satisfaction est celle du mot vers le monde («*word to world-direction of fit*»), tandis que dans le cas des actes de parole directifs et commissifs - par exemple : un ordre ou une promesse - la direction est celle de l'adaptation du monde au mot («*world to word-direction of fit*»)[4]. Au moyen de cette théorie, Searle pense même tenir compte de la différence de signification entre les actes directifs et commissifs; il distingue d'une part le cas où c'est le destinataire de l'acte de parole qui doit en garantir la satisfaction (par exemple si on lui adresse un ordre, une demande ou une exigence), et d'autre part le cas où c'est le locuteur lui-même qui s'y engage (par exemple : une promesse ou un vœu)[5]. D'après Searle, seuls les actes de parole expressifs — par exemple : les condoléances ou les félicitations — ne comportent pas de conditions de satisfaction, hormis les «conditions de véridicité» ou de «véracité» («*sincerity conditions*») que de toute façon l'on présuppose comme remplies dans tous les types d'actes de parole[6].

Peut-on considérer qu'avec cette version plus différenciée de la théorie des *conditions de remplissement* ou de *satisfaction*, une théorie de la signification s'appliquant à tous les actes de parole vient d'être fondée? Plus précisément : a-t-on fondé une théorie de la compréhension des actes de parole qui tienne compte de la signification chaque fois spécifique des *indicateurs performatifs* de la *force illocutionnaire*, à tout le moins dans les cas des actes assertifs, directifs et expressifs?

Ma réponse à cette question demeure *négative* : en fait, les théories de Strawson et de Searle qui mènent à un élargissement analogique du *vérificationnisme* au sens des *conditions de remplissement* ou *de satisfaction*, ne peuvent pas même tenir compte du *moment affirmatif* contenu dans la force illocutionnaire des actes de parole constatifs ou assertoriques. Cependant, la défaillance de ces théories se manifeste avant tout face à la force illocutionnaire des actes de parole *directifs, commissifs* et *expressifs*. En effet, une compréhension suffisante de la signification de ces actes n'est nullement assurée du simple fait que l'on sache à quelles conditions pourra être considérée comme *remplie* ou *satisfaite* l'intention de sens qui sous-tend cette signification.

Considérons tout d'abord le cas d'un ordre. Le destinataire d'un ordre a-t-il compris de façon suffisante cet ordre en tant que tel, s'il ne connaît que les conditions de remplissement ou de satisfaction du contenu propositionnel ou de l'état intentionnel qui, selon Searle, en est à la base — par exemple : que la porte doit être ouverte? Si tel était le cas, alors même le soldat qui répond à son supérieur : «Je n'ai aucune envie de satisfaire à chacun de vos *désirs*» aurait compris un *ordre en tant qu'ordre*. Il en va de même du soldat qui considère l'ordre comme une *prière* venant de l'officier dont il est l'ami, et qui satisfait à cette *prière* en ouvrant la porte. Ou du soldat qui n'obéit à un ordre que parce qu'il le considère comme une *exigence moralement légitime*. Mais dans tous ces cas, le destinataire n'a pas compris la différence entre la force illocutionnaire d'un *ordre* et celle d'une *prière* ou d'une *exigence*. Inversement, un soldat qui n'obéit pas à un ordre et qui répond : «Vous n'êtes pas autorisé à me donner des ordres», a suffisamment compris l'ordre comme tel, peu importe s'il a raison ou non. Il en est de même pour le soldat qui, recevant l'ordre d'exécuter des prisonniers, répond : «Je refuse d'obéir à votre ordre, parce que je le considère comme immoral»; ce soldat a lui aussi très bien compris l'ordre en tant qu'ordre.

Quel est le point capital de ces exemples ? Réponse : pour comprendre la signification des actes de parole au sens de la force illocutionnaire, il ne suffit manifestement pas de comprendre les conditions de remplissement ou de satisfaction qui se rapportent au contenu propositionnel et aux états intentionnels du locuteur. Ces conditions quasi vérificationnistes ne contiennent qu'une condition nécessaire mais non suffisante de la compréhension — par exemple, elles ne permettent pas de comprendre la différence entre des ordres, des prières et des exigences.

Quel est donc l'élément manquant dans cette compréhension de la force illocutionnaire à la lumière des conditions de remplissement ou de satisfaction ?

Il est difficile de le dire pour ce qui concerne les actes de parole constatifs ou assertoriques, car dans ce cas la compréhension de la *signification propositionnelle* à la lumière des conditions de vérité en tant que conditions de remplissement, semble y être presque identique à la compréhension de la *force illocutionnaire* de l'*affirmation* de la proposition. Mais à proprement parler, il existe même ici une différence entre les deux, car on ne comprend la force illocutionnaire d'une affirmation que si on connaît non seulement les conditions de vérité de la proposition affirmée, mais lorsqu'on sait également que le locuteur élève une *prétention* à la vérité dont il considère que sa *validité (Gültigkeit)* intersubjective est *en mesure de susciter un consensus*.

Même dans le cas des actes assertoriques, la force illocutionnaire de l'acte langagier met donc en jeu une dimension pragmatique de la signification, laquelle peut être comprise — semble-t-il — en termes de prétentions à la validité *(Geltungsansprüche)* et de l'aptitude de ces dernières à susciter un consensus intersubjectif. Il va de soi que dans le cas des actes de parole assertoriques, il ne peut pratiquement pas y avoir de conflit entre la *signification au sens des conditions de vérité de la proposition affirmée* et la signification illocutionnaire de la signification, laquelle élève une prétention à la validité qui est apte à susciter un consensus intersubjectif. En effet, celui qui par un acte d'affirmation élève une prétention à la vérité *(Wahrheitsanspruch)* au sens d'une prétention à la validité *(Geltungsanspruch)*, celui-là doit en même temps prendre pour acquis que les conditions de vérité de la proposition affirmée peuvent être remplies. (A moins qu'il ne commette une auto-contradiction performative du même genre que celle du paradoxe du menteur, ou bien comme celle du désaveu de sa propre prétention à la vérité, dans le style de Nietzsche et des postmodernistes qui vont à sa suite).

La situation est tout à fait différente dans le cas d'actes de parole *directifs* — comme par exemple des ordres, des prières, des exigences, etc. Ici, les conditions de validité (aptes à susciter un consensus) de la force illocutionnaire des actes, peuvent faire l'objet d'un jugement qui s'écarte dramatiquement de celui qui est porté sur les conditions de remplissement ou de satisfaction de la signification propositionnelle — comme par exemple dans le cas d'un ordre auquel on refuse d'obéir pour des raisons légales ou morales. On peut avoir très bien compris et évalué positivement les conditions de remplissement d'un ordre et comprendre malgré tout cet ordre comme non valide puis, pour cette raison, le refuser.

Quelles conséquences cette analyse peut-elle avoir sur notre problème de l'explication de la signification langagière au sens de la *force illocutionnaire des actes de parole?* A mon avis, il est devenu tout à fait évident que l'on doit abandonner le paradigme insuffisant de l'*explication de la signification* en termes de conditions de *remplissement* ou de *satisfaction*, ce qui vaut donc également pour l'analogie avec le *vérificationnisme*. Selon toute apparence, il faut considérer qu'en principe l'explication de la signification langagière est plutôt fournie par le paradigme plus englobant des conditions intersubjectives de *validité* et - pour cette raison - d'*acceptabilité* des actes de parole, paradigme qui intègre les *conditions de vérité* des propositions en tant que *conditions de l'acceptation possible d'actes assertoriques*.

Il existe assurément une circonstance pour ainsi dire disgracieuse qui pourrait nous mettre dans l'embarras : il s'agit notamment du fait que lors de l'*acceptation* d'actes de parole *directifs* — par exemple des ordres, des exigences ou même des contraintes comme «haut les mains!» ou «sortez l'argent!» — ce n'est manifestement pas la seule *validité légale* ou *morale* qui est respectée comme une *bonne raison*, mais également la *menace de violence* ou la *suggestion d'un avantage*. Nous voyons s'ouvrir ici, simplement à l'exemple des actes de parole *directifs*, une dimension de la communication humaine et même de la formation du consensus, dont la rationalité repose bien sur l'*acceptation de bonnes raisons*, mais non pas sur celle d'*arguments valides*. Il s'agit de la dimension des *négociations stratégiques* qui, au niveau du monde vécu *(Lebenswelt)* et de sa pratique quotidienne d'interaction et de communication, peut être distinguée mais non pas séparée *realiter* de la dimension de *l'entente sur la base de critères de validité*. De nos jours, les «réalistes durs» — par exemple en philosophie sociale, les partisans de la *théorie stratégique des jeux* — opposent souvent cette dimension au «idéalistes de la communication» qui ont recours aux *critères de validité*. Il me semble que l'on doit accepter le défi. On doit à tout le moins concéder ceci : de prime abord, l'élargissement pragmatique de l'explication de la signification illocutionnaire en termes de *conditions d'acceptabilité* s'avère équivoque. Cet élargissement réfère pour ainsi dire aux raisons possibles de l'acceptation d'actes de parole, et ces raisons appartiennent à deux dimensions tout à fait distinctes de la rationalité qui sont : la dimension de l'entente possible à propos de prétentions à la validité, puis la dimension des raisons d'opportunité pertinentes d'un point de vue stratégique.

Au cours de la prochaine ronde de notre discussion du problème de l'explication de la signification illocutionnaire, nous essaierons donc de tenir compte aussi bien des *critères de validité propres à la raison* que des *critères stratégiques de la rationalité*.

II. *L'explication pragmatico-universelle ou pragmatico-transcendantale de la signification illocutionnaire en termes de conditions de validité*

En premier lieu, j'aimerais introduire une approche qui se rattache à la théorie des actes de parole, mais qui prend pour base une «architectonique» philosophique (Kant) plus vaste que la sémantique formelle, laquelle reste prise à l'intérieur du vérificationnisme. A cette occasion seront éliminées les abstractions méthodiques de la sémantique formelle qui même au sein de la théorie des actes de parole, ont jusqu'ici fait obstacle à une considération intégrale de la dimension pragmatique de la signification langagière.

II.1. *L'approche de Jürgen Habermas : ses acquis, ainsi que l'aporétique de sa stratégie de fondation orientée vers le monde vécu*

En ce qui concerne l'élargissement de la théorie sémantico-formelle de la signification, une percée décisive a été réussie à mon avis par Jürgen Habermas, avec ce qu'il appelle sa «pragmatique universelle» ou «formelle», ou sa «théorie de la compétence communicationnelle», laquelle fut également intégrée à sa *Théorie de l'agir communicationnel* comme un élément central du point de vue architectonique[7]. On retrouve là un dépassement de certaines «*abstractive fallacies*» profondément ancrées dans la tradition philosophique et épistémologique, grâce avant tout à l'introduction d'une *trichotomie de fonctions du langage*, à laquelle est subordonnée une *trichotomie* correspondante *de prétentions à la validité* et de *dimensions du monde*. A l'aide de cette trichotomie, Habermas a pu fonder une «architectonique» qui permet d'opérer les différenciations suivantes à l'égard du rapport entre le *langage* et le *monde*, puis du rapport entre la *signification* et la *validité* :

– premièrement, à la suite de Karl Bühler, la distinction de *trois fonctions du langage* : liée à la proposition, la *présentation (Darstellung)* d'états de choses, puis la fonction d'*expression* et celle d'*appel* (les deux dernières ne comptent pas seulement comme fonctions de *symptômes* et de *signaux*, mais en tant que fonctions *symboliques* elles sont sémantiquement sur un pied d'égalité avec la fonction de présentation);

– deuxièmement, la distinction des *trois dimensions du monde* : 1. le monde descriptible des *objets*, ou monde des *états de choses (Sachverhalte)* présentables, 2. le *monde social* de l'interaction et de la communication régulées par des normes, 3. le *monde intérieur subjectif*;

– troisièmement (comme différenciation de la prétention au *sens* ou à l'*intelligibilité (Verständlichkeit)* des actions langagières par lesquelles les «actions communicationnelles» de l'interaction et de la coordination sociales sont normalement médiatisées, *trois prétentions à la validité (Geltungsansprüche) spécifiques et universelles* (ce qui veut dire, dans le contexte actuel de notre problématique : *trois dimensions de validité possible*, à la lumière desquelles la signification illocutionnaire ou la force des actes de parole peut être comprise) : (1) la *prétention à la vérité (Wahrheitsanspruch)*, reliée au *monde des objets* et qui trouve son support dans les propositions affirmées au sein des actes de parole constatifs ou assertoriques; (2) la *prétention à la rectitude (Richtigkeitsanspruch)* des actes de parole en tant qu'actes communicationnels, reliée à des *normes* acceptées (légales ou morales) *du monde social* et qui dirigent une requête directive vers les destinataires; (3) la *prétention à la véridicité* ou à la *véracité (Wahrhaftigkeits- oder Aufrichtigkeitsanspruch)* des actes de parole en tant qu'actes expressifs d'auto-présentation, prétention reliée au *monde intérieur subjectif* du locuteur.

Dans ce contexte, Habermas a également formulé l'importante distinction entre la *communication dans le monde vécu* et le *discours argumentatif* «dégagé de l'action *(handlungsentlastet)*». Au niveau de la communication et de l'interaction dans le monde vécu, Habermas considère que l'entente est réalisée au service de la coordination sociale de l'action; il considère également que *normalement*, elle est réalisée sur la base de la «force du lien social» *(soziale Bindekraft)* non seulement des *prétentions à la validité* qui ont été *comprises*, mais également de celles qui ont été *acceptées*. D'autre part, au niveau du discours argumentatif et «dégagé de l'action», la communication et l'interaction propres au monde vécu peuvent faire l'objet d'une réflexion critique, c'est-à-dire que les prétentions à la validité des actes de communication qui ont été *comprises* mais non pas *acceptées*, peuvent être reçues *(eingelöst)* ou rejetées, au moyen d'arguments.

Quel peut être l'apport de l'architectonique esquissée par Habermas, s'il s'agit de répondre à la question que j'ai posée au sujet de l'*explication de la signification illocutionnaire à la lumière de critères de validité d'une part, et de critères stratégiques de rationalité d'autre part*?

Avant de tenter une réponse à cette question, je dois insérer une remarque sur *mon* rapport à l'«architectonique» habermassienne : immédiatement après en avoir pris connaissance, cette architectonique m'a semblé plausible dans ses *trichotomies*, et j'ai tenté de l'intégrer à mon programme *pragmatico-transcendantal*[8]. C'est alors que j'ai rencontré une difficulté architectonique et j'en suis maintenant arrivé à interpréter cette dernière comme une différence principielle à l'égard de la stratégie de fondation.

Je ne puis évaluer exactement de la même façon que Habermas le rapport entre la *communication et l'interaction dans le monde vécu* d'une part, et le *discours argumentatif* d'autre part, quant à la signification de ce rapport pour la *fondation* de la recevabilité *(Einlösbarkeit)* rationnelle des trois différentes prétentions à la validité. Plus précisément : je suis moi aussi d'avis que le discours dégagé de l'action a la fonction de recevoir *(einlösen)*, par des arguments aptes à susciter un consensus, et seulement de cette façon, les prétentions à la validité qui ont été problématisées dans le monde vécu. Il me faut cependant évaluer autrement — c'est-à-dire de façon plus dramatique — que ne le fait Habermas le *problème de la fondation* qui en résulte. Ceci est naturellement lié au fait que je maintiens le programme d'une *transformation de la philosophie transcendantale* — et dans le même contexte, je maintiens même la nécessité d'une *fondation réflexive ultime (reflexive Letztbegründung)* qui va au-delà de Kant[9]. Dans le contexte de la problématique qui nous occupe ici, je me limiterai toutefois à illustrer la différence qui subsiste entre Habermas et moi, et ceci au moyen de la question que nous avons posée au sujet de l'*explication de la signification illocutionnaire*.

A mon avis, l'un des acquis tout à fait essentiels de la conception habermassienne consiste dans la possibilité de dépasser radicalement la limitation abstractive de l'explication «sémantico-formelle» de la signification langagière en termes de *conditions de vérité* — et par analogie : en termes de *conditions de remplissement* ou de *satisfaction* —, ce dépassement s'effectuant en termes de *conditions de validité* ou d'*acceptabilité*. Cela est possible, selon moi, au moyen de deux étapes de pensée intimement engrenées l'une dans l'autre :

1. Premièrement, la conception habermassienne des trois rapports au monde impliqués dans le langage transcende principiellement et radica-

lement la thématisation du rapport entre le langage et le monde qui est limitée à la *vérité cognitive* au sens de la *relation sujet-objet*, et ainsi à la *correspondance entre des phrases propositionnelles et des états de choses*. Par là — c'est-à-dire : au moyen de la prise en considération du rapport entretenu par le langage envers le *monde social normativement déterminé* et envers *le monde subjectif intérieur* —, il devient possible pour la première fois de comprendre la signification spécifique, c'est-à-dire la «force illocutionnaire» des actes de parole non constatifs ou non assertoriques selon leur caractère propre.

Il devient ainsi possible de réaliser par exemple que la compréhension et l'acceptation éventuelle des actes de parole *directifs*, soit ceux que nous avons discutés de plus près, sont co-déterminées de manière tout à fait essentielle par la compréhension de la *prétention normative à la validité* de ces derniers et des conditions de validité qui y sont présupposées. Il en est par exemple ainsi lorsqu'il s'agit d'ordres, de prières, d'exigences, etc.

De surcroît, la *trichotomie* habermassienne permet également pour la première fois de connaître selon son caractère propre la prétention à la validité spécifique qui détermine la «force illocutionnaire» des actes langagiers *expressifs* — par exemple des aveux ou des confessions; elle permet également de lui subordonner un *rapport au monde*, lequel rapport est à son tour spécifiquement différent du rapport *cognitif* au *monde des objets* et du rapport *appellatif* au *monde social*.

2. Chez Habermas, une seconde étape de pensée est étroitement liée à la fonction éclairante précédemment explicitée de la *trichotomie des rapports au monde et des prétentions à la validité*; cette seconde étape est constitutive pour sa théorie du *discours*. Elle me semble encore plus importante pour une compréhension plus profonde de la relation interne entre la *significaiton* ou *la force illocutionnaire de la parole* et la *validité* : du point de vue de la *pragmatique du langage* — comme je l'ai précédemment indiqué —, on peut et on devrait même comprendre le concept de vérité non plus exclusivement au sens de la *dimension des conditions de remplissement*, mais plutôt comme un *cas particulier de la validité intersubjective*, c'est-à-dire à partir de *l'analogie avec la possibilité de recevoir, au moyen d'arguments, des prétentions à la validité*.

Si l'on franchit cette étape de pensée avec Habermas, on en arrive alors à une *théorie du discours* dans laquelle même le concept de *vérité* ne peut être expliqué que si l'on considère la présupposition réciproque des concepts suivants :

— *vérité*;
— *prétention à la vérité* (acte de parole assertorique) et;
— *réception (Einlösung) de prétentions à la vérité en alléguant de bonnes raisons au sein du discours argumentatif.*

Il apparaît maintenant que le curieux prédicat «... est vrai», lequel est attribué à des phrases propositionnelles au niveau du métalangage et ne s'applique à aucune propriété d'objets intra-mondains, ne peut être compris comme non redondant qu'à une seule condition : on doit retourner — je dirais : de façon transcendantale-réflexive — aux prétentions à la vérité contenues dans la force illocutionnaire des actes de parole. Ce qui signifie que l'on doit *pour ainsi dire déposer (einlagern) dans le contexte du discours* la problématique logico-sémantique abstraite de la correspondance entre des phrases propositionnelles et des états de choses existants (où exactement?). C'est seulement ainsi que l'«*abstractive fallacy*» de la *sémantique logique* qui vise les phrases propositionnelles (et qui remonte à Frege et Bolzano, en passant par Tarski et Carnap), peut être définitivement éliminée.

Il apparaît ensuite que la *prétention à la vérité* propre à nous les humains, ne peut pas être explicitement exposée sans que, sur le plan du discours argumentatif qui en fait partie, du même coup, une *prétention à la véridicité* et une *prétention* moralement pertinente *à la rectitude* des actes assertoriques en tant qu'actes communicationnels ne soit exposée. La *prétention à la rectitude* d'un acte assertorique en tant qu'acte communicationnel, ainsi que la *prétention à la véridicité* qui s'y rattache (laquelle ne peut évidemment pas être reçue *(eingelöst)* sur la base d'arguments, mais uniquement en ayant recours à la pratique), se rapporte implicitement à des *critères de validité idéaux et normatifs*, à des critères que du même coup elle doit toujours déjà avoir reconnus comme *universellement valides*. Car on ne peut élever une prétention à la vérité — sur le plan de l'argumentation sérieuse — et la considérer en principe comme *apte à susciter un consensus*, si, en accomplissant cet acte, on n'a pas du même coup reconnu les normes morales qui seraient déterminantes pour une communauté communicationnelle idéale (anticipée de façon contrafactuelle comme existante).

(Sur la base de cette idée, j'ai fondé la conception d'une *fondation transcendantale ultime* de l'éthique, que je considère encore aujourd'hui comme valable[10]. Il est vrai que la fondation ultime ne peut être menée à bonne fin qu'au moyen d'une *stricte réflexion (strikte Reflexion) sur les présuppositions de l'acte philosophique actuel d'argumenter*, et ceci d'une façon telle que l'on puisse montrer comment toute tentative de dénégation, voire la seule formulation d'un doute, doit nécessairement tomber dans une *auto-contradiction performative*. Cette fondation ultime pragmatico-transcendantale, c'est-à-dire relevant d'une stricte réflexion sur l'argumentation, des conditions idéales de validité ne peut pas être remplacée par le recours à l'indépassabilité *(Nichthintergehbarkeit) factuelle des certitudes d'arrière-fond (Hintergrund-Gewißheiten)* propres au «monde vécu», et plus précisément : aux mondes vécus appartenant à diverses «formes de vie» (Wittgenstein), comme on aime à le faire de nos jours. J'aurai plusieurs occasions de revenir sur ce point).

Ce sont donc là les acquis de l'élargissement *pragmatico-universel* — que l'on peut à mon avis interpréter au sens *pragmatico-transcendantal* — des présupposés contextuels d'une explication possible de la *signification illocutionnaire* à la lumière des *conditions de validité*, comprises en tant que *conditions d'acceptabilité discursives*. Venons-en maintenant à cette situation que j'ai qualifiée de *disgracieuse* : dans la pratique de communication et d'interaction au sein du monde vécu, ce ne sont pas seulement des *critères de validité* qui font office de *bonnes raisons* pour l'acceptation ou la non-acceptation d'actes de parole, mais également des *critères stratégiques de rationalité*. C'est à cette situation que se rapporte l'argument invoqué par les «réalistes et empiristes durs» contre ce qu'ils nomment l'«idéalisme de la communication»; quelle réponse peut-on apporter à cet argument?

C'est ici que se manifeste la différence mentionnée plus haut entre Habermas et moi. Nombreux seront ceux pour qui cette différence prendra une forme inattendue : je dois notamment, en premier lieu, donner raison aux «réalistes» et aux «empiristes» contre Habermas, et ceci sur un point important.

Selon moi, il est tout simplement faux d'affirmer qu'*au niveau de la pratique de la communication et de l'interaction dans le monde vécu*, l'entente et la coordination sociale des actions sont *normalement* réalisées sur la base de la «force du lien social» suscitée par des *prétentions à la validité acceptées*, donc à la lumière de critères de validité généralement reconnus, par exemple des normes légales ou morales. Cet énoncé contient une *idéalisation* qui, si l'on omet de la soumettre à une réflexion et de la fonder en tant que telle, et qu'on la fait plutôt passer pour le résultat quasi phénoménologique d'une description, mène à une «*idealistic fallacy*». En quel sens? On passe par-dessus le fait qu'au niveau de la pratique de l'interaction dans le monde vécu, la «coordination des actions» — et même la formation du consensus médiatisée par le langage et qui rend possible cette coordination — est réalisée à tout le moins aussi souvent ou dans la même mesure sur la base de *négociations ouvertement stratégiques* ou d'*éléments communicationnels suggestifs dont le caractère stratégique est dissimulé*; et ceci d'une façon telle que les destinataires des actes de parole n'acceptent pas ceux-ci sur la base de la «force du lien social» suscitée par leurs *prétentions à la validité*, mais plutôt pour des *raisons opportunistes*. (A mon avis, il serait plus exact de dire que dans la réalité actuelle, la «coordination des actions» ne *peut fonctionner* que sous la forme d'un *compromis* — évidemment transformable — *issu de la médiation* entre les formes de motivation rationnelle de la formation factuelle du consensus, lesquelles formes peuvent être distinguées de façon idéale-typique).

Le fait qui vient d'être mentionné n'a pas complètement échappé à Habermas. Curieusement, seule la fonction des *négociations ouvertement stratégiques* — ainsi que les *actes de parole ouvertement stratégiques* qui leur correspondent — lui ont presque complètement échappé dans sa *Théorie de l'agir communicationnel*; il a par contre analysé de façon très pénétrante la fonction des *actes de parole stratégiques dissimulés*. Si je vois juste, ce curieux déséquilibre est justement lié à une erreur idéaliste dans l'évaluation des rapports qui règnent dans le monde vécu. En quel sens ?

Dans le premier tome de sa *Théorie de l'agir communicationnel*, Habermas a réussi à justifier de façon convaincante pourquoi les *communications stratégiques dissimulées* ne peuvent pas constituer le *paradigme* de la communication humaine. La raison est simplement la suivante : celui qui veut produire certains effets chez le destinataire en usant du succès perlocutionnaire stratégique et dissimulé de ses paroles *(Rede)* et atteindre ainsi ses fins, par exemple des fins politiques ou économiques, celui-là doit malgré tout, ou plutôt justement pour cette raison, provoquer chez le destinataire, au niveau de la communication officiellement intelligible et langagière, l'impression qu'il lui donne la chance de porter un jugement sur la *force illocutionnaire* de ses paroles, celle-ci étant prise en tant que force des *prétentions à la validité*. Pour le dire plus simplement : celui que veut avoir du succès en *persuadant (überreden)* de façon rhétorique, celui-là doit provoquer chez le destinataire l'impression qu'il veut le *convaincre (überzeugen)* — au moyen d'arguments. Ceci est le secret de l'ambiguïté et de l'ambivalence de la tradition rhétorique occidentale qui s'étend sur plus de deux millénaires. (Ce dont témoigne l'équivocité notoire de tous les termes dérivés à partir de *persuadere, persuasio* ou *persuasivus*).

Si cela est exact, c'est-à-dire si le sujet du discours stratégique dissimulé doit lui-même feindre un emploi *non stratégique* du langage, celui-ci reconnaît alors implicitement le *primat normatif de la force illocutionnaire de la parole (Rede) qui se base sur des prétentions à la validité.* En ce sens, il est permis de formuler la thèse suivante : même au niveau de la pratique communicationnelle dans le monde vécu, on reconnaît à tout le moins de façon tacite que la communication stratégique dissimulée est *parasitairement dépendante* de la pratique communicationnelle qui doit la *force de son lien social* à l'invocation implicite de prétentions à la validité recevables. C'est en cela que consiste le point central développé par Habermas, et sur lequel repose manifestement la thèse de la *normalité* de la pratique communicationnelle non stratégique dans le monde vécu.

Pour deux raisons, cette dernière thèse n'est pas justifiée ou elle est à tout le moins équivoque :

1. Tout d'abord, l'argument de Habermas n'atteste pas la *normalité factuelle*, dans le monde vécu, de l'usage du langage qui ne soit pas secrètement stratégique, mais il atteste uniquement — en effet — le *primat normatif* de l'usage du langage qui ne soit pas secrètement dissimulé, primat qui est *implicitement reconnu* même au niveau de la pratique dans le monde vécu. Je reviendrai plus tard à cette différence reconnue par Habermas lui-même en de nombreux endroits.

2. En second lieu, l'argument de Habermas n'a aucunement montré qu'au niveau de la pratique dans la monde vécu, il est nécessaire que l'on ait également reconnu même le *primat normatif des prétentions à la validité* — et avec lui, le primat de la rationalité de la formation du consensus, laquelle prend appui sur des critères de validité — *par rapport à la rationalité s'appuyant sur le pouvoir et ouvertement stratégique. Il suffit de considérer le rôle des négociations* plus ou moins ouvertement stratégiques dans la formation du consensus, lorsque cette formation s'avère factuellement efficace et pertinente au niveau politique et économique, pour prouver que la thèse du primat normatif des prétentions à la validité ne peut être juste au sens de la *normalité factuelle*. Mais il y a encore ceci : *que le primat normatif de la formation non stratégique du consensus soit même reconnu*, cela ne peut pas être montré au moyen d'un recours à la pratique au sein du monde vécu. Car à la différence de celui qui veut *persuader* en feignant de vouloir convaincre, celui qui confronte les destinataires avec des menaces ou des offres avantageuses lors de *négociations ouvertement stratégiques* satisfait pleinement aux conditions de la «parole orientée vers l'entente», puisqu'il renonce complètement à un *usage stratégique dissimulé du langage*.

Pourtant, ce dernier ne reconnaît nullement *in actu* le primat normatif de la rationalité non stratégique en général; bien plus, il ne s'engage pas du tout dans une discussion au sujet des prétentions à la validité. En ce sens, il ne satisfait donc pas aux conditions d'une *entente sans restrictions*. Cependant, on ne peut pas lui montrer au niveau de la pratique communicationnelle dans le monde vécu, que ce comportement est en contradiction avec le sens de l'entente langagière qu'il a nécessairement lui-même toujours déjà accepté. Et ce qui est encore plus important : au plan de la théorie philosophique, on ne peut également pas le montrer en faisant référence aux présuppositions implicites de la pratique communicationnelle au sein du monde vécu. En effet, celui qui parle en se plaçant ouvertement en position de pouvoir — à la différence de celui qui voudrait *persuader* en feignant de vouloir convaincre — ne *montre* nullement qu'il a toujours déjà tacitement considéré que l'acceptation de ses actes de parole par le destinataire devrait en fait dépendre de critères de validité. (S'il était disposé à rendre compte discursivement de son attitude, il invoquerait peut-être Nietzsche et Foucault pour déclarer : «Tout usage du langage présente justement une *pratique du pouvoir*». Il est cependant essentiel de remarquer que celui qui, dans le monde vécu, adopte la position du pouvoir au moyen d'actes de parole ouvertement stratégiques, ne s'engage justement pas dans une discussion portant sur la légitimité de cette position. Et c'est justement pour cela qu'il n'a besoin de reconnaître ni implicitement ni explicitement le primat normatif de la communication non stratégique).

Il subsiste donc — au niveau de la pratique dans le monde vécu — une différence principielle entre la position adoptée par celui qui communique de façon *ouvertement stratégique* et celle prise par celui qui communique de façon *stratégique mais dissimulée* et qui, justement par là, *reconnaît* implicitement le primat de la formation non stratégique du consensus. A mon avis, ce point important échappe à Habermas quand ce dernier, dans la discussion avec les critiques de la *Théorie de l'agir communicationnel*[11], essaie de régler le problème de l'usage ouvertement stratégique du langage avec le même argument que celui qu'il avait opposé avec tant de succès à l'usage stratégique dissimulé du langage, soit l'*argument du parasitisme*. Cet argument ne peut fonctionner que si l'on peut prouver au défenseur de la rationalité stratégique de la communication qu'il a lui aussi déjà *reconnu* le primat normatif des prétentions à la validité et de leur réception (*Einlösung*) non stratégique au moyen de critères de validité. Mais ceci ne s'applique justement pas à celui qui lors des négociations joue tout simplement sur sa position de pouvoir et, à l'égard de ses opposants qui se réclament de leur droit (au sens de la légalité ou de la moralité), déclare qu'en principe il ne reconnaît aucun point de vue du droit qui ne soit pas finalement subordonné à celui du pouvoir, pour ainsi dire «par nature». (Ceci serait par exemple le point de vue des Athéniens — déjà «éclairés» — dans leurs célèbres négociations avec les Méliens[12], et c'était également le point de vue social-darwiniste continuellement avoué de Hitler).

L'on peut voir ici que c'est bel et bien la *possibilité d'une fondation ultime rationnelle de l'éthique* qui est en jeu. Car c'est justement en ceci que consiste la délicate question d'une fondation *post-conventionnelle* de l'éthique : peut-on amener un *argument rationnel* contre l'utilisation purement stratégique des autres — c'est-à-dire, au sens kantien : «uniquement comme moyen»? L'on sait que dans la *Dialectique de l'Aufklärung* Horkheimer et Adorno ont rejeté la possibilité d'un argument rationnel contre cette utilisation, en se réclamant de Nietzsche et de Sade[13]. Ce qui suscite naturellement l'accord des postmodernistes, eux qui sont voués à une critique totale de la raison.

Seulement : «(Mais) où il y a danger, croît également ce qui sauve». Je n'ai (naturellement!) pas formulé une critique envers Habermas pour ensuite l'abandonner avec l'essentiel de son entreprise. Selon moi, il faut reconnaître que *l'on ne peut pas démontrer la reconnaissance du primat normatif de la communication et de la formation du consensus non stratégiques par le moyen quasi empirique d'une reconstruction compréhensive de la pratique dans le monde vécu.* (A mon avis, on ne devrait pas transfigurer le monde vécu comme le fait actuellement Habermas quand il croit devoir douter de la possibilité d'une fonction philosophique ultime de l'éthique[14]).

Mais revenons à notre problème : comment peut-on prouver le primat normatif de la communication non stratégique, si Habermas n'a pu y arriver au sujet de l'usage ouvertement stratégique du langage?

II.2. *La fondation pragmatico-transcendantale (c'est-à-dire réflexivement orientée vers l'indépassabilité du discours argumentatif pour le discours) du primat normatif de l'explication de la signification illocutionnaire en termes de conditions de validité*

Ce qui n'est pas possible par le moyen d'une reconstruction de la *pratique au sein du monde vécu* — de ses prétentions à la validité et de ses certitudes d'arrière-fond conventionnelles —, cela est tout à fait possible si, *au niveau du discours argumentatif portant sur les prétentions à la validité qui sont problématisées*, on opère une réflexion sur les présuppositions qu'*ici* tous les partenaires de la communication ont nécessairement reconnues de façon implicite. En quel sens la position du problème devient-elle principiellement différente?

Je suis d'avis — avec Habermas — que le *discours argumentatif* (lequel, selon moi, est un acquis philosophique duquel dépend l'interdépendance indivisible de la philosophie et des sciences particulières) présente pour ainsi dire la *forme de réflexion de la communication humaine.* Ce qui a d'après moi la signification suivante : *quand*, dans le cas d'une divergence d'opinions ou d'un conflit pratique, les êtres humains *veulent savoir qui a raison*, c'est-à-dire quand ils veulent savoir si leurs prétentions à la validité sont recevables comme étant intersubjectivement valides, il ne leur reste qu'une seule voie — et c'est le moyen désormais impérieux d'éviter le combat ouvert *et* les négociations stratégiques —, soit celle de la possibilité du passage au *discours argumentatif* en tant que forme, déjà placée dans le langage comme tel, indépassable de la rationalité. Il va de soi que l'opposant qui s'en tient pratiquement à sa position de pouvoir, refuse d'accomplir un tel pas. C'est pourquoi Habermas ne peut rien entreprendre *contre lui*, au niveau de la pratique dans le monde vécu. Il ne peut évidemment rien comprendre contre l'opposant aussi longtemps que de son côté, ce dernier ne *veut* pas entrer dans un *discours argumentatif*, et que pour cette raison il ne *peut* toutefois *pas argumenter* (car il serait totalement faux de considérer que le refus d'argumenter pourrait de son côté jouer le rôle d'un argument en faveur d'un point de vue![15]). Il en va tout autrement par contre, si l'opposant *veut* sérieusement *argumenter* (même s'il défend avec Nietzsche le point de vue du pouvoir, ou s'il est un sceptique radical). Dès cet instant, l'opposant doit en effet nécessairement reconnaître *performativement* certaines normes du discours, et c'est ce qu'il faut montrer[16].

Dans ce contexte, il est important de remarquer qu'à titre de philosophes, nous sommes naturellement autorisés à supposer que *tous les partenaires possibles de la discussion* — même les sceptiques et les relativistes les plus radicaux — *ont déjà foulé le sol du discours argumentatif*, par exemple quand il s'agit de savoir si l'on peut ou non fournir un argument rationnel contre le traitement purement stratégique d'autrui. Le philosophe n'est pas dans l'obligation de répondre à cette question face à quelqu'un qui, au lieu de la poser, refuse de participer au discours. Cette personne appartient à cette réalité inhérente au monde de la vie, *au sujet* de laquelle on peut discuter (au niveau du discours) et à propos de laquelle on ne devrait se faire aucune illusion.

Si nous présupposons maintenant — et nous en avons bien le droit — que nous *partageons* le problème posé avec nos partenaires de discussion, nous pouvons alors nous convaincre ensemble, au moyen d'une réflexion transcendantale sur les présuppositions qui sont impliquées quand nous argumentons, que *nous* avons nécessairement déjà *reconnu* ceci : en principe, nous ne pouvons pas solutionner notre problème au moyen de *négociations stratégiques*. Nous pouvons maintenant voir facilement, au niveau du *discours*, que l'affirmation selon laquelle tout usage du langage, — même l'argumentation — n'est rien d'autre qu'une *pratique du pouvoir*, mène à une *auto-contradiction performative*; cette auto-contradiction détruit le sens du discours argumentatif. Pour le dire de façon positive : nous pouvons même montrer que la thèse de Habermas, selon laquelle l'*usage ouvertement stratégique du langage* — par exemple le recours cynique à des menaces ou à des offres avantageuses — est lui aussi parasitaire par rapport à l'usage non stratégique du langage et orienté vers l'entente, que cette thèse donc repose sur une intuition juste. Car l'usage ouvertement stratégique du langage est effectivement parasitaire par rapport à l'intention implicite de former un consensus, intention qui est celle de tout *acte d'argumenter*. Car celui qui *argumente* et qui réfléchit au sens de ce qu'il fait, celui-là peut et doit se rendre compte que le sens des actes de parole stratégiques, par exemple des menaces et des offres avantageuses, ne peut être lui-même expliqué discursivement qu'à l'aide d'actes non stratégiques visant l'entente, et que le refus de l'entente discursive à propos de prétentions à la validité, lequel refus adopte le point de vue du pouvoir sous la forme d'actes de parole ouvertement stratégiques, constitue finalement un mode déficient par rapport à la possibilité de l'entente consensuelle intégrale en général. En bref : celui qui *argumente* contre le primat normatif des critères de validité sur les critères de la rationalité stratégique, celui-là présuppose lui-même de façon *performative* le primat normatif des critères de validité et il *emprunte* ainsi la compréhension de sa propre prétention à la validité à la pratique communicationnelle dont il conteste le primat.

A partir de ce résultat, revenons à notre problème de l'*explication de la signification langagière* et essayons de tirer quelques conséquences. La radicalisation transcendantale-réflexive de l'amorce pragmatico-universelle semble avoir démontré ceci : de par sa détermination propre, la «force illocutionnaire» de la parole — c'est-à-dire la signification langagière au sens de l'«indication performative» de la signification pragmatique des actes de parole — est destinée à être expliquée en termes de *validité* recevable de façon consensuelle-communicationnelle. Car au niveau réflexif indépassable du discours argumentatif, la compréhension de la «force illocutionnaire» des actes de parole au sens de *prétentions au pouvoir* présuppose — comme nous l'avons montré — qu'avec la distinction entre la pure *prétention au pouvoir* et la *prétention à la validité* recevable sous le mode du consensus, nous ayons déjà en même temps reconnu la dépendance parasitaire de la compréhension du sens des prétentions au pouvoir, envers les prétentions à la validité recevables. Dans toute compréhension de la signification, cette dernière compréhension de la signification est déjà présupposée et reconnue comme le présupposé rationnellement décisif de l'acceptation de «prétentions» humaines en général.

Traduit de l'allemand par Denis Dumas

NOTES

[1] Cf. J.L. AUSTIN, *How to do Things with Words?*, Oxford Univ. Press, 1971, pp. 139 sq. (trad. franç. : *Quand dire c'est faire*, Paris, 1970) ; du même, «Truth», in G. Pitcher (Ed.), *Thruth*, London, 1969, pp. 16-31.
[2] Cf. P. STRAWSON, *Einzelding und logisches Subjekt*, Stuttgart, 1972, pp. 313 sq., ainsi que *Logico-Linguistic Papers*, London, 1971, p. 178.
[3] Cf. J.R. SEARLE, *Intentionality*, Cambridge Univ. Press, 1983, chap. 1 et chap. 6 (trad. Franç. : Paris, Editions de Minuit, 1985).
[4] *Ibid.*, pp. 7 sq.
[5] *Ibid.*, p. 171.
[6] *Ibid.*, pp. 7 sq. et 173.

[7] Cf. J. HABERMAS, «Was heißt Universalpragmatik?», in : K.-O. Apel (Ed.), *Sprachpragmatik und Philosophie*, Frankfurt a. M., Suhrkamp, 1976, pp. 174-272; du même, *Theorie des kommunikativen Handeln*, Frankfurt a. M., Suhrkamp, 1981, tome 1, chap. 1 et 3 (trad. franç. : *Théorie de l'agir communicationnel*, Paris, Fayard, 1987).
[8] Cf. K.-O. APEL, «Die Logosauszeichnung der menschlichen Sprache. Die philosophische Relevanz der Sprechakttheorie», in : H.-G. Boßhardt (Ed.), *Perspektiven auf Sprache*, Berlin/New York, W. de Gruyter, 1986, pp. 45-87; du même, «Läßt sich ethische Vernunft von strategischer Zweckrationalität unterscheiden?», in : *Archivio di Filosofia* LI (1983), pp. 375-434.
[9] Cf. K.-O. APEL, «The Problem of Philosophical Fundamental Grounding in Light of a Transcendental Pragmatic of Language», in : *Man and World*, vol. 8 (1975), pp. 239-275 (trad. franç. : «La question d'une fondation ultime de la raison», in : *Critique* 413 (1981), pp. 895-928); du même, «Fallibilismus, Konsenstheorie der Wahrheit und Letztbegründung», in : W. Kuhlmann (Ed.), *Philosophie und Begründung*, Frankfurt a. M., Suhrkamp, 1987, pp. 116-211.
[10] Cf. K.-O. APEL, «Das Apriori der Kommunikationsgemeinschaft und die Grundlagen der Ethik», in : *Transformation der Philosohie* Frankfurt a. M., Suhrkamp, 1973, tome II (trad. franç. : *Sur le problème d'une fondation rationnelle de l'éthique à l'âge de la science. L'a priori de la communauté communicationnelle et les fondements de l'éthique*, Presses Universitaires de Lille, 1987); du même, *Diskurs und Verantwortung. Das Problem des Übergangs zur postkonventionellen Moral*, Frankfurt a. M., Suhrkamp, 1988. Cf. également W. Kuhlmann, *Reflexive Letztbegründung. Untersuchungen zur Transzendentalpragmatik*, Freiburg/München, Alber, 1985, chap. 5; D. Böhler, *Rekonstruktive Pragmatik*, Frankfurt a. M., Suhrkamp, 1985, chap. VI.
[11] Cf. J. HABERMAS, «Entgegung», in : A. Honneth/H. Joas (Ed.), *Kommunikatives Handeln*, Frankfurt a. M., Suhrkamp, 1986, pp. 327-405. L'argument de Habermas vise à montrer que dans les actes de parole ouvertement stratégiques, «les conditions de validité normative sont *remplacées* par des conditions de sanction *(Sanktionsbedingungen)*, lesquelles rendent complètes les conditions d'acceptabilité», et que dans cette mesure la compréhension d'un acte de parole ouvertement stratégique «est empruntée aux conditions d'application valant pour des exigences normativement autorisées et non dépravées» *(Ibid.*, pp. 361 sq). Je considère finalement que cette thèse est juste; toutefois, cela ne peut pas du tout être fondé sur la seule reconstruction de la *pratique au sein du monde vécu*, c'est-à-dire sans avoir recours à l'*auto-réflexion du discours argumentatif portant sur la pratique au sein du monde vécu*. Aux yeux des sociologues et des linguistes, la thèse de Habermas semble probablement relever d'une philosophie de l'histoire ou d'une philosophie sociale spéculative-idéaliste. Pour de plus amples développements à ce sujet, voir : «Normative Begründung der ‹Kritischen› Theorie durch Rekurs auf lebensweltliche Sittlichkeit? Ein transzendentalpragmatisch-orientierter Versuch, mit Habermas gegen Habermas zu denken», à paraître in : A. Honneth (Ed.), *Festschrift für Jürgen Habermas*, Frankfurt a. M., Suhrkamp, 1989.
[12] Cf. THUCYDIDE, *La guerre du Péloponèse*, V, 84-116.
[13] Cf. *Dialektik der Aufklärung*, Frankfurt a. M., 1971, pp. 78 sq.
[14] Cf. Jürgen HABERMAS, *Moralbewußtsen und kommunikatives Handeln*, Frankfurt a. M., 1983, p. 108. Cf. également ma critique : K.-O. APEL, «Normative Begründung...», *op. cit.*
[15] Malheureusement, Habermas considère — comme plusieurs autres — le refus possible du sceptique de s'engager dans le discours *comme un argument* contre la possibilité d'une fondation ultime pragmatico-transcendantale de l'éthique *(Ibid.*, p. 109). Voir à ce sujet ma critique : K.-O. APEL, *Ibid.*
[16] A ce sujet, voir les remarques détaillées de W. KUHLMANN, *Reflexive Letztbegründung...*, *op. cit.*

Communauté
et «connaissance commune»
Jean-Pierre DUPUY

1. Introduction : une visée de transparence communicationnelle absolue dans une société d'individus radicalement séparés

L'observateur du système universitaire américain ne peut manquer d'être frappé par le contraste suivant. Alors que les départements de lettres se livrent pour la plupart aux délices de la «déconstruction» heideggérienne de la métaphysique de la subjectivité, bien des départements de sciences sociales et de philosophie se font les champions d'un individualisme «méthodologique» radical, et recourent de façon quasi exclusive aux outils mathématiques ou logiques de la théorie économique et de la théorie des jeux. L'étudiant en littérature participe aux énièmes funérailles du sujet humain et se persuade que loin que l'homme maîtrise son langage, c'est le langage qui le maîtrise, bref, qu'il n'est pas maître chez lui et que la conscience qu'il peut avoir de ses affaires est irrémédiablement commandée ou bornée, de l'extérieur par une sorte d'inconscient. Pendant ce temps, son collègue des sciences économiques ou politiques apprend à réduire systématiquement les institutions sociales à des accords volontaires passés entre des consciences individuelles libres. Il n'y a rien «au-dessus» des acteurs individuels, rien qui, du dehors, vienne dicter leurs comportements et leurs représentations. Le collectif est transparent pour les individus : ils s'y reconnaissent, ils l'ont voulu, ils se sont mis d'accord à son sujet. La société ne serait rien d'autre que «le vaste système de contrats particuliers qui lient entre eux les individus. Ceux-ci ne dépendraient du groupe que dans la mesure où ils dépendraient les uns des autres, et ils ne dépendraient les uns des autres que dans la mesure marquée par les conventions privées et librement conclues. La solidarité sociale ne serait donc autre chose que l'accord spontané des intérêts individuels, accord dont les contrats sont l'expression naturelle. Le type des relations sociales serait la relation économique, débarrassée de toute réglementation et telle qu'elle résulte de l'initiative entièrement libre des parties» (Durkheim, 1911, p. 180). Ces phrases sont celles par lesquelles l'auteur de *De la division du Travail Social* résumait et critiquait le libéralisme de H. Spencer. Elles n'ont rien perdu de leur force ni de leur pertinence et s'appliquent tout aussi bien à la philosophie sociale de l'Amérique d'aujourd'hui.

Il est heureux pour la stabilité du système que notre étudiant en lettres et son camarade économiste ou politologue ne se rencontrent pratiquement jamais — pas plus, d'ailleurs, que leurs professeurs. Ce tableau caricature une réalité certes plus complexe et nuancée, mais il est suffisamment fidèle pour le but que nous lui assignons : servir de toile de fond au récit de l'aventure et des mésaventures d'un concept, le *Common Knowledge*, né de la philosophie analytique du langage et présent aujourd'hui dans la plupart des sciences humaines et sociales d'outre-Atlantique.

Il s'agit pour l'essentiel de (re-)constituer une communauté de sens, un sens commun, dans une société d'individus radicalement séparés et dont l'identité, la conscience de soi et jusqu'aux signes qu'ils échangent en guise de langage sont définis antérieurement à toute communauté. Tâche impossible, dira-t-on, et c'est bien ce que nous allons démontrer; non sans peine cependant, car les travaux que nous analysons reculent aussi loin sans doute qu'il est possible les limites de l'individualisme méthodologique. Les individus dont on part sont des êtres souverains, autonomes et rationnels, mus par leur seul intérêt et coupés de toute influence et de toute sujétion — bref, des êtres dépourvus de tout ce qui fait la vie en société, la subordination à une totalité vivante et nourricière, l'intégration à une communauté indépendamment de tout consentement formel. Il n'y aurait aucune chance que des individus aussi désespérément séparés puissent jamais composer une unité sociale si on ne les dotait de la capacité minimale de se mettre à la place des autres et de voir le monde de leur point de vue. Cette faculté que les Lumières écossaises du XVIIIe siècle (David Hume, Adam Smith) désignaient comme «sympathie», nous la nommerons *spécularité*. Si chacun, en effet, se met à la place des autres et voit que ces autres font de même à son égard, il en résulte des figures «spéculaires», des jeux de miroirs potentiellement illimités. Le *Common Knowledge* est précisément une spécularité infinie. On dit qu'une proposition P est CK dans une population de sujets connaissants si : 1) elle est vraie; 2) elle est connue de chacun; 3) chacun sait que les autres la connaissent; 4) chacun sait que chacun sait que les autres la connaissent, etc., jusqu'à l'infini. On étend sans peine cette définition à l'occurrence d'un événement.

C'est David K. Lewis qui, le premier, a baptisé la notion de CK, dans son livre *Convention* (1969). Il y traite le problème suivant. Spontanément, nous avons envie de dire que le langage que nous utilisons est «conventionnel». Nous pourrions dire les choses autrement que nous le faisons, le rapport entre signifiants et signifiés est «arbitraire». Cette intuition se heurte cependant à une évidence : le langage ne peut résulter d'un accord explicite, d'un «contrat social», puisque ceux-ci présupposent le langage. Pour sauver l'intuition, il faut donc donner corps et cohérence à l'idée d'un accord implicite, d'une convention tacite. Lewis s'attaque ainsi au premier des objets collectifs, le langage, et s'efforce d'en réduire l'opacité et l'extériorité en le rapprochant de la logique de la rationalité individuelle et de l'échange librement consenti. Cette démarche est typiquement à l'opposé du courant structuraliste, lequel donnait au langage le statut d'une sorte d'inconscient collectif, d'une structure symbolique autonome en surplomb, maîtrisant les hommes alors que ceux-ci croient la maîtriser.

Lewis se reconnaît deux sources principales. L'une est la théorie de Hume sur l'origine de la justice et de la propriété privée. Pour Hume, si les hommes se laissent mutuellement en possession de leurs biens, cela ne résulte pas d'un quelconque engagement ou promesse de leur part, mais bien plutôt de la conscience qu'ils ont de leur intérêt bien compris. J'ai intérêt à ne pas toucher à la propriété de mon voisin aussi longtemps que celui-ci agit de même à mon égard. Nos actions se coordonnent, chacun agissant par référence aux actions de l'autre, et chacun agissant comme il le fait *parce qu'*il suppose que l'autre agit d'une certaine façon. Cette coordination peut être appelée une *convention* alors même qu'elle n'est le fruit d'aucun accord explicite.

La deuxième source de Lewis est la notion de jeu de coordination élaborée par Thomas C. Schelling dans son livre *The Strategy of Conflict* (1960). Cette classe de jeux est fort différente, en méthode et en contenu, de la catégorie des jeux de pur conflit, et elle n'a guère suscité l'intérêt des mathématiciens, rebutés par sa trop grande simplicité. Mais cette simplicité formelle cache une réelle complexité cognitive. Voici deux exemples de jeux de coordination, l'un pur, l'autre imparfait (ce dernier est connu dans la littérature sous le nom de «guerre des sexes») :

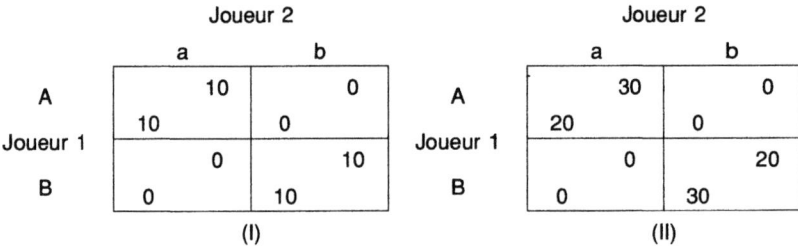

On a affaire à des *situations* de coordinations : les intérêts des joueurs coïncident (à peu près) exactement. Leur *problème* est de coordonner leurs actions. C'est un véritable problème car, dans le jeu (I) comme dans le jeu (II), il y a deux *équilibres* de coordination : Aa et Bb. Par définition, un équilibre de coordination est un «équilibre de Nash» (chaque joueur y maximise son utilité à comportement de l'autre fixé) qui a de plus la propriété que chaque joueur, à comportement fixé, a intérêt à ce que l'autre ne joue pas autrement qu'il le fait. L'indétermination qui résulte de cette multiplicité peut préciter les joueurs dans les cases désastreuses Ab ou Ba s'ils échouent à harmoniser leurs choix. Le problème est encore plus délicat en (II) car les deux équilibres favorisent différemment un joueur par rapport à l'autre. Même dans ce cas, on perd moins à accepter l'équilibre qui vous pénalise relativement qu'à risquer l'absence de coordination en essayant d'avoir mieux.

Schelling a bien vu que l'intérêt de ces jeux ne réside pas dans ce qu'on peut en dire d'un point de vue formel, mais dans les phénomènes cognitifs qu'en pratique ils engendrent. Exemple : un mari perd sa femme dans un grand magasin. Vont-ils se retrouver? Chacun pense à un endroit «évident» de rencontre, mais évidemment il y en a en général plusieurs. Le problème n'est pas simplement de prévoir ce que l'autre va faire, ce n'est pas un problème de prévision objective. Car ce que l'autre va faire dépend de la façon dont lui-même prévoit que le premier agira, tout en sachant que celui-ci se met à sa place, etc. D'emblée s'installe une spécularité sans limite, annonciatrice de CK. Schelling, dans son ouvrage, montrait qu'en dépit de l'indétermination théorique, ces problèmes sont très généralement solubles en pratique grâce aux performances cognitives des agents, chacun réussissant à se coordonner avec les autres *parce qu'il* sait que les autres cherchent à se coordonner avec lui. *La spécularité est donc ici stabilisante*. L'imagination est plus utile alors que la logique. Chacun cherche les indices auxquels l'autre peut penser que le premier va penser. Il les trouve dans certains traits saillants, remarquables en eux-mêmes ou pour leur caractère unique, que l'espace ou l'histoire commune leur présentent. La poésie et l'humour, les symboles et la fantaisie ont plus de poids ici que les mathématiques. Nous notons en passant que la référence furtive à un monde déjà commun signale que l'on est sorti des limites d'un individualisme méthodologique radical.

Lewis a repris l'idée et s'en est servi pour définir son concept de convention (tacite). Une convention est la solution d'un problème de coordination qui, ayant réussi à concentrer sur elle l'imagination des agents, tend à se reproduire avec régularité. La nature de la convention, et le fait qu'une autre convention eût pu aussi bien, ou presque aussi bien, faire l'affaire sont supposés être CK. Plus précisément, une convention est par définition une régularité R de comportement (ou de comportement et de croyance) qui, dans une population P, satisfait les six conditions suivantes [1] :

(1) Chacun se conforme à R.

(2) Chacun croit que les autres se conforment à R.

(3) Cette croyance que les autres se conforment à R donne à chacun une bonne et décisive raison de se conformer lui-même à R.

(4) Tous préfèrent une conformité générale à R plutôt qu'une conformité légèrement moindre que générale — et en particulier, plutôt qu'une conformité de tous sauf un (cette condition assure que l'on est en un équilibre de coordination. Elle est locale et donc n'implique pas qu'une non-conformité générale n'eût pas été préférable).

(5) R n'est pas la seule régularité possible à satisfaire les deux dernières conditions, une autre au moins, R', les eût également respectées (cette condition assure qu'il y a un certain arbitraire à se conformer à R).

(6) Les états de fait qui apparaissent dans les conditions (1) à (5) sont CK.

Pour fixer les idées, on peut penser à la convention qui, pour les conducteurs d'un pays donné, consiste à rouler à droite; ou, lorsqu'une communication téléphonique se trouve interrompue, à la convention que celui qui rappelle est celui qui a appelé en premier.

Le rôle de la condition (6), celle où s'introduit le CK, est, comme chez Schelling, un rôle de *stabilisation* (Lewis, 1983, p. 166). La simulation par chacun du raisonnement que les autres font pour se convaincre qu'ils doivent se conformer à la convention tend à le renforcer dans sa propre conviction, au lieu de semer le doute dans son esprit. Cette théorie pousse donc la visée de transparence sociale au point où le savoir de l'arbitraire de l'objet collectif, loin de la déstabiliser, le stabilise.

Le paradoxe est que cette visée de transparence sociale absolue se situe dans un cadre théorique qui reste celui d'une absence totale de communication[2]. Comme dans la théorie économique du marché, les agents ne se parlent pas, ils ignorent l'engagement et la promesse. Dans sa tension «désespérée» (Schelling, 1960, p. 99) vers l'infini, le CK voudrait être ce qui totalise et unifie un ensemble de consciences radicalement séparées.

Cette tention entre la séparation et la communion donne à la théorie de Lewis une position singulière; de fait, elle s'est fait critiquer de deux côtés à la fois. Il y a d'une part ceux qui pensent que la stabilité des conventions implique la méconnaissance de leur arbitraire (par exemple, T. Burge, 12975); il y a d'autre part ceux qui ne conçoivent pas la convention sans que quelque chose qui relève de l'engagement, de la promesse, du contrat, explicites et publics, n'entre en jeu (par exemple, D. Cooper, 1977). Quoi qu'il en soit de la valeur des arguments échangés dans ce débat, nous restons ici dans un univers qui ignore superbement la critique contemporaine de la «métaphysique de la subjectivité».

Revenons donc à notre étudiant en lettres américain et supposons que par le plus improbable des hasards, il prenne connaissance de la théorie du CK. Il reconnaîtrait dans ces jeux de miroir et d'identification ce que le structuralisme français appelait naguère l'«imaginaire»; plusieurs des modèles théoriques que nous allons étudier dans ce qui suit lui rappelleraient des exemples analogues analysés par Lacan; il se souviendrait du jeu de pair ou impair dans la *Lettre volée* d'Edgar Poe, de la lecture qu'en donna Lacan (1978) et de la déconstruction derridienne. Il aurait donc en tête la leçon de ses maîtres : si fascinants qu'ils soient, les jeux spéculaires de l'imaginaire ne sont que des effets de surface. Si l'on prétend déchiffrer ou reconstruire le réel grâce à eux, on s'expose aux pires déconvenues car on manque l'essentiel : l'instance «symbolique» qui, dans le dos des acteurs et à leur insu, les détermine dans leurs actes, leurs pensées et leur destin. Le symbolique est, comme le langage dont il partage la nature, un système d'échange et de distribution de positions dans une structure. «Toujours déjà» là, en surplomb, il gouverne l'imaginaire sans être en rien affecté par lui. Confondre le langage dans les figures de l'imaginaire, c'est prendre le reflet pour l'original.

Je voudrais, dans ce qui suit, illustrer la thèse qu'il est en effet impossible que l'idéal de transparence totale et de réflexivité absolue manifesté par le CK puisse jamais venir à bout de l'extériorité et de l'opacité du collectif. Les objets collectifs que Lewis nomme «conventions» sont irréductibles à la rationalité individuelle; sans leur secours, les interactions spéculaires entre acteurs individuels rationnels seraient incapables de produire à elles seules une réalité déterminée.

Cela ne veut cependant pas dire que le postulat structuraliste d'un niveau symbolique autonome, transcendant les jeux spéculaires de l'imaginaire, soit pour autant validé. Entre la proclamation lugubre par les sciences de l'homme à la française de la mort du sujet et de la radicale inaptitude du monde humain à l'autosuffisance, d'une part, et l'espoir naïf entretenu par le paradigme rationaliste d'une possible dissolution du collectif dans la conscience réfléchissante des agents, d'autre part, la marge est immense. J'ai montré ailleurs que des solutions «intermédiaires» existent. Je ne puis y revenir ici (Dupuy, 1989, a et b).

Je me contenterai de défendre, au moyen d'exemples illustratifs, deux thèses qui concourent à montrer que c'est pour des raisons logiques que l'idéal de transparence absolue incarné dans la spécularité infinie du CK est inatteignable. La visée de réflexivité parfaite bute sur des principes d'incomplétude.

La première thèse est que la réflexivité parfaite n'est pas la limite d'une réflexivité imparfaite lorsque l'imperfection tend vers zéro. Il n'existe donc pas de chemin qui permette de l'obtenir par approximations successives. Plus précisément, le CK n'est pas la limite d'une spécularité tendant vers l'infini. L'infini que requiert le CK est donc un infini *actuel*, et non pas simplement potentiel — ce qui, pour les affaires humaines, est une exigence énorme. Cette discontinuité à l'infini se repère par le trait suivant : par définition, si un événement est CK, chacun sait qu'il est CK (il suffit de reprendre chacune des propositions qui définissent le CK et de voir que le fait que chacun la sait est affirmé par les propositions suivantes). Tout doute, fût-il infiniment petit, au sujet du CK prouve donc l'inexistence du CK.

La seconde thèse est que si l'on parvenait néanmoins à l'idéal de réflexivité parfaite promis par le CK, il s'évanouirait en fumée au moment où on croirait le saisir. La transparence absolue est un idéal autoréfutant. Il ne débouche que sur l'indécidable et l'indéterminé.

Les illustrations que je propose sont issues de travaux récents sur les fondements de la théorie des jeux. La notion de CK est apparue y jouer un rôle aussi important qu'en philosophie du langage. D'autres disciplines ont suivi le pas : l'économie, la philosophie morale et politique, la logique, les sciences cognitives, l'intelligence artificielle, etc.

2. La réflexivité parfaite n'est pas la limite d'une réflexivité imparfaite lorsque l'imperfection tend vers zéro

2.1. Soit le jeu suivant. Deux condamnés à mort attendent dans leurs cellules respectives le jour de leur exécution. Un beau matin, ils reçoivent du dictateur local un message selon lequel il a décidé de leur pardonner : ils seront libérés le lendemain même. Ils ont toutefois le choix de demander à la place de leur grâce que leur peine soit commuée en dix ans de prison. S'ils choisissent cette option, ils doivent adresser leur requête au dictateur avant minuit, le soir même. Mais ils doivent savoir ceci : si l'un fait cette demande, l'autre sera exécuté le lendemain au lieu d'être grâcié — sauf si lui aussi a fait la même demande, auquel cas l'un et l'autre auront satisfaction. Aucune communication n'est possible entre les deux prisonniers.

Chacun d'eux a le choix entre deux stratégies : ne rien faire ou écrire au dictateur. La première est une stratégie de coopération (C), et la seconde, de défection (D) — défection car, en demandant dix ans de prison, on risque d'envoyer l'autre à l'échafaud. La matrice suivante résume la structure formelle du jeu. Chaque case représente l'une des quatre possibilités et donne les gains pour chacun des joueurs : 2 représente la grâce, 1, la peine de dix ans de prison et 0, la mort.

	Joueur 2 C	Joueur 2 D
Joueur 1 C	2 / 2	1 / 0
Joueur 1 D	0 / 1	1 / 1

Dans les discussions qui ont suivi la publication de l'ouvrage de Lewis, ce jeu est apparu comme occupant une position «intermédiaire» entre le «dilemme du prisonnier» (voir ci-dessous) et le jeu de coordination (Ullman-Margalit, 1978; Gilbert, 1981). Du second, il conserve l'existence de deux équilibres de coordination, CC et DD, avec toutefois cette nuance : si le premier est de coordination «au sens strict» (si un joueur coopère, il lui importe que l'autre coopère aussi), le second n'est de coordination qu'«au sens large» (si un joueur fait défection, le choix de l'autre lui est indifférent). Du dilemme du prisonnier, ce jeu garde par ailleurs le trait typique suivant : la coopération mutuelle, bien qu'étant à l'avantage de chacun, va se révéler impraticable. Le seul équilibre stable est DD, si absurdement préjudiciable à l'un et à l'autre que cela paraisse.

Mieux que le dilemme du prisonnier auquel on a d'ordinaire recours, ce jeu formalise la logique du second état de nature selon Rousseau, cette mauvaise société naturelle qui ressemble fort à l'état de nature selon Hobbes. L'exemple fameux de la chasse au cerf dans le deuxième *Discours* possède la même structure formelle : pour chasser le cerf, les chasseurs doivent coopérer; chacun peut cependant chasser le lapin pour son propre compte, ce qui lui fournit une nourriture de moindre qualité; mais si l'un se retrouve seul à chasser le cerf, il ne peut l'attraper et meurt de faim.

C'est l'«amour propre» qui, chez Rousseau, empêche les hommes de sortir de la mauvaise société naturelle. Or, ce qu'il appelle amour-propre n'est autre que ce que nous nommons spécularité : le fait de voir le monde, et de se voir soi-même, à travers le regard de l'autre. Nous allons vérifier avec les instruments modernes de la théorie des jeux que c'est bien cette capacité de se mettre à la place des autres qui, pour leur malheur mutuel, empêche les hommes d'accéder à un état de coopération sociale.

Même en restant dans le strict cadre de l'individualisme radical et de la logique de l'intérêt égoïste, deux formes différentes de rationalité sont envisageables dans ce jeu. La rationalité utilitariste habituelle, celle qui sous-tend le concept d'équilibre de Nash : dans le cadre de certaines contraintes, chaque joueur cherche à maximiser son utilité; mais aussi, puisque les joueurs peuvent encourir une perte considérable (la mort), la rationalité prudentielle, sous la forme de la stratégie dite «minimax» : chaque joueur, faisant comme si le pire était toujours sûr, choisit la stratégie qui *mini*mise la perte *max*imale encourue. C'est ici la défection, qui met à l'abri des velléités de l'autre.

Il serait évidemment collectivement rationnel de coopérer, mais c'est prendre un risque terrible. De fait, chaque joueur préférera faire défection si l'une des propositions mutuellement exclusives suivantes est le cas :
– il préfère la prudence;

– ou bien : ce n'est pas le cas, mais il soupçonne l'autre de préférer la prudence ;

– ou bien : ce n'est pas le cas, mais il soupçonne l'autre de le soupçonner de préférer la prudence, etc. jusqu'à l'infini.

Il suffit qu'un soupçon se glisse à un niveau de spécularité fini, quelle que soit sa profondeur, pour que la prudence l'emporte. Tout se passe comme si le jeu de la spécularité ramenait immédiatement à la surface tout doute enfoui au fin fond de la conscience. On ne jouera donc la coopération que si à *aucun* niveau un tel doute n'apparaît. En d'autres termes : le fait que l'un et l'autre joueur écartent la rationalité prudentielle doit être CK.

Il n'y a pas d'approximation au CK, et la coopération n'est possible que dans la transparence et la réflexivité absolues. Cela suffit à la rendre invraisemblable.

La solution apportée par Rousseau à ce paradoxe est fort instructive. Pour réaliser la bonne société du contrat, il faut, par des moyens artificiels, en revenir au règne de l'amour de soi qui caractérisait le premier état de nature et qu'on peut définir comme absence de spécularité — que chacun vote par soi-même dans une sorte d'isoloir absolu, qu'il vote pour soi en se laissant guider par la seule «préférence que chacun se donne». Ceci ne sera réalisé que pour autant que les hommes seront devenus citoyens, c'est-à-dire se seront totalement identifiés à la Cité et à la Loi — entités qui, bien que provenant des hommes, n'en sont pas moins situées «au-dessus» d'eux. Ce que la transparence absolue et la spécularité infinie eussent pu réaliser si elles avaient été possibles, c'est donc l'opacité du collectif et l'absence de spécularité qui finalement permettent de l'obtenir.

2.2. L'état de nature hobbien est, pour sa part, souvent formalisé dans les termes du célèbre «dilemme du prisonnier», sans doute l'un des modèles les plus importants pour l'individualisme méthodologique en sciences sociales. Plusieurs décennies de recherches et de réflexions à son sujet n'ont pas épuisé ses potentialités.

Comme dans le modèle précédent, c'est en recherchant chacun son propre intérêt que les joueurs se bloquent mutuellement dans une situation désastreuse pour tous. La force de ce résultat est ici encore mieux assurée car, quoi que fasse l'autre, chacun a intérêt à faire défection plutôt qu'à coopérer. Le dilemme est que si tous les deux font défection, ils perdent (considérablement) par rapport à la situation où ils auraient coopéré. Les illustrations sont innombrables, de la queue à l'arrêt de l'autobus envisagée par Sartre dans sa *Critique de la Raison dialectique* à la course aux armements. Avec les mêmes conventions que dans le modèle précédent, la matrice ci-dessous résume les propriétés formelles du jeu :

		Joueur 2	
		C	D
Joueur 1	C	2 / 2	3 / 0
	D	0 / 3	1 / 1

On vérifie que le seul équilibre de Nash est DD. L'état de coopération CC est préférable pour l'un et l'autre joueur, mais ce n'est pas un équilibre. Même si les joueurs s'engagent à le réaliser, il n'est pas dans leur intérêt de tenir leur promesse. Ils sont condamnés à rester dans l'état de nature.

Y a-t-il un moyen d'en sortir ? On sait depuis longtemps que si le jeu est répété un nombre indéfini de fois, des comportements coopératifs peuvent émerger spontanément. C'est qu'alors, les actions des joueurs n'ont pas pour seul effet de déterminer les gains du moment : elles sont comme des signaux que les joueurs s'adressent mutuellement, signaux qui véhiculent des menaces ou des engagements tacites du type : si tu attaques, je t'attaquerai en retour ; ou : si tu coopères, je ferai de même.

Soit, plus précisément, le dilemme du prisonnier répété un nombre indéfini de fois. Le gain total pour chaque joueur est la somme actualisée de ses gains sur toutes les périodes. Une stratégie est quelque chose de plus complexe que pour le jeu à un coup : c'est la règle qui définit le coup joué à chaque période en fonction de l'histoire des coups joués précédemment par les deux joueurs. Ainsi la stratégie «TIT for TAT» (du tac au tac) consiste : a) à coopérer au premier coup ; et b) à faire défection ensuite si et seulement si l'autre joueur a fait défection au coup précédent. On montre que si le taux d'actualisation est assez faible, c'est-à-dire si l'avenir a un poids suffisant, la stratégie TIT for TAT est en équilibre avec elle-même : si mon adversaire joue TIT for TAT, je ne pourrai pas faire mieux que de jouer TIT for TAT moi-même. Or si nous jouons l'un et l'autre TIT for TAT, nous coopérons à tous les coups.

Le problème et le paradoxe, c'est que cette émergence spontanée de la coopération devient impossible dès que le jeu est répété un nombre fini et connu de fois, ce nombre fût-il aussi grand que l'on voudra. C'est du moins ce que l'on croyait jusque il y a peu.

Le raisonnement qui étaye ce résultat est un des outils de base en théorie de la décision : il s'agit du «raisonnement rétrograde à partir de l'horizon» (*backward induction*). Il consiste à partir de la dernière période. Or, en fin de jeu, la situation est exactement la même que pour le jeu à un coup : les actions des joueurs ne peuvent avoir d'effet sur les coups futurs, qui n'existent pas. Chacun fera donc défection.. Mais à l'avant-dernier coup, il en va de même : l'avenir est figé puisque les jeux de la dernière période sont déjà faits. Et ainsi de suite, de période en période, d'où il ressort que le seul équilibre de Nash est celui dans lequel les deux joueurs font défection à chaque coup. Ce résultat choque le sens commun, et les expériences réalisées en laboratoire ne le confirment pas : en général, les joueurs commencent par coopérer et ce n'est qu'en fin de jeu qu'ils se mettent à jouer «rationnellement», c'est-à-dire à leur détriment.

On a compris depuis peu qu'une hypothèse cruciale, mais restée jusqu'alors implicite, est à la base de ce raisonnement : il n'est valide que si le fait que l'un et l'autre joueur sont rationnels est CK. Il suffit de s'affranchir infiniment peu de cette condition pour que l'on retrouve les résultats expérimentaux, et pour que le rationnel redevienne le raisonnable.

On suppose (Kreps *et al.*, 1982) que l'un des joueurs soupçonne l'autre d'être d'un naturel doux au point de jouer irrationnellement une stratégie TIT for TAT. Il assigne une probabilité ε faible à cette éventualité. Le joueur ainsi soupçonné (et qui le sait) a alors intérêt à renforcer cette image, en évitant au départ tout coup qui rendrait public, donc CK, qu'il est en fait rationnel. Mimant le comportement d'un joueur TIT for TAT, il amène son partenaire à répondre par une stratégie appropriée qui, comme TIT for TAT, n'attaqua jamais la première ; de telle sorte que tous deux coopèrent, à leur avantage mutuel, sauf aux tout derniers coups.

Plus intéressant encore, on peut faire s'évanouir autant que l'on veut l'incertitude en la rendant spéculaire sans changer ce résultat qualitatif. Supposons que chaque joueur est rationnel et sait que l'autre l'est également ; mais chacun ignore que l'autre sait qu'il est rationnel. Chacun pense que l'autre lui assigne une faible probabilité d'être un joueur TIT for TAT. Chacun peut alors tenir le raisonnement du paragraphe précédent et tenter de se faire passer pour TIT for TAT. L'autre, qui n'est pas dupe, a cependant tout intérêt à laisser croire qu'il l'est, puisque c'est à son avantage aussi bien.

Remontant encore d'un niveau : chaque joueur est rationnel, sait que l'autre est rationnel, sait que l'autre sait qu'il est rationnel. Cela a-t-il encore un sens de faire semblant, puisque l'on sait maintenant que l'autre n'est pas dupe ? Oui, car l'autre, peut-être, ne sait pas que l'on sait cela. Si l'on fait semblant, l'autre continuera donc à jouer les dupes et l'on prendre bien garde de lui signaler que l'on n'est pas dupe de son jeu.

Et ainsi de suite. Supposons deux êtres qu'un terrible secret sépare. Chacun le connaît, chacun sait que l'autre le connaît et ainsi de suite, sans qu'on aille pourtant à l'infini. L'incertitude, l'opacité qui en résulte, quel que soit le degré de spécularité où elle se loge, a le même effet d'annulation imaginaire du fait en question. On peut faire comme s'il n'existait pas tant qu'il n'est pas *dit*, c'est-à-dire tant qu'il n'est pas CK. Ce qu'il s'agit ici d'annuler sur ce mode, c'est la rationalité des joueurs, puisque c'est elle (ou plutôt le CK à son sujet) qui les enferme dans la destruction mutuelle. C'est donc bien l'opacité, définie en termes de déficit par rapport au CK, et fût-elle à dose homéopathique, qui leur permet de se coordonner sur le comportement de coopération.

3. La réflexivité parfaite est un idéal autoréfutant

3.1. Voulant marquer la discontinuité radicale entre le CK et le presque CK, nous avons admis dans ce qui précède que la solution standard avec CK, obtenue par raisonnement rétrograde à partir de l'horizon, ne pose pas de problème quant à ses fondements. Or il semble bien que cette solution est non seulement déraisonnable et contraire au sens commun, mais encore autoréfutante.

Soit l'exemple du «mille-pattes» de Rosenthal (1981), sous sa forme plus ramassée, à cinq pattes, proposée par Meggido (1986). Ce jeu peut être considéré comme une version du dilemme du prisonnier répété, mise sous forme «extensive» : les joueurs y jouent alternativement, et non simultanément. Il y a 10,50 F sur la table. Marie, la première à jouer, a le choix entre : prendre 10 F, laissant 50 centimes à Pierre, auquel cas le jeu est terminé ; ou bien passer la main à Pierre, auquel cas le montant en jeu est multiplié par dix et passe à 105 F. C'est à Pierre de jouer : ou il prend 100 F, laissant 5 F à Marie, et le jeu est terminé ; ou il passe la main, et le montant est à nouveau multiplié par dix. Cela se produit trois fois, selon le schéma ci-dessous. A la dernière étape, s'il a la main, Pierre prend 1.000.000 F, laissant 50.000 F à Marie et le jeu est terminé.

```
    Marie    Pierre   Marie    Pierre   Marie    Pierre
       C        C        C        C        C              50.000
                                                        1.000.000
    1|       2|       3|       4|       5|       6|
     |        |        |        |        |
     D        D        D        D        D
    10        5     1.000      500    100.000
    0,5     100        50   10.000      5.000
```

Les nombres supérieurs représentent les gains de Marie, les nombres inférieurs, ceux de Pierre (C = Coopération ; D = Défection).

S'il est CK que Marie et Pierre sont rationnels, le raisonnement rétrograde à partir de la dernière étape nous convainc en principe que le seul équilibre de Nash est, pour chaque joueur, de faire défection en chacun des nœuds où il a la main. De telle sorte que le jeu s'arrête dès le premier coup, Marie prenant 10 F et laissant 50 centimes à Pierre. On a du mal à se persuader du caractère raisonnable de cette solution.

Comme dans le dilemme du prisonnier répété, on peut montrer que si l'on écarte même infiniment peu de la condition de CK sur la rationalité des joueurs, on retrouve une solution beaucoup plus raisonnable, où Marie et Pierre acceptent de se passer mutuellement la main un nombre appréciable de coups. Mais surtout, on peut voir sur cet exemple que la solution standard en cas de CK est autoréfutante.

Revenons sur la logique du raisonnement rétrograde. Ce raisonnement se passe tout entier dans la tête de Marie au commencement du jeu. Que fera-t-elle au nœud 5 ? Puisqu'elle est rationnelle, elle choisira D. Au nœud 4, elle sait que Pierre est rationnel, et elle sait que Pierre sait qu'elle est rationnelle : elle s'attend donc à ce que Pierre choisisse D. Et ainsi de suite, d'où la conclusion standard dont on voit bien qu'elle repose sur l'hypothèse que la rationalité des joueurs est CK.

Le problème est que ce raisonnement prend appui sur des événements (Marie a la main au nœud 5, Pierre au nœud 4, etc.), dont il démontre qu'ils ne peuvent avoir lieu. Ayant achevé son raisonnement et conclu qu'elle devait jouer D en 1, Marie doit le reprendre et se demander, par exemple, ce que Pierrre, qui a fait le même raisonnement, décidera vraiment s'il a la main en 4 alors qu'il est censé ne pas l'avoir. Il conclura sûrement, et Marie avec lui, que l'hypothèse de CK est infirmée. Mais ces étapes successives ne sont introduites que par commodité, le temps logique les télescopant dans l'instantanéité de la déduction. Il faut alors admettre que le raisonnement contient en lui-même sa propre contradiction. Binmore (1987) note que ce paradoxe a la même forme que celui de la «surprise annoncée». On dit à un condamné à mort que c'est par surprise qu'on viendra le chercher, un petit matin de la semaine suivante, pour le conduire à l'échafaud. Un raisonnement rétrograde à partir du dernier jour de la semaine le convainc qu'il ne peut être exécuté. Lorsqu'on vient le chercher le jeudi matin, il en est donc tout surpris — comme on le lui avait annoncé.

Le raisonnement rétrograde en cas de CK débouche sur l'indécidable. Si Marie a par exemple la main en 3, ce mode de raisonnement ne lui est d'aucun secours. Elle doit au contraire se tourner vers le passé et chercher à interpréter le geste de Pierre en 2 faisant suite à son propre geste en 1. C'est en fonction de son modèle interprétatif qu'elle pourra se décider en connaissance de cause. La flèche du temps a repris son sens habituel, du passé vers l'avenir.

D'où un «méta-paradoxe» : la discontinuité entre le presque CK et le CK disparaît, pour cause d'impuissance du CK.

3.2. La dernière illustration est une classe de jeux spéculaires bien connue (jeu des trois prisonniers, cocus de Bagad, etc.). Ces jeux passionnaient Lacan, comme sa lecture de la *Lettre volée* d'Edgar Poe en témoigne, en particulier son analyse du jeu de pair ou impair qui joue dans l'intrigue un rôle crucial. Ce n'est que récemment que la théorie générale de ces jeux a été faite (Aumann, 1976; Geanakoplos et Polemarchakis, 1982).

Soit une population de N individus qui relèvent de l'un ou l'autre de deux types : le type 1, distingué, et le type 0, non distingué. Chacun connaît le type de tous les autres mais ignore le sien. Si, par un raisonnement logique, il le découvre au jour j, le soir même à minuit il doit le faire savoir.

Supposons qu'il y ait n individus de type 1, avec $n \geq 2$. Au commencement du jeu, un arbitre extérieur énonce publiquement la proposition P : «Il y a, parmi vous, au moins un individu de type 1». Cette proposition, notons-le, n'apprend rien à quiconque qu'il ne sache déjà. Et cependant, son énonciation déclenche une série de raisonnements spéculaires emboîtés qui aboutit à ce que le énième soir à minuit, mais pas avant, les n individus de type 1 se reconnaissent comme tels.

Avant son énonciation publique, la proposition P était connue de tous, mais elle n'était pas CK, ce qu'elle devient alors. C'est ce passage d'un savoir partagé à un savoir public qui permet à chacun de découvrir la vérité sur son propre compte. On peut s'en convaincre au moyen d'un raisonnement par récurrence. S'il n'y avait qu'un individu de type 1, la connaissance de P lui apprendrait son type. Supposons qu'il y en ait deux. Chacun se dit : si je ne suis pas du type 1, cet autre qui, je le vois, en est, devrait se manifester au premier soir ; attendons donc et voyons. Ce que tous deux font, observant ainsi qu'il ne se passe rien. Ils en concluent que leur prémisse était fausse, et donc qu'ils sont du type 1 : ils le font savoir au deuxième soir. Et ainsi de suite.

Aumann, le théoricien des jeux qui, le premier, a proposé une formalisation mathématique du CK, a eu l'idée originale de reposer le problème dans les termes suivants. L'arbitre, disant P, n'apprend rien à personne et, cependant, son dire a un effet considérable, puisqu'il permet de passer d'un état d'opacité partielle à un état de connaissance parfaite : à *qui* s'adresse-t-il donc ? Réponse : à un $(N + 1)^e$ sujet, qu'on définit comme le sujet du CK. La démonstration de l'existence de ce sujet nécessite de recourir aux outils formels de la «logique épistémique», ou logique des opérateurs de connaissance.

On définit en logique un opérateur de connaissance, K, par le fait qu'à toute proposition P, il fait correspondre une nouvelle proposition KP, tout en respectant les quatre axiomes suivants :

(1) $KP \Rightarrow P$;
(2) $KP \Rightarrow KKP$;
(3) $K (P \text{ et } Q) \Rightarrow KP \text{ et } KQ$;
(4) $\text{Non } KP \Rightarrow K (\text{Non } KP)$.

Cela définit une syntaxe, à laquelle on fait correspondre une sémantique. A tout opérateur K satisfaisant ces axiomes, on associe un sujet connaissant k. KP signifie alors : k sait que P (est vraie). Le sens des quatre axiomes en découlent immédiatement.

Etant donné deux sujets k_1 et k_2 auxquels on associe les opérateurs de connaissance K_1 et K_2, on définit leur opérateur de CK par :
$CP = (P \text{ et } K_1P \text{ et } K_2P \text{ et } K_1K_2P \text{ et } K_2K_1P \text{ et}...)$

La généralisation à N sujets se fait sans peine. On démontre le théorème : C est un opérateur de connaissance, car il satisfait les quatre axiomes (Lasry, 1984). Il lui correspond donc un sujet, le sujet du CK. Il est immédiat qu'il ne coïncide avec aucun des sujets de base, c'est donc un être fictif, en supplément, dont la principale caractéristique est de savoir P si et seulement si P est CK. Lorsque l'arbitre dit publiquement P et le rend par là même CK, c'est donc au sujet du CK qu'il s'adresse.

Jean-Michel Lasry, mathématicien de «sensibilité lacanienne», a récemment suggéré que la démonstration de l'existence du sujet du CK valait démonstration de l'existence, sinon de Dieu, du moins du Grand Autre (1984). Si Lasry a raison, c'est là un coup décisif porté au credo du structuralisme français, à savoir que le symbolique (instance dont relève le Grand Autre) transcende, hors d'atteinte, l'imaginaire. Car dans la classe de jeux en question, ce sont bien les identifications spéculaires qui font émerger le sujet du CK, comme si le symbolique n'était qu'un effet produit par l'imaginaire (Dupuy, 1989b).

Tout se passe ainsi comme si la spécularité infinie faisait de la collectivité un sujet connaissant. C'est l'apothéose de l'individualisme méthodologique, puisque le collectif est rendu totalement transparent aux individus : ce que le sujet du CK sait, en effet, chacun sait qu'il le sait; et, dans le jeu considéré, c'est parce que le sujet du CK sait P, et donc que chacun sait que le sujet du CK sait P, que chacun peut découvrir la vérité sur son propre compte : la transparence est donc dans les deux sens. Mais, paradoxalement, ce moment d'apothéose est aussi celui qui sonne le glas de l'individualisme méthodologique : le principe de ce dernier n'est-il pas qu'on ne saurait doter un objet collectif des prédicats de la subjectivité?

On sort du paradoxe en comprenant que ce prodige d'un parfait retour sur soi du collectif permis par la spécularité infinie est largement illusoire. Cette étonnante capacité réflexive qui fait que le groupe réussit à se mettre en surplomb par rapport à soi dans un mouvement d'auto-extériorisation, s'appuie en fait, de façon décisive, sur une dose massive d'extériorité : l'arbitre, les règles, la scansion du temps. Il suffit de la réduire pour que le raisonnement standard s'abîme, une fois de plus, dans l'autoréfutation.

Il faut reconnaître à Lacan le mérite d'avoir parfaitement compris cela. S'il s'intéressait tant à ces jeux spéculaires, ce n'était pas du tout parce qu'il espérait fonder sur eux sa théorie de l'instance symbolique. De son point de vue, ces jeux révélaient certes l'existence du symbolique, mais comme en creux, et parce qu'ils montrent que l'imaginaire ne saurait produire ou déterminer quoi que ce soit. C'est là la thèse principale du fameux «Séminaire sur la *Lettre volée*» (1978), mais l'analyse du jeu des trois prisonniers dans le texte des *Ecrits* : «Le temps logique et l'assertion de certitude anticipée» (1966) aboutit aux mêmes conclusions.

Ce jeu appartient à la classe que nous venons d'étudier, mais l'on s'y est affranchi de la double extériorité de l'arbitre et de la scansion du temps.

Trois condamnés à mort dans une même cellule sont soumis à une épreuve. Le gagnant aura la vie sauve. Chacun a un disque noir dans son dos, il ne peut le voir mais il voit celui des autres. Il est CK que ces disques ont été prélevés sur un lot de trois noirs et deux blancs. Le premier à découvrir la couleur de son disque doit le manifester en sortant de la cellule. Chacun se plonge dans le jeu spéculaire, prenant appui sur le seul fait qui, outre les données, est CK : *les autres ne bougent pas*. Chacun d'eux croit découvrir ainsi la couleur de son disque, il s'avance pour le signifier et, à ce moment précis, sa prémisse s'écroule puisque tous font de même au même instant.

NOTES

[1] Je suis ici la formulation amendée que Lewis a donnée dans un article ultérieur (1983, pp. 165-166).
[2] On dit qu'un jeu est «non coopératif» lorsque les agents n'y communiquent pas. Expression malheureuse, comme le fait remarquer Schelling, puisque l'enjeu est ici au contraire la coopération (la coordination) des agents.

REFERENCES

AUMANN Robert J., «Agreeing to disagree», *The Annals of Statistics*, 4 (6), 1976, pp. 1236-1239.
BINMORE Ken, «Modeling Rational Players», Part. I, Working Paper, London School of Economics, 1987.
BURGE Tyler, «On Knowledge and Convention», *Philosophical Review*, avril 1975.
COOPER David, «Lewis on our Knowledge of Conventions», *Mind*, avril 1977.
DUPUY Jean-Pierre, «Convention et Common Knowledge», *Revue Economique*, mars 1989a.
—, «L'Autonomie du Social», *Encyclopédie philosophique des P.U.F.*, 1989b.
—, «Common Knowledge et Sens commun», *Cahiers du CREA*, n° 11, avril 1988, pp. 11-51.
DURKHEIM Emile, *De la division du travail social*, Paris, Alcan, 1911.
GEANAKOPLOS John, POLEMARCHAKIS Heraklis, «We can't disagree forever», *Journal of Economic Theory*, 28, 1982, pp. 192-200.
GILBERT Margaret, «Game Theory and *Convention*», *Synthese*, 46, 1981, pp. 41-93.
KREPS David, WILSON Robert, «Reputation and Imperfect Information», *Journal of Economic Theory*, 27, 1982, pp. 253-279.
KREPS David et al., «Rational Cooperation in the Finitely Repeated Prisoner;s Dilemma», *Journal of Economic Theory*, 27, 1982, pp. 245-252.
LACAN Jacques, «Le temps logique et l'assertion de certitude anticipée», *Ecrits*, Paris, Seuil, 1966, pp. 197-213.
—, *Le Séminaire*, Livre II, Paris, Seuil, 1978.
LASRY Jean-Michel, «Le *Common Knowledge*», *Ornicar*, n° 30, juillet-septembre 1984, pp. 75-93.
LEWIS David K., *Convention : A Philosophical Study*, Cambridge, Harvard University Press, 1969.
—, «Languages and Language» repris in *Philosophical Papers*, vol. I, New York, Oxford University Press, 1983, chap. 11, pp. 163-188.
MEGGIDO N., «Remarks on Bounded Rationality», IBM Research Report RJ 54310, 1986.
ROSENTHAL Robert W., «Games of Perfect Information, Predatory Pricing and the Chain-Store Paradox», *Journal of Economic Theory*, 25, 1981, pp. 92-100.
SCHELLING Thomas C., *The Strategy of Conflict*, Cambridge, Mass., Harvard University Press, 1960.
ULLMAN-MARGALIT Edna, *The Emergence of Norms*, New York, Oxford University Press, 1978.

La communauté en paroles d'un point de vue interactionnel
John J. GUMPERZ[*]

Je commence par quelques questions qui s'imposent à l'esprit lorsque la notion de *communauté en paroles* est évoquée. J'adopte le point de vue d'un linguiste anthropologue qui s'est penché sur l'étude du discours et de la conversation dans les sociétés post-industrielles après quinze ans de travail sur le terrain dans des régions rurales relativement isolées de l'Inde et de l'Europe. Le but principal de mes travaux précédents (Gumperz 1958, 1971) était d'établir le rapport qui existe entre la variabilité linguistique et les barrières sociales — un problème qui, encore maintenant, est loin d'être tout à fait compris. La thèse qui était alors acceptée par beaucoup était celle de Leonard Bloomfield (1933), selon laquelle le degré de diversité linguistique est, dans toute région, directement fonction de la structuration de la communication interpersonnelle sur une certaine période de temps. En m'inspirant de Bloomfield, je considérais les villageois parmi lesquels je travaillais comme appartenant à des communautés linguistiques locales que je définissais, en termes behavioristes, comme des ensembles de populations qui sont soudés, et séparés des groupes voisins, par des différences caractéristiques dans la fréquence de communication — leurs membres ayant au moins une variété linguistique en commun (Gumperz 1965).

Mon travail sur le terrain portait sur les différences qui apparaissent dans le langage quotidien au sein d'un échantillon stratifié de locuteurs appartenant à de telles communautés. Je me basais sur des procédures de validation de nature ethnographique qui combinaient à l'observation directe, et à l'enregistrement sur cassettes de la langue de tous les jours, les stratégies structuralistes de l'analyse grammaticale de la proposition. J'étais bien sûr conscient du fait que la plupart des locuteurs parlaient également une variété de Hindi standard ou de Urdu standard, et qu'ils parlaient donc deux ou plusieurs dialectes. En fait, mes données initiales avaient été obtenues en interrogeant en Hindi-Urdu afin de prélever des échantillons linguistiques du dialecte local, tout en m'assurant que mes informateurs n'utilisaient pas trop de Hindi dans leurs réponses. Je veux dire par là que le Hindi que mes informateurs utilisaient et les interférences linguistiques qu'ils produisaient presque inévitablement n'étaient pas considérés comme des données; seuls entraient dans mon analyse les énoncés que je percevais comme étant en dialecte.

Les premières études sur les communautés linguistiques, ainsi que d'autres travaux connexes (Ferguson et Gumperz 1960; Gumperz et Hymes 1988 (1972); Labov 1966), montrent que la variabilité linguistique est motivée par le social. Ils fournissent ainsi des arguments importants contre l'hypothèse structuraliste selon laquelle on ne peut étudier des règles linguistiques partagées, ou effectuer des comparaisons, qu'au niveau de la *langue*, en dégageant des formes à partir des situations concrètes dans lesquelles les énoncés sont produits et interprétés. S'il est vrai qu'il y a une structure non seulement dans la *langue* mais aussi dans la *parole*, et si cette structuration est intrinsèquement liée à la division du travail dans la société, alors (comme le suggère l'analyse de Hilary Putnam (1975) sur la division du travail), le fait de supposer que la connaissance grammaticale existe dans des communautés idéalement uniformes et partant hypothétiques, peuplées par des locuteurs qui ont tous une connaissance parfaite de ce qui est significatif dans leur langue, revient à adopter une attitude réductionniste négligeant les caractéristiques de la coopération humaine qui rendent possible l'existence de nos sociétés.

Cependant, quelles sont les implications de la théorie selon laquelle les communautés linguistiques sont hétérogènes en leur sein même? Plus particulièrement, quel type de dynamique sociale relie l'usage de la langue aux forces extralinguistiques? Et comment fait-on la différence entre la variabilité à l'intérieur de la communauté et la variabilité entre communautés? Il est évident que, dès que l'on admet une variabilité systématique au sein de la communauté, la notion même de communauté linguistique devient problématique. Dans cet article, je traiterai cette question en abordant le problème de l'interprétation, et celui de la connaissance sociale et linguistique qu'elle présuppose, selon une perspective qui puisse rendre compte des structures aussi bien collectives que variables de l'usage linguistique. Mais revenons tout d'abord à l'histoire.

Parmi les premières études déjà évoquées sur les communautés linguistiques, beaucoup se basaient sur le présupposé structuraliste selon lequel les régularités qui existent au niveau de la communauté peuvent être dégagées inductivement à partir d'une étude approfondie de la forme grammaticale de la proposition. Bien que mes premières tentatives d'établir un lien entre les barrières linguistiques et les barrières sociales reposaient également sur cette hypothèse, les résultats obtenus restent intéressants pour la présente discussion. Alors qu'il s'avérait une fois de plus que la variabilité linguistique avait une base sociale, des catégories sociologiques fondamentales telles que l'identité ethnique, la caste, la classe et la religion, dont la littérature des sciences sociales est truffée, n'étaient pas directement encodées comme des traits systématiques de la variation linguistique. En fait, c'est l'interaction elle-même qui est apparue comme le paramètre décisif. Mais le facteur déterminant n'est pas la fréquence des contacts interpersonnels en tant que tels, contrairement à ce que Bloomfield aurait pu prédire. La variabilité linguistique systématique reflète plutôt les contraintes qui pèsent sur l'interaction, et qui sont gouvernées par des principes de savoir-vivre déterminant quels sujets peuvent être abordés et quels types d'activités interactives, d'actes de parole, et de formes linguistiques peuvent être utilisés. Ces questions relèvent du domaine de ce que Erving Goffman (1987) appelle «l'ordre de l'interaction», c'est-à-dire des normes et des contraintes qui réglementent la façon dont sont menées les relations interpersonnelles dans la vie de tous les jours.

Mais dans quelle mesure ces constatations sont-elles généralisables? William Labov, qui a peut-être contribué plus que n'importe qui d'autre à faire largement accepter la prémisse selon laquelle la variabilité linguistique est déterminée socialement, nie que l'on puisse établir des modèles sociaux collectifs uniquement à partir d'une analyse approfondie du langage parlé par des individus. Il soutient la thèse selon laquelle l'analyse du language quotidien n'est qu'une première étape dans l'analyse sociolinguistique. Cette analyse doit être combinée avec une mesure quantitative de la distribution, au niveau de la proposition, de certains indices grammaticaux significatifs tels qu'ils sont utilisés par un échantillon représentatif de locuteurs. Le fondement inhérent à cette approche, c'est la notion de communauté empruntée à la théorie de Talcott Parson, dans laquelle les systèmes sociaux humains sont vus comme gouvernés par des normes partagées par toute la communauté et surimposées à une diversité organisée localement. Telle que Labov l'envisage, la tâche du sociolinguiste consiste à montrer comment le langage rentre dans un système social, en utilisant des méthodes quantitatives pour relier l'incidence de certaines variables du langage quotidien à des catégories sociales mesurées indépendamment. Le but est de découvrir la dynamique commune par laquelle les tendances dans la répartition des variables linguistiques sont liées aux tendances des variables sociales.

L'analyse labovienne de la variabilité a été largement acceptée, à travers le monde, par les chercheurs qui étudient les communautés linguistiques, et elle a révolutionné notre compréhension des processus de changement linguistique en cours. Cependant, cette analyse a ses limites. Comment, par exemple, pouvons-nous mettre en rapport les modèles de la communauté avec l'action individuelle? La théorie parsonienne nous obligerait à penser que les normes sont intériorisées au cours du processus de socialisation de l'individu, et qu'elles se reflètent donc automatiquement dans le comportement (Heritage 1984). Cependant, si cette supposition était correcte, il serait difficile d'expliquer certaines des découvertes les plus intéressantes de Labov (Gal 1989; Irvine 1987). Dans une étude déjà ancienne (1972), par exemple, il a montré que des changements récents survenus dans la langue parlé sur l'île de Martha's Vineyard peuvent être expliqués par le fait que les habitants de l'île cherchent à se différencier des visiteurs venant du continent pendant l'été. Dans une autre étude, il présente une analyse très intéressante sur le phénomène d'hypercorrection, qui démontre que les variantes linguistiques régulièrement utilisées par les individus de classes populaires sont néanmoins fortement stigmatisées par ces mêmes locuteurs, de telle sorte que dans certains types de rencontres, ils compensent outre mesure en se rapprochant dans leurs réponses de l'anglais de la classe moyenne. Dans les deux cas, les locuteurs se livrent à une action consciente; ils ne se limitent pas à suivre machinalement des règles ou des normes d'usage.

Les ethnographes de la communication (Bauman et Sherzer 1974; Hymes 1974) adoptent une perspective théorique quelque peu différente. En reprenant des arguments avancés pour la première fois par Roman Jakobson (1960), ils signalent que l'unité de base de la communication quotidienne ne se réduit pas à la proposition ou à la phrase des grammairiens, mais bien à l'événement linguistique constitué par l'interaction de plusieurs composantes dont le langage n'en est qu'une. Les événements sont perçus comme des systèmes sociaux miniatures gouvernés par des normes d'adéquation spécifiant ce qui doit être accompli, par quels moyens linguistiques cela doit être communiqué, qui peut participer, et à quel titre. Ensuite, l'analyse se concentre sur la découverte des règles spécifiant quels modes de discours et quels types de relations sociales sont adéquats pour la situation en question.

La notion d'ethnographie de la communication a conduit à de nombreuses recherches novatrices et très productives portant sur des sociétés relativement inconnues du tiers et du quart monde, ainsi que sur des sociétés modernes et post-industrielles. Ce travail a fortement enrichi notre compréhension du fonctionnement du discours, et notre évaluation de sa variation d'après la culture. Les études les plus convaincantes que nous possédons décrivent des événements bien déterminés, et qui reçoivent souvent une dénomination précise, tels que les cérémonies, les rites, ou la rhétorique politique, pour lesquels les règles d'adéquation peuvent être, en général, facilement obtenues à partir d'observations et d'entretiens ethnographiques. Cependant, l'idée qu'il y a des normes et des règles du discours définies extralinguistiquement pose également d'importants problèmes théoriques. On ne voit dès lors pas clairement comment de telles règles définies extralinguistiquement rendent compte des performances réelles. Comme Goffmann le souligne, chaque événement linguistique constitue un environnement social distinct où les participants réagissent, en situation, aux interventions des autres et sont engagés dans des types de réciprocité qui dépendent des attentes liées au contexte et aux principes de savoir-vivre. Le fait de participer à une rencontre met donc en œuvre des cadres interprétatifs qui transforment la connaissance culturelle générale et qui influencent les pratiques en situation, un peu de la même manière dont la syntaxe structure et réinterprète les significations non-contextuelles. Est-il possible d'établir des règles de discours pour le langage de la conversation? Si l'approche esquissée est valide pour l'usage du langage en général, elle doit aussi pouvoir rendre compte du comportement de tous les jours, où le contexte pertinent est problématique et ne peut pas être prédit à l'avance. En fait, des analyses récentes et approfondies du discours tenu au cours des cérémonies bien déterminées montrent que, bien souvent, les modes de langage de tous les jours se mélangent aux modes protocolaires et rituels, de sorte que de tels événements linguistiques ne sont pas aussi distincts du langage quotidien qu'on l'avait communément pensé (Briggs 1989; Hanks 1988; Haviland à paraître). Il semblerait dès lors que toute analyse d'un événement protocolaire doive aussi pouvoir rendre compte de la conversation quotidienne.

D'autre part, la question se pose aussi de savoir quelle est l'unité sociale de base par rapport à laquelle les normes du discours doivent être définies. Les définitions behavioristes de la communauté linguistique qui sont basées uniquement sur des aspects superficiels d'interaction, ou sur la provenance sociale de ses membres, ont été largement abandonnées. Les communautés sont vues maintenant comme ayant un fondement cognitif, ce qui rejoint en quelque sorte la notion de communauté idéale du linguiste structuraliste (Irvine 1987). Cela revient à dire que l'appartenance à une communauté est fonction de ce que les gens savent, plutôt que de ce qu'ils font, ou de la façon dont ils sont classés par les autres. Cependant, la nature de la connaissance qui est pertinente à cet égard, et la façon dont elle est diffusée et délimitée, sont encore loin d'être claires. Les variationnistes comme les ethnographes de la communication considèrent que les normes émergent de l'expérience historique de certaines communautés spécifiques. Mais puisqu'ils ne précisent pas comment ces communautés sont définies, nous devons supposer qu'ils acceptent simplement les définitions établies par les sociologues. Cette attitude revient à oublier que les sociologues et les anthropologues ont pratiquement renoncé à toute tentative de trouver des moyens empiriques de définir les limites d'une communauté, et ceci à cause de la rapidité toujours croissante de l'évolution sociale durant ces dix dernières années, et de l'importance des migrations de populations.

De plus, considérer les communautés linguistiques comme des entités sociales isolées revient à suggérer, comme Gal le fait remarquer (1989), que les facteurs sociaux qui interviennent dans le langage peuvent être expliqués en termes purement locaux. Une telle approche sombre dans l'irréalité si on tient compte des interférences linguistiques qui se produisent constamment entre les dialectes locaux et la langue standard, et que les investigateurs et les informateurs utilisent pour pouvoir communiquer. Les études sur les interférences linguistiques nous ont montré que quand les locuteurs utilisent des variétés de la langue nationale ou régionale en même temps que des dialectes locaux, ils le font pour renvoyer à des relations de pouvoir qui s'instaurent à l'échelle nationale ou régionale, et cela en fonction de la manière dont elles sont perçues dans leur propre environnement. De sorte qu'en fin de compte, les habitudes linguistiques régionales elles-mêmes s'intègrent dans des domaines plus larges. Il semble évident que la relation entre les forces extérieures et les forces locales doive être au moins examinée si nous voulons comprendre comment la signification est produite dans des environnements locaux.

Il est évident qu'on ne peut plus tenir pour bien fondés les présupposés habituels selon lesquels les êtres humains peuvent, d'une part, être répartis en des communautés linguistiques délimitées, et d'autre part, être décrits comme des membres de tel ou tel ensemble fini de cultures, celles-ci étant vues comme des systèmes unitaires. Cependant, les barrières sociales et les distinctions culturelles restent en vigueur. Comment se réflètent-elles dans le comportement linguistique ? A mon sens, nous pouvons éviter les problèmes qui apparaissent lorsqu'on essaie de délimiter les communautés linguistiques en termes de systèmes normatifs collectifs et définis extralinguistiquement. Il suffit, pour ce faire, d'appliquer une approche sociolinguistique interactionnelle à l'étude du discours quotidien. Adoptant une pratique qui est maintenant largement acceptée, nous pouvons admettre que, dans les rencontres de tous les jours, la compréhension est en grande partie le produit d'inférences qui reposent à la fois sur des présuppositions linguistiques et sur une connaissance du monde largement dépendante de la culture. De ce point de vue, la connaissance lexicale et grammaticale n'offre qu'une ébauche de modèle qui doit être étoffée par des mécanismes interprétatifs additionnels ; ceux-ci opèrent dans un environnement culturel qui façonne et contraint les modes d'interprétation des énoncés. Une deuxième conjecture de base est que toute compréhension est structurée, en ce sens qu'elle repose à la fois sur une connaissance grammaticale collective et sur une connaissance collective du cadre ou du schéma en fonction duquel ce qui est dit doit être compris. La connaissance sociale peut dès lors être envisagée, pour user des mêmes termes que Garfinkel (1967), comme une partie des ressources cognitives que nous utilisons afin de rendre signifiant le monde qui nous entoure. C'est en analysant ces processus inférentiels, les mécanismes de signalisation sur lesquels ils reposent, ainsi que leur répartition dans les populations humaines, que nous pourrons déterminer comment, et selon quelles lignes directrices, les habitudes linguistiques sont collectives.

Les inférences sont faites au sein du contexte des événements linguistiques dans lequel les locuteurs et leurs interlocuteurs coopèrent à la création et au maintien de la participation, prise comme précondition à la réception de leurs messages. La communication verbale ne consiste donc pas simplement à traduire ses idées par des mots ; elle requiert également une coopération active de la part des émetteurs des messages, et des récepteurs dont les réponses alimentent l'échange à des points-clés de l'interaction. Une telle coopération ne doit pas être considérée comme allant de soi. Pour inciter les autres à coopérer, les locuteurs doivent fournir, à l'avance, un minimum d'information sur le sujet de l'échange et sur ce qui en sortira probablement. Une fois que le dialogue a commencé, surgissent les problèmes de gestion de la conversation. Le cadre initial de l'échange linguistique est sujet à des changements constants et souvent assez subtils qui doivent être négociés comme une partie de l'interaction. D'autres problèmes de gestion apparaissent par la suite avec l'attribution des tours de parole. En effet, les individus ne se voient pas attribuer automatiquement un temps de parole pour présenter ou développer un argument. Ils doivent lutter pour obtenir et garder leur tour, et permettre aux autres de prévoir le moment où ils peuvent insérer leurs réponses.

Les études sur la communication verbale ont montré que la création et le maintien de l'implication dans la conversation dépendent de la production et de l'interprétation, par les participants, d'une série de mécanismes de signalisation non-verbale qui servent à guider et à canaliser les inférences nécessaires (Goodwin et Goodwin 1990; Heath 1986; Kendon 1990). Sur base de mon propre travail sur l'inférence conversationnelle, je soutiens qu'il existe également un ensemble de signes linguistiques — les indices de contextualisation — qui remplissent des fonctions similaires (Gumperz 1982a, 1990). La contextualisation forme une partie intégrante du langage du discours, en ce sens que toutes nos paroles transmettent également de l'information sur la manière dont notre discours est lié à nos connaissances, ainsi qu'au discours précédent et à celui qui va suivre. Elle sert à dégager des cadres contextuels dans les termes desquels nous interprétons ce que nous entendons, et elle influence de manière significative les processus interprétatifs à travers lesquels nous comprenons les signaux relatifs à la gestion de la conversation.

La connaissance des structures contextuelles qui sont pertinentes se dégage à la fois à partir de signes non verbaux, et à travers un système de signes verbaux — les indices de contextualisation qui sont produits comme une partie de l'interaction. En d'autres termes, les inférences sur lesquelles reposent de tels processus de coopération sont signalées au moyen d'un ensemble d'indices verbaux appelés «indices de contextualisation». Ceux-ci fonctionnent à la fois pour suggérer ce que sont les structures contextuelles intentionnellement visées, et comment celles-ci changent dans le contexte d'une interaction. De plus, si la compréhension est le produit d'inférences liées à la culture, si elle repose sur des présuppositions à propos du contexte et des relations interpersonnelles, et si les processus inférentiels pertinents doivent être dérivés à partir d'une tradition collective, alors la compréhension elle-même repose sur des présomptions concernant la manière dont la tradition collective est diffusée ainsi que sur des présomptions concernant la communauté à propos de laquelle les inférences sont faites.

Avant de discuter la manière dont la connaissance des pratiques discursives est diffusée dans les populations humaines, permettez-moi d'illustrer par les trois exemples suivants ce que j'ai exposé ci-dessus à propos de la coopération conversationnelle et des mécanismes de signalisation sur lesquels elle se base. L'exemple I est un extrait narratif en langage familier enregistré aux Etats-Unis. Deux professeurs d'anglais seconde langue (R et J) ont emmené en excursion à San Francisco un groupe d'étudiants étrangers, et ensemble, ils racontent les événements de la journée à des collègues.

Example I : Excursion to San Francisco
1. P : yeah {[hi] where'd you *go/} where'd you all *go//
2. J : well, y'wanna *tell 'em, where we went?
3. R : we went uh..., almost **everywhere/ except that it was *foggy/ for {[lo] *half} the time we were over there/
4. M : {[hi] yeah,} you don't seem too enthusi*astic about it/
5. R : {[hi] oh} it = was a good *trip/ {[hi] yeah, it *was/ *yeah//}=
6. J :   = {[ac] [hi] well, it was a great *trip/ except= that {[dc] it was a *foggy *day//}
   and we started out by going to Twin *Peaks, ... at nine thirty in the morning/
   ... on a *foggy *day// you know what we *saw? we saw **fog, {[lo] up to *here//}
7. R : = = we saw *fire down the *hill//
8. J : {[lo] a *fire down the hill, =that's *right//=
9. R :   there was a (f) was on *fire//
10. P : {[hi] that was {[lo] good} = ( )//}=
11. J :   = and then = after the *fog, and it was *windy, we... decided to go to the *beach//
    we went to the *beach, and it *was// we saw some sea lions, though//
12. R : = = there were about *three//
13. J : = = then we had ho-... *hot dogs on a *stick//
14. M : = = uh-huh/
15. R : **some of them/ **some of them, had *hot dogs on a *stick//
16. M : ( ) hi G/
[G enters]
17. J : hi G/... and uh, we uh..., talked ( ) about *tourists there/
    and we {[lo] left}, and went to the *Palace, ... of the Legion of *Honor/ *right?
18. R : = = again, for a *view of the Golden *Gate//
19. J : = = for a *view, of the {[lo] Golden} Gate *Bridge/ and there was {[lo] no} view/
20. G : ah::::

En réponse à la question de P, J demande à R de raconter où ils sont allés. Quand R mentionne le fait qu'il y avait du brouillard, M, un autre collègue, commente : «You don't seem too enthusiastic about it» («Tu ne sembles pas très enthousiaste»). Apparemment, il pense que R donne ses propres impressions du voyage. A partir de la réplique 5, R et J se lancent dans leur récit. Ce qui est intéressant ici, c'est la manière dont les deux narrateurs coopèrent à l'élaboration de leur récit en se prenant fréquemment la parole l'un à l'autre, l'un complétant ou précisant ce que l'autre a dit, et parfois même anticipant ce qui va être dit. Pour faire ceci, les deux intervenants doivent se baser sur une connaissance commune — pas uniquement sur une connaissance des techniques narratives dans l'acception générale de ce terme — et sur une connaissance de ce qui s'est passé durant le voyage. Ils doivent également tabler sur une connaissance commune des formes linguistiques et en particulier, des stratégies de contextualisation.

A première vue, le contenu référentiel suggère que l'histoire est racontée du point de vue du narrateur. Et c'est ce que le commentaire de M présuppose. Cependant, il faut noter que la description est assez générale, et qu'il y manque les détails que nous associons à ce type de récit. Il est fait mention des principaux sites visités, tels que les Twin Peaks, la plage, le Palais de la Légion d'Honneur, etc.; de ce que le groupe a vu, à savoir du brouillard, un feu, des otaries; et de ce que le groupe a mangé, c'est-à-dire des hot dogs en brochette. Dans une conversation entre des habitants de l'endroit, nous pourrions nous attendre à de plus amples commentaires concernant l'intérêt de ces choses vues. Tout ce que nous obtenons n'est qu'une liste qui, dans ce contexte, semble étrangement pauvre en informations. Personne, pourtant, ne remet en question le récit, ni ne demande de plus amples détails. Ce n'est qu'aux répliques 13-17, lorsque J corrige son «we had hot dogs on a stick» («nous avons mangé des hot dogs en brochette») en réponse au «uh-huh» («ah-ah») de M que nous commençons à appréhender le sens interprétatif de cette apparente violation de la maxime de pertinence de Grice.

Bien qu'il n'y ait rien dans la forme superficielle du récit qui l'indique, je soutiendrai qu'à partir de la réplique 5, l'histoire est fondamentalement racontée du point de vue de l'étudiant étranger. Il suffit de considérer la manière dont l'accentuation est utilisée à la réplique 5. Le mot «trip» («excursion») est accentué et la proposition est alors renforcée avec un «yeah, it was» («ouais, c'était vraiment chouette») enthousiaste. A la réplique 6, J imite la prosodie de la réplique 3 de R en construisant ce qui est en fait un jeu de mots dans sa réponse à la question précédente de M. «Fog» («brouillard») et «foggy» (adjectif de «fog») sont répétés plusieurs fois. La première remarque de R «it was foggy» («il y avait du brouillard») est reprise par celle de J «except that is was a foggy day» («sauf qu'il y avait du brouillard») et ensuite encore dans la phrase suivante «on a foggy day» et plus tard dans «and then after the fog, it was windy» («et ensuite, après le brouillard, il y eut du vent»). Il est évident que le narrateur ne fait pas que mentionner qu'il y avait du brouillard. Pourquoi les habitants de l'endroit, pour lesquels le brouillard est un phénomène quotidien, joueraient-ils sur le mot «fog» sans explication supplémentaire? La répétition, ainsi que la prosodie, évoquent un schéma stéréotypé de non-natifs parlant du brouillard de San Francisco. Cela signifie que tout locuteur qui fait un tel cas du brouillard est très probablement un non-natif. La réplique 7 de R a également un patron accentuel bizarre qui est ensuite repris en écho par J. Il faut noter de plus que les premiers commentaires de J empiètent sur ceux de R. A la réplique 6, la phrase de J «it was a great trip» («c'était une super excursion») est en partie identique à l'appréciation de R «it was a good trip» («c'était une chouette excursion»). Comme l'a remarqué Pomerantz, les appréciations positives sont ordinairement suivies, dans la conversation quotidienne, d'une louange plus appuyée. Si c'était ce que J avait eu l'intention de faire, nous nous serions attendus à un accent contrastif sur «great» («super») plutôt qu'à une simple répétition de l'intonation de R. En résumé, nous concluons que les deux narrateurs sont simplement porteurs de la voix des étudiants.

Comme je l'ai fait remarquer ci-dessus, la narration est produite conjointement. Comme ils reviennent à l'instant du voyage, il est improbable que J et R aient pu raconter l'histoire auparavant. Cependant, J non seulement connaît le contenu de ce que R est sur le point de communiquer, mais parvient également à copier les stratégies de contextualisation de R. Les deux narrateurs semblent reproduire un mode de représentation théâtrale où J jouerait le rôle de clown, et R celui de faire-valoir. Nous devons supposer que la performance de J repose en grande partie sur les inférences faites sur base de sa compréhension des conventions de contextualisation de R et de ce qu'elles transmettent.

L'exemple suivant nous est fourni par une conversation enregistrée au bureau de consultations d'une association locale de logements établie dans une ville industrielle des Midlands anglais. Les stratégies de discours utilisées ici sont assez différentes de celles utilisées dans l'exemple I. Le locuteur A est un propriétaire dont le bien jouxte une propriété appartenant à l'association de logements; son parler natif est une langue sud-asiatique mais il a vécu dans la région pendant un certain nombre d'années. Il désire savoir si l'association accepterait de participer aux frais de reconstruction du mur mitoyen détruit récemment par une tempête. B, également d'origine sud-asiatique, a l'anglais pour langue maternelle. La transcription commence après la question initiale qui n'est pas reprise ici, et par laquelle le conseiller B demande l'adresse de A.

Example II : The Walls Tumble Down

1. A : #name# Arundel Street
2. B : 39 Arundel Street
3. A : = = yes/ {[hi] I got walls,} {[lo] tumble down/}

... {[hi] Friday}... eh, {[lo] Saturday night yeah/}
4. B : the walls tumble down, you mean they fell down/
5. A : {[hi] fell down yeah/}... {[lo] fell down/}
   {[hi] but could you tell me} {[ho] which/}
   [pointing to a small map which he has with him]
   ... {[hi] that's my wall,} {[lo] ya somebody else wall/}
6. B : hm well is your wall here?
7. A : {[hi] both sides/}... {[lo] and the front of that/}
8. B : here here and here/
9. A : hm yes/
10. B : aha um there would be,
    ... it would be a party wall between you and your next door neighbor here/
    this guy here and this guy here/
11. A : {[hi] yes but see next door/}... {[lo] I think is your house/}... {[hi] Calmore center's/}
12. B : Calmore center/
13. A : yes,... forty-one/... and thirty-nine mine/
14. B : hm
15. A : but that up there, Lisit... Lisit's garden/
    this... Cambridge street here/ and eh I want to know/...
16. B : you want to know who's responsible to put them back up/
17. A : up for this front one/
18. B : I see/... so if you want that/
    ... so if you want that,... un that wall to be put up/
19. A : only here/
20. B : this one here/
21. A : un up there yes/
22. B : you want to know if you are the only one who is liable to pay for it/
23. A : pay for it/ that's what I want to know//

Bien que l'anglais soit parfaitement grammatical dans ce passage, le lecteur qui l'aborde sans connaissance particulière préalable peut éprouver des difficultés à déterminer le sujet de la conversation. A partir de ce qui ressort vers la fin du passage, il apparaît que A est venu faire une demande, mais qu'il ne dit jamais explicitement ce qu'il veut. A la réplique 3, il commence à dire que ses murs se sont écroulés, montre ensuite une carte, et demande si le conseiller peut lui dire où se trouve son propre mur comme s'il ne le savait pas lui-même. Le conseiller, cependant, ne demande jamais une clarification verbale; au contraire, il répète ce qui vient d'être dit comme s'il le confirmait. De temps à autre, il paraphrase les déclarations de A, parfois supplée de l'information que, suppose-t-il, le client a voulu transmettre mais sans l'exprimer. Par exemple, à la réplique 10 et plus particulièrement aux répliques 18 et 22, c'est le conseiller, et non le client, qui exprime la requête du client. Il est clair que les deux intervenants se comprennent et coopèrent valablement dans la conduite de la rencontre. Il est intéressant, pour cette analyse, de constater qu'en procédant de la sorte, ils se basent sur des présomptions partagées et sur un ensemble commun de conventions de contextualisation qui sont assez différentes de celles généralement utilisées par la majorité des anglophones aux Etats-Unis, ou, pour le cas qui nous occupe, en Angleterre.

Observons maintenant l'organisation séquentielle des tours de parole alternés de la rencontre. Dans sa plus grande partie, le conversation présente une structure tripartite action/réaction/confirmation, comme par exemple dans les répliques 1/2/3, 3/4/5 et 19/20/21. Parmi les anglophones de naissance, le schéma question-réponse est plus répandu. Plusieurs autres aspects de la conversation semblent étranges selon les normes britanniques et américaines. Tout d'abord, il faut noter que le client commence par présenter des faits concernant ce qui s'est passé, l'emplacement de sa maison, etc., en évitant soigneusement de faire des déclarations qui pourraient être potentiellement sujettes à controverse ou qui pourraient être embarrassantes. Ensuite, au niveau de la prosodie, le discours du client semble étrangement hésitant, c'est-à-dire que ce qu'il a à dire est morcelé en phrases relativement courtes, comme dans les répliques 11 et 15, et qu'il y a de nombreuses pauses. Le conseiller, cependant, ne donne pas l'impression que cela lui cause la moindre difficulté. Il semble percevoir les pauses comme autant d'indices lui faisant comprendre qu'il lui est demandé d'inférer ce qu'on veut lui faire inférer. A répond aux inférences de B comme si elles allaient de soi. Ensuite, un peu plus tard, à la réplique 16 lorsque A termine par «eh, I want to know» («euh, je veux savoir») puis se tait, B complète par ce qu'il croit que A veut dire, et que A confirme alors simplement sans explicitation complémentaire. Enfin, le registre de hauteur qu'utilise A est également étrange. J'ai noté ceci aux répliques 1-11, mais ce patron se maintient à travers tout l'exemple. Le premier membre d'un ensemble quelconque de deux propositions possède un registre haut, et le deuxième un registre bas, ou vice versa. Le locuteur n'utilise pas d'accent contrastif du type que nous trouvons dans l'exemple I. Cette pratique est typique de certains locuteurs anglo-indiens qui semblent transposer la prosodie de leur langue maternelle en anglais. On a remarqué qu'elle pouvait provoquer des malentendus importants dans certaines rencontres interethniques (Gumperz 1990).

Je maintiens que dans chacun de ces exemples les intervenants se basent sur une connaissance commune pour générer des inférences concernant ce sur quoi leur interlocuteur a l'intention de s'exprimer. Ces inférences sont nécessaires pour maintenir la coopération conversationnelle et pour mener à bien l'interaction. Pour les besoins de l'exposé, nous pouvons dire qu'il y a au moins deux niveaux d'inférence en jeu. D'une part, il y a les inférences qui activent l'information d'arrière-plan concernant la nature du cadre ou de l'activité en question : c'est-à-dire, une connaissance qui indique ce que l'interaction implique, ce que sont les relations adéquates entre les intervenants, et quels résultats en sont attendus. D'autre part, il y a les inférences qui rentrent dans ce que nous pouvons appeler la gestion de la conversation, telles que l'attribution des tours de parole, le maintien de la cohésion thématique, et la signalisation du changement de sujet. Aux deux niveaux, les inférences sont signalées en partie par le choix du vocabulaire, et en partie par les conventions de contextualisation ainsi que par des indices non verbaux. Ceci est illustré par la discussion de phénomènes tels que le jeu de mots sur «fog», ou le contenu communicatif de la liste, dressée par le narrateur, des sites visités, ou encore par les stratégies qu'adopte le propriétaire pour présenter son dossier. Dans chaque cas, la discussion se concentre sur les choix lexicaux et sur l'utilisation des pauses, de même que sur la prosodie et les glissements dans le registre de hauteur, considérés comme stratégies de contextualisation.

J'utilise le terme de «stratégie rhétorique» pour couvrir toutes les possibilités mentionnées ci-dessus. En plus de ce qui vient d'en être dit, ces stratégies nous permettent d'intégrer ce qui est entendu à ce que nous savons déjà, et donc de reconnaître la cohérence du monde qui nous entoure. Elles sont conventionnelles par nature et sont acquises dans le cadre des processus de socialisation de l'individu. Une fois acquises, elles tendent à être utilisées automatiquement et inconsciemment, et en ce sens, elles ressemblent à la compétence grammaticale. Mais les processus conversationnels dans lesquels elles entrent ont également leurs propres caractéristiques qui dérivent de la nature même des conversations en tant que performances pluripartites.

Tout d'abord, bien que toutes les conversations soient gouvernées par des principes d'organisation généraux, et en grande partie universels, ceux-ci n'opèrent pas comme des règles grammaticales catégoriques du type «tout ou rien». Ainsi que Levinson l'a soutenu (1983), les principes de conversation peuvent être remis en question; c'est-à-dire qu'ils ne déterminent pas ce qui compte comme un énoncé dans une langue, ou ce qui peut ou ne peut pas être dit ou compris. Au contraire, ils agissent comme des grilles de lecture ou des normes d'évaluation qui donnent lieu à des attentes bien déterminées; celles-ci, quand elles sont violées, génèrent des implicatures sur lesquelles repose l'interprétation de ce que le locuteur peut avoir eu l'intention de communiquer.

Ensuite, les indices phonétiques, prosodiques et stylistiques sur lesquels les participants se basent dans des rencontres en face à face, en contextualisant leur performance linguistique, sont souvent d'une nature assez flottante et transitoire. Cela signifie que, puisque l'information pertinente n'est pas codée sous une forme lexicale, il est difficile de dégager ou de restituer le contenu après la rencontre. Cette information n'est pas aisée à communiquer dans des contextes différents de ceux dans lesquels la rencontre s'est originellement passée, de sorte qu'il est difficile de se rappeler, en vue d'une analyse ultérieure, ce qui a été effectivement perçu à un moment donné. La préservation de l'information sous la forme de transcriptions correctes pose donc problème. En fait, jusqu'il y a environ dix ans, quand des moyens discrets pour enregistrer la conversation quotidienne commencèrent seulement à apparaître, nous ne disposions pas des données nécessaires à une investigation systématique.

En bref, la théorie offre de bonnes raisons de croire que des méthodes approfondies d'analyse, modelées sur celles qui sont utilisées dans l'étude du langage parlé, peuvent apporter, sur les processus de conversation, des éclaircissements qui ne pourraient être indépendamment obtenus par des techniques quantitatives corrélationnelles ; mais par ailleurs, les phénomènes à étudier présentent, de par leur propre nature, de sérieux problèmes empiriques et analytiques. Bien que les conversationnalistes se basent sur leurs connaissances phonologiques, syntaxiques et sémantiques lorsqu'ils contextualisent ce qu'ils entendent, les conventions de contextualisation sont, très vraisemblablement, aussi distinctes des règles linguistiques régissant la phrase, que la phonologie l'est de la syntaxe, et la syntaxe de la sémantique. Elles doivent dès lors être analysées dans leurs propres termes.

L'exemple suivant est extrait de l'enregistrement, fait en 1968, d'une séance de discussion en groupe incluant un chercheur (G), son assistant (C), tous deux de race blanche, et un groupe d'adolescents noirs dans la maison de leur monitrice, une licenciée de race noire. Les chercheurs avaient demandé à la monitrice de rassembler un groupe d'adolescents pour une discussion informelle. Ils lui avaient expliqué qu'ils cherchaient à rassembler des données sur les styles de langue parlée pratiqués par les noirs, et ceci dans le cadre d'un projet de recherche conçu pour dissiper le stéréotype, alors communément répandu chez les éducateurs et chez beaucoup d'autres, selon lequel les adolescents noirs ne possédaient pas les capacités verbales nécessaires pour profiter de leur scolarité. Afin d'établir le climat de confiance nécessaire pour amorcer la discussion en tablant sur des intérêts communs, C, qui a étudié la percussion de jazz à New York, répond à la remarque générale de A (réplique 1) sur le fond musical ambiant en nommant le musicien en question. Il poursuit alors en spécifiant que ce musicien est l'ami d'un ami, appliquant ainsi ce que certains ont appelé le principe de «co-appartenance». Cependant les réactions des adolescents sont assez différentes de ce que C a pu imaginer.

Example III : Verbal Games
   1. A : [commenting on background music] you know that- that's a nice song/
Six turns of informal talk and laughter omitted.
   8. C : oh/... i met him once/
       ... {[ac] like he's a friend of ah... of my cousin's from... new york/}
   9. A : ... {[dc] [f] oh *is he?} you met {[hi] (co::leman)?} #musician's name#
10. C : = = yeah/
11. A : {[very hi] oh *is he?}
12. C : yeah/
13. A : {[f] relative/ =huh::?}=
14. C :   =well= i mean friend of a- a friend of-
15. A : of- =of-=
16. C :   =of= a relative/
17. A : ( ) oh of a relative/ <.5 sec> {[very hi] orne::tte/}
18. <1.5 sec>
19. A : {[f] so you met him one time/} huh?
20. C : = ={[pp] yeah/}
21. A : {[ac] one of the great pleasures/} {[lo] you know/}
22. B : [laughs]
23. D : really/ {[very ac] shake hands/ =(you know/)=
24. C :   =he was at the =Both-And/ #name of a local
        nightclub#
25. A : = =pardon me?
26. C : = =the Both-And in the city?... the Both-And club?
27. A : {[f] yeah/} yeah/ yeah/ yeah/ yeah/ yeah/ so that's where you met him at?
28. C : yeah/
29. A : ... oh : i see/ you go nightclubbing ( ), or-...
30. C : occasionally, yeah/
31. A : hm:::/

Bien que les mots apparaissant dans les sept premières répliques soient en partie inintelligibles, la prosodie et le ton de la voix ont toutes les caractéristiques d'une conversation relativement détendue et informelle. Mais avec la déclaration de C à la réplique 8, la situation change radicalement. A répond en le questionnant; il élève la hauteur de sa voix et augmente son intensité, adoptant ce qui semble être une phonologie noire exagérée par rapport à ses premières répliques. Parmi les indices significatifs figurent l'élévation de hauteur, le timbre dialectal noir exagéré des voyelles, et la prosodie de «is he», «Coleman», «relative», et «Ornette». Le contraste marqué entre le discours de A et ses remarques précédentes, non reproduites ici, suggère que C est mis au défi comme dans une joute verbale. A la réplique 21, après que C ait fourni une réponse affirmative à la question, A passe subitement à la prononciation et à la prosodie d'un anglais informel qui ressemble fort à celui de C, et ce glissement provoque l'hilarité de B, ainsi qu'un commentaire de la part d'un des autres participants noirs (D). La séquence se termine par ce qui apparaît clairement comme une rebuffade. Tout au long de l'interaction, C maintient le même style informel avec lequel il avait commencé, et répond à A comme s'il répondait à de vraies questions. Il est possible qu'en essayant de mener une conversation informelle, C n'ait pas réalisé qu'on se moquait de lui. Ou s'il a reconnu la stratégie de A, il a peut-être pensé qu'en qualité d'étranger et de chercheur, il était inadéquat pour lui de répondre de la même manière. Dans tous les cas, au regard des adolescents, il s'est clairement montré incapable de rentrer dans l'esprit de l'interaction, non seulement parce qu'il a invalidé sa prétention à la co-appartenance, mais aussi parce qu'il a permis à son adversaire de faire montre de ses capacités verbales supérieures. Les participants noirs, dans leurs réponses, se sont basés sur des stratégies rhétoriques propres à leur culture. Puisque C ne possédait pas la connaissance d'arrière-plan et les moyens verbaux nécessaires pour répondre à leur manière, il s'est trouvé désigné comme l'étranger qu'il était en réalité.

Jusqu'ici, notre analyse s'est surtout efforcée d'indiquer comment les stratégies interprétatives collectives et les pratiques rhétoriques dépendent et émergent de l'expérience communicative collective. Mais quelques explications complémentaires sont requises afin de montrer quel est le rapport qui existe entre ce phénomène et le type de communautés linguistiques envisagées au début de cet article. En considérant ce qui a été dit jusqu'à maintenant à propos de la provenance sociale des intervenants de nos trois exemples, on est tenté de dire que ces exemples reflètent des différences de type ethnique dans les stratégies discursives. Ceci impliquerait que les locuteurs soient membres de trois groupes ethniques distincts (c'est-à-dire les Afro-Américains, les britanniques de souche sud-asiatique, et les Américains blancs de la classe moyenne), et que ces groupes ethniques constituent des communautés linguistiques distinctes. De telles analyses de discours sont utiles parce qu'elles nous permettent d'isoler des distinctions motivées socialement, qui sont significatives et systématiques, même dans les cas où, comme dans l'exemple I, les analyses de variables linguistiques menées au niveau de l'énoncé ne produiraient pas de résultats significatifs. Mais cette approche pose aussi quelques problèmes, en ce sens qu'elle néglige des faits significatifs de l'usage linguistique ; on peut donc dire qu'elle conduit au même type de réductionnisme que celui qui caractérisait les premières études sur la communauté en parole. Le locuteur A de l'exemple III, par exemple, use d'une alternance régulière entre le dialecte noir et l'anglais standard, et le conseiller dans l'exemple II est un anglophone de naissance qui contrôle donc les stratégies de l'anglais natif.

Ces deux individus, dès lors, sont bilingues et biculturels. Mais dire ceci revient aussi à admettre que l'appartenance à un groupe ethnique est fonction de la maîtrise qu'une personne peut avoir des stratégies rhétoriques, et que ces stratégies définissent l'appartenance. En effet les groupes ethniques, quand ils sont vus dans ces termes, se constituent sur un fondement cognitif, mais la connaissance qui est pertinente à cet égard n'est pas la connaissance de ce que les ethnographes de la communication appellent les «règles du discours» ou celles des normes qui les gouvernent. En réalité, elle est à la fois basée sur la rhétorique et contrôlée par elle, en ce sens que la capacité à utiliser les stratégies pertinentes est une condition préalable pour entrer dans le type de relations sociales impliqué par l'appartenance à un groupe, et pour profiter en conséquence des avantages que cette participation procure.

Dans quelle mesure avons-nous le droit d'utiliser le terme de «communauté» pour nous référer aux populations que nous avons décrites? Une des raisons de l'usage répandu de ce terme est qu'il nous permet de distinguer ceux avec qui nous nous identifions de ceux dont nous nous sentons différents. Mais il est évident que le mot «communauté», tel que nous l'avons utilisé ici, n'est pas censé faire référence aux caractéristiques de certains groupes de populations disséminées dans différentes régions. Les adolescents noirs de l'exemple III et les locuteurs blancs de classe moyenne de l'exemple I vivent dans le même environnement urbain. Ils vont dans les mêmes écoles et se rendent sur les mêmes lieux de travail. De plus, dans la mesure où il y a des différences de langue entre eux, ces différences ressemblent à celles qui sont mentionnées dans les études portant sur les phénomènes dits de «contre-culture» (Willis 1981). En effet, elles ne reflètent pas simplement des données d'origine historique, mais proviennent de l'effort conscient fait par certains individus pour se distinguer des autres.

Le concept sociologique qui définit peut-être le mieux ce dont il s'agit ici est la notion de *réseau*. Bien que ce terme ait d'autres définitions, je l'utilise ici pour me référer au type d'expérience collective qui tend à se développer parmi des individus qui ont une histoire commune, et qui ont vécu des expériences communicatives similaires au sein d'un contexte de réseaux relationnels institutionnalisés, où les membres coopèrent, durant des périodes relativement longues, à la poursuite de buts communs. Là où il y a expérience commune, beaucoup d'informations qui dans d'autres circonstances devraient être explicitées par le vocabulaire peuvent être soit prises comme allant de soi, soit suggérées à travers un langage routinier, des énoncés spécialisés, des patrons prosodiques figés, dans la mesure où ils rentrent dans la liste de ces prémisses spécifiques qui vont de soi. Citons à ce sujet, le célèbre passage d'Edward Sapir : «En général, plus le cercle est petit et plus les significations déjà assimilées dans celui-ci sont complexes, plus l'acte de communication pourra se permettre d'être économique. Un simple mot qui passe entre les membres d'un groupe intime peut constituer, malgré une apparence d'imprécision et d'ambiguïté, une communication de loin plus précise que des volumes de correspondance soigneusement préparée et échangée entre deux gouvernements». En d'autres termes, l'usage collectif de pratiques interprétatives accélère et intensifie la communication parmi ceux qui sont «dans le secret», bien que, comme le montre l'exemple III, des présuppositions interprétatives similaires, présumées acquises, et utilisées lors d'une interaction avec ceux qui ne sont pas dans le secret, peuvent non seulement susciter de sérieuses difficultés communicatives, mais aussi compromettre la tentative d'un individu d'entrer en relation coopérative avec des individus d'un autre type.

Une fois que l'on est défini comme étant étranger, il est probable que l'on sera découragé d'apprendre et d'utiliser les stratégies qui conduisent à l'appartenance. La connaissance pertinente en ces matières est acquise au cours de processus de socialisation qui reposent sur des contacts informels avec des pairs, ainsi qu'il est caractéristique des relations institutionnalisées. Les réseaux familiaux sont le premier exemple auquel on pense, mais on peut également mentionner les liens professionnels, par exemple dans les réseaux universitaires subdivisés en disciplines, et certains types d'organisations fondées sur le volontariat. C'est parce que la connaissance est importante pour une participation effective à l'intérieur d'un groupe humain que la connaissance des stratégies rhétoriques peut devenir un signe d'appartenance à un groupe.

Comment les groupes de population que nous avons analysés sont-ils liés à la société prise au sens large ? Les réseaux et les associations accessibles à une population locale particulière sont fonction de relations de pouvoir plus étendues, et qui sont non-locales dans la plupart des cas ; ces relations non-locales constituent, pour user d'un vocabulaire à la mode, «l'économie politique» dont dépendent les relations locales. Les relations non-locales se reflètent dans le langage de deux manières différentes. Tout d'abord, la plupart des inférences sur lesquelles repose la coopération conversationnelle se basent sur la connaissance et l'histoire de la participation à l'économie politique. Deuxièmement, le fait que les processus d'apprentissage pertinents impliquent une coopération à long terme dans la poursuite de buts communs, signifie que l'occasion d'apprendre dépend en fin de compte de cette même économie politique. Une manière utile de visualiser le fonctionnement de ces contraintes est de reprendre à Bourdieu la métaphore du marché linguistique et du *champ* qui établit les valeurs assignées à diverses pratiques. De cette façon les «choses communes» («commonalities») dont nous parlons peuvent être vues comme directement sensibles aux réalités de la vie socio-politique de tous les jours.

Bien évidemment, tout individu peut entrer, et en général entrera, dans un certain nombre de réseaux de relations. Là où ces relations se superposent pour un certain nombre d'individus, on peut parler de réseaux fermés. Là où les superpositions sont relativement rares, on parlera de réseaux ouverts. Les réseaux fermés constituent, naturellement, des communautés au sens traditionnel du mot. L'anglais possède le terme spécifique «commonality» pour désigner le type de communauté que la notion de réseau ouvert implique. Mais puisque le mot français «communauté» a ces deux sens, on me pardonnera d'écrire sur les réseaux en utilisant exclusivement ce terme ambigu.

Traduit par Iris Smorodinsky

Ndt : nous proposons ici une traduction approximative des trois exemples.

NB : ht = haut ; bs = bas

Exemple 1 : Excursion à San Francisco

1. P : alors {[ht] où êtes vous *allés/} où êtes-vous *tous allés//
2. J : bien, tu vas leur *dire, où nous sommes allés ?
3. R : nous sommes allés euh..., presque **partout /sauf qu'il y avait du *brouillard/ pendant {[bs]*la moitié} du temps où nous étions là-bas/
4. M : {[ht]hum} tu ne sembles pas très enthousi*aste/
5. R : {[ht]oh} c'était=une chouette*excursion/ {[ht]ouais, c'était*vraiment chouette/*ouais//}=
6. J : ={[ac][ht]oui, c'était une super *excursion /sauf =que {[dc]il y avait du *brouillard//} et on a commencé par les Twin *Peaks, ... à neuf heures et demie du matin/... alors qu'il y avait du *brouillard// vous savez ce qu'on a *vu ? on a vu du **brouillard, {[bs]jusque *ici//}
7. R : == on a vu du *feu en bas de la *colline //
8. J : {[bs] un *feu en bas de la colline, = c'est *ça//=
9. R :   il y avait un (f) en *feu//
10. P : {[ht] c'était {[bs] chouette} = ( )//}=
11. J :   = et ensuite= après le *brouillard, il y a eu du *vent, on... a décidé d'aller à la *plage// on est allé à la *plage, et c'*était// on a vu quelques otaries, par contre//
12. R : = =il devait y en avoir *trois//
13. J : ensuite on a mangé des ho-... *hot dogs en *brochette//
14. M : = = ah ah/
15. R : **certains d'entre eux/**certains d'entre eux, ont mangé des *hot dogs en *brochette//

16. M : ( ) hé G/
(G entre)
17. J : salut G/... et euh, on euh..., a parlé ( ) des *touristes là-bas/ et on est {[bs] partis}, et nous sommes allés au *Palais,... de la Légion d'*Honneur/*pas vrai?
18. R : = =et puis encore, une *vue du Golden *Gate//

Exemple II : Les murs tombent en ruine
1. A : #nom# rue Arundel
2. B : 39 rue Arundel
3. A : = =oui/{[ht] mes murs,} {[bs] tombent en ruine/}
   ... {[ht] vendredi}... euh, {[bs] samedi soir ouais/}
4. B : les murs tombent en ruines, vous voulez dire qu'ils se sont écroulés/
5. A : {[ht] se sont écroulés oui/}... {[bs] se sont écroulés/} {[ht] mais pouvez-vous me dire} {[bs] quel/}
   [en montrant une petite carte qu'il avait avec lui]
   ... {[ht] c'est mon mur,} {[bs] le mur de quelqu'un d'autre/}
6. B : hum oui c'est votre mur ici?
7. A : {[ht] des deux côtés/}... {[bs] et ce qui est devant ici/}
8. B : ici et ici /
9. A : hum oui/
10. B : ah ah hum il y aurait,
    ... ce serait un mur mitoyen entre vous et votre voisin ici/
    ce type ici et ce type ici/
11. A : {[ht] oui mais regardez à côté/]... {[bs] je pense c'est votre maison/}... {[ht] du centre Calmore/}
12. B : le centre Calmore/
13. A : oui,... numéro quarante et un/... et et moi le numéro trente-neuf/
14. B : hum
15. A : mais ça ici, le... le jardin de Lisit/
    la... rue de Cambridge ici/ et euh je veux savoir/...
16. B : vous voulez savoir qui est censé le reconstruire/
17. A : jusqu'à celui ici devant/
18. B : je vois/... si vous voulez que/
    ... donc si vous voulez que,... euh que le mur soit remis/
19. A : seulement ici/
20. B : celui-ci ici/
21. A : euh jusqu'ici oui/
22. B : vous voulez savoir si vous êtes le seul qui est censé payer/
23. A : le payer/ c'est ça que je veux savoir//

Exemple III : Joutes verbales
1. A : [commentant sur la musique de fond] vous savez que c'est-c'est une chouette chanson/

Six répliques de conversation informelle ainsi que les rires ne sont pas repris.
8. C : oh/... je l'ai rencontré une fois/
   ... {[ac] il est un ami de euh... de mon cousin de... new york/}
9. A : ... {[dc] [f] oh *vraiment?} vous avez rencontré {[ht] (co::leman)?} #nom d'un musicien#
10. C : = =ouais/
11. A : {[très ht] oh *vraiment?}

12. C : ouais/
13. A : {[f] /=huuuum::?}=
14. C :   =en fait= je veux dire un ami d'un- un ami de
15. A : de-=de-=
16. C :   =d'un=parent/
17. A : (   ) oh oh d'un parent/<1.5 sec> {[très ht] orne::tte/}
18. <1.5 sec>
19. A : {[f] donc vous l'avez rencontré une fois/} hein?
20. C : = ={[pp]ouais/}
21. A : {[ac] un des plaisirs suprêmes/} {[bs] vous savez/}
22. B : [rit]
23. D : vraiment/ {[très ac] serrer la main/ =(vous savez/)=
24. C :   =il était au =Both-And/ #nom d'un night club de l'endroit#
25. A : = =pardon?
26. C : = = le Both-And en ville?... le club Both-And?
27. A : {[f] ouais/}ouais/ouais/ouais/ouais/ouais/c'est où vous l'avez rencontré?
28. C : ouais/
29. A : ... oh : je vois/ vous allez dans des night-clubs (   ), ou-...
30. C : occasionnellement, ouais/
31. A : hm:::/

BIBLIOGRAPHIE

BAUMAN R. et SHERZER J., 1974, *Explorations in the Ethnography of Speaking*, Cambridge, Cambridge University Press.
BLOOMFIELD L., 1933, *Language*, New York, Henry Holt and Co.
BRIGGS C., 1989, *Competence in Performance : The Creativity of Tradition in Mexican Verbal Art*, Philadelphie, University of Pennsylvania Press.
FERGUSON C. et GUMPERZ J.J., 1960, Linguistic Diversity in South Asia. (Introduction). In *International Journal of American Linguistics*, Gumperz J.J. and Ferguson C. (Eds), 26:3, part 3, vii-18.
GAL S., 1989, Language and Political Economy. In *Annual Review of Anthropology*, 18:345-67.
GARFINKEL H., 1967, *Studies in Ethnomethodology*, Englewood Cliffs, NJ : Prentice-Hall.
GOFFMAN E., 1963, *Behavior in Public Places* New York; The Free Press.
—, 1987, The Interaction Order. In *Journal of the American Sociological Society*.
GOODWIN C. et GOODWIN M., 1990, Context, Activity and Participation. In DURANTI A. et GOODWIN C. (Eds), *Rethinking Context*, New York, Cambridge University Press.
GUMPERZ J.J., 1958, Dialect Differences and Social Stratification in a North Indian Village. In : *American Anthropologist* 60:668-681. (Bobbs-Merrill reprint A-98).
—, 1965, The Speech Community. In *Encyclopedia of the Social Sciences*.
—, 1971, *Language in Social Groups*. Stanford, Stanford University Press [tr. fr. des pp. 311-350 in Gumperz 1989].
—, 1982a, *Discourse Strategies*. New York, Cambridge University Press [tr. fr. des chap. 2, 6 et 7 in Gumperz 1989].
—, 1982b, *Language and Social Identity*, New York; Cambridge University Press [tr. fr. du chap. 1 in Gumperz 1989].
—, 1989, *Engager la conversation*, Paris, Editions de Minuit.
—, 1990, Contextualization and Understanding. In DURANTI A., GOODWIN C. (Eds), *Rethinking Context*, New York, Cambridge University Press.
GUMPERZ J.J. et HYMES D., 1988 [1972], Reprinted 1988, *Directions in Sociolinguistics : The Ethnography of Speaking*, Oxford, Basil Blackwell.
GUMPERZ J.J. et ROBERTS C., 1990, Understanding in Intercultural Encounters. A paraître dans VERSCHUEREN J. (Ed.), *Proceedings of the 1987 Meetings of the International Pragmatics Association. Papers in Pragmatics*.
HANKS W., 1988, *Referential Practice*, Chicago, University of Chicago Press.
HAVILAND J., A paraître. Creating Ritual : Holy Week in the Lake of Thunder. Ms.
HEATH C., 1986, *Body Movement and Speech in Medical Interaction*, Cambridge, Cambridge University Press.
HERITAGE J., 1984, *Garfinkel and Ethnomethodology*, New York, Polity Press.
HYMES D., 1974, *Foundations in Sociolinguistics*, Philadelphie, University of Pennsylvania Press.
IRVINE J.T., 1987, Domains of Description in the Ethnography of Speaking : A Retrospective of the «Speech Community». In BAUMAN R., IRVINE J.T. et PHILIPS S.U., *Performance, Speech Community and Genre*, Chicago, Il : Working Papers and Proceedings of the Center for Psychosocial Studies.
JAKOBSON R., 1960, Concluding Statement : Linguistics and Poetics. In SEBEOK T. (Ed.), *Style in Language*, New York, John Wiley et Sons [tr. fr. in *Essais de linguistique générale I*, Paris, Editions de Minuit].
KENDON A., 1990, *Conducting Interaction*, New York, Cambridge University Press.
LABOV W., 1966, *The Social Stratification of English in New York City*, Washington, D.C. : Center for Applied Linguistics.
—, 1972, *Language in the Inner City*, Philadelphie, University of Pennsylvania Press.
LEVINSON S., 1983, *Pragmatics*, Cambridge, Cambridge University Press.
PUTNAM H., 1975, *Mind, Language and Reality*, New York, Cambridge University Press.
SAPIR E., 1951, Communication. In MANDELBAUM D.G. (Ed.), *Selected Writings of Edward Sapir*, pp. 104-109, Berkeley, University of California Press.
WILLIS P.E., 1981, *Learning to Labour*, Aldershot, Hampshire, England, Gower Publishing Co.

Pour une phénoménologie de la communauté
Michel HENRY

L'idée de communauté suppose l'idée de quelque chose qui est en commun d'une part, d'autre part l'idée de ceux qu'on appelle les membres de la communauté et qui ont en commun ce qui est en commun.

L'idée de communauté nous met donc en présence de quatre questions :
1) Quelle est cette réalité qui est en commun ?
2) Qui sont ceux-là qui ont en commun cette réalité ?

Mais il faut encore demander :
3) Comment les membres de la communauté ont-ils part à ce qui leur est commun — nous voulons dire : quel est le mode d'accès conformément auquel et grâce auquel ils entrent en possession de ce qui est commun ?

Ou :
4) Comment la réalité commune se donne-t-elle à eux, à chacun des membres de la communauté ?

Avec ces deux dernières questions est attesté le caractère phénoménologique de notre recherche. Car la phénoménologie, on le sait, a affaire non aux choses mais à leur donation, au mode selon lequel elles s'offrent à nous. Elle n'a pas affaire aux objets mais, comme dit Husserl, aux «objets dans le Comment».

Nous voulons éclaircir l'être énigmatique de la communauté et notre première analyse a pour seul effet de multiplier les difficultés, faisant surgir quatre questions là où il n'y en avait qu'une. A moins que ces quatre questions n'en fassent qu'une, c'est-à-dire que la réalité qui est en commun, la réalité des membres de la communauté, la réalité du Comment selon lequel ils sont accès à l'essence commune, la réalité du Comment selon lequel cette essence se donne à eux, ne soit qu'une seule et même réalité, une seule et même essence qui soit à la fois celle de la communauté et de ses membres.

Cette réalité unique et essentielle de la communauté et de ses membres, donnons lui tout de suite son nom : elle s'appelle la vie. Ainsi pouvons-nous dire d'ores et déjà : l'essence de la communauté est la vie, toute communauté est une communauté de vivants.

S'il est vrai que la phénoménologie a affaire non à des choses mais au Comment de leur donation et ainsi à la manifestation pure en tant que telle, c'est que la vie dont nous voulons parler n'est justement pas une chose, en étant d'une certaine sorte, doué de certaines propriétés, de certaines fonctions, la motilité, la nutrition, l'excrétion, etc. La vie est un Comment, un mode de révélation et la révélation elle-même. C'est pourquoi l'ordre de nos quatre interrogations doit être renversé ou, si l'on préfère, leur identité être aperçue dès à présent.

Comment ce qui est en commun se donne-t-il aux membres de la communauté, voilà en effet la question. Maintenant que cette question, la quatrième, soit aussi la première, cela veut dire : ce que les membres de la communauté ont en commun, ce n'est pas quelque chose, ceci ou cela, tel lopin de terre ou tel métier, mais la façon dont ces choses leur sont données. Comment leur sont-elles données? Dans la vie et par elle. Mais notre question se répète immédiatement : Comment les choses sont-elles données dans la vie et par elle — comment la vie donne-t-elle?

La vie donne d'une façon qui lui est propre, de façon tout à fait particulière, bien que ce mode de donation singulier soit l'Universel. La vie donne de telle façon que ce qu'elle donne, elle le donne à elle-même, que ce qu'elle se donne à elle-même n'est jamais séparé d'elle, si peu que ce soit, en sorte que ce qu'elle se donne, c'est elle-même. La vie est l'auto-donation en un sens radical et rigoureux, en ce sens que c'est elle qui donne et elle qui est donnée. Parce que c'est elle qui donne, c'est seulement en elle que nous avons part à ce don. Parce que c'est elle qui est donnée, c'est seulement en elle en effet que nous avons accès à elle. Aucun chemin ne conduisit à la vie sinon la vie elle-même. Dans la vie aucun chemin ne conduit hors d'elle : ne permet à ce qui est vivant de cesser de l'être. La vie est la subjectivité absolue en tant qu'elle s'éprouve elle-même et n'est rien d'autre que cela, le pur fait de s'éprouver soi-même immédiatement et sans distance. Voilà donc ce qui constitue l'essence de toute communauté possible, ce qui est en commun. Non point quelque chose encore une fois, mais cette donation originelle en tant que l'auto-donation, l'épreuve intérieure que fait de soi tout ce qui est vivant et qui est vivant dans cette épreuve qu'il fait de soi et par elle uniquement.

Maintenant dans la communauté il n'y a pas seulement la vie, il y a aussi les membres de la communauté. Qui sont-ils? D'où viennent-ils? Qu'ont-ils à faire là? Que signifie dans la vie cette prolifération de vivants? Est-ce que nous pouvons avoir l'ombre d'une réponse pour des questions de ce genre? Nous savons cependant que rien ne peut venir dans la vie sinon à partir d'elle. Les membres de la communauté ne sont donc pas, par rapport à son essence, quelque chose d'extrinsèque, une addition quelconque, l'effet de circonstances étrangères ou empiriques. Ce ne sont précisément pas des éléments empiriques qui, mis par hasard ensemble, formeraient soudain une communauté. Seuls des vivants — des subjectivités absolues — entrent dans la communauté qui est celle de la vie. Seulement ils y entrent à partir de la vie en eux. C'est donc, encore une fois, de la vie qu'il faut partir si nous voulons comprendre ce que nous pouvons comprendre de la simple existence des vivants.

La vie est l'épreuve de soi. Or une telle épreuve, dès qu'elle est effective, est singulière en un sens radical, elle est nécessairement cette expérience, cette épreuve irréductible à toute autre. Par exemple il n'y a pas d'angoisse qui ne soit pas cette angoisse et qui, touchant à chaque point de son être dans l'immédiation de son auto-affection, n'emplisse tout — n'emplisse le monde entier, comme on le dit de façon figurée, alors qu'elle n'est telle, qu'elle n'est le Tout de l'Etre que pour autant qu'elle n'est en aucun monde, qu'aucun horizon ne la déborde d'aucun côté, aucun espace de fuite ou elle aurait licence de se défaire de soi.

En ce qui concerne la structure interne de la vie — structure par l'effet de laquelle la vie est chaque fois un vivant — Kafka s'exprime ainsi : «Chance, dit-il, que le sol sur lequel tu te tiens ne puisse être plus large que les deux pieds qui le couvrent». Qu'il s'agisse d'une «chance» ou de l'insupportable fardeau de la vie acculée à soi, en tout cas l'intériorité radicale de la vie, intériorité en laquelle elle est ajustée point par point à elle-même, la construit intérieurement comme cette épreuve qui est ce qu'elle est non pas dans l'identité extérieure de la chose dont nous disons qu'elle est le même — mais qui est ce qu'elle est en tant que cette épreuve ajustée point par point à soi, se sentant et s'éprouvant de cette façon. En d'autres termes : l'essence de la subjectivité absolue en tant que le pur fait de s'éprouver soi-même immédiatement est identiquement l'essence de l'ipséité.

L'essence de l'ipséité n'est pas une essence idéale, le corrélat d'une intuition eidétique. Elle n'est telle que dans notre représentation, dans l'irréalité. En tant qu'essence réelle au contraire, en tant que vie effective et vivante, elle est chaque fois un Soi effectif, l'identité de l'affectant et de l'affecté dans une auto-affection qui individualise radicalement, qui pose le sceau de l'individualité sur tout ce qui s'auto-affecte en elle. La subjectivité est le *principium individuationis.* En elle prend naissance nécessairement et chaque fois un ego, un Individu au sens transcendantal, au sens de ce qui peut et doit principiellement être tel. Dans la mesure où la subjectivité de la vie constitue l'essence de la communauté, celle-ci est précisément une communauté, non pas seulement la vie mais un ensemble potentiel de vivants.

La communauté n'est rien d'autre que cet ensemble d'individus vivants. Le concept d'individu au sens que nous avons dégagé est ici si essentiel qu'il n'y a de communauté qu'avec lui. La tentative d'opposer l'une à l'autre la communauté et l'Individu, d'établir entre eux un rapport hiérarchique est un simple non-sens, elle revient à opposer à l'essence de la vie ce qui est impliqué nécessairement par elle. Lorsque certains systèmes politiques ou autres prônent, sinon l'élimination de l'individu, du moins sa subordination à des structures, à des totalités plus essentielles que lui, voire à une communauté plus haute que lui, cette communauté n'en est pas une, cette totalité est une abstraction, par exemple bureaucratique, qui a pris la place de la vie, prétendant parler et agir en son nom. Car dans la vie l'Individu n'est jamais de trop ou subordonné, étant le propre mode d'actualisation phénoménologique de cette vie. Or la situation dans laquelle se produit l'abaissement de l'individu n'est pas seulement événementielle et politique, elle est aussi théorique et prétend alors à l'universalité : elle s'accomplit partout où, d'une façon ou de l'autre, et dans l'univers de la technique moderne notamment, l'objectivité se donnant pour le lieu de toute vérité concevable, la vie et l'individu qui lui est consubstantiel se trouvent éliminés. Qu'il le sache ou non, qu'il le veuille ou non, le mot d'ordre de cet objectivisme théorique rejoint celui qui a été formulé plus clairement sur le plan politique : «vive la mort!».

Si le destin de l'individu et celui de la communauté sont liés, n'étant qu'un même destin, alors il importe que le statut de l'individu soit précisé de manière à écarter tout malentendu. Méditons encore la parole où s'est découvert à nous ce statut. Si le sol sur lequel je me tiens n'est jamais plus large que les deux pieds qui le couvrent, leur contact, soit la subjectivité absolue, définit un *Hic* absolu, le *Hic* où je me tiens, où je suis — plus exactement : que je suis. Le *Hic* est l'ipséité de la subjectivité. Ce qui caractérise un tel *Hic* c'est 1. qu'il ne peut jamais être vu parce que dans l'ipséité de la subjectivité — c'est-à-dire dans la subjectivité — il n'y a aucune distance, pas le moindre écart où un regard puisse se glisser, 2. n'étant jamais vu, il n'est vu d'aucune façon, pas plus d'un là-bas, d'un quelconque *illic*, que d'un prétendu *hic*, qui pourrait se changer en cet *illic*. Le *hic* absolu est indéclinable et nul n'échange jamais sa place avec lui, 3. n'étant jamais vu parce qu'il n'est jamais dans un monde, parce qu'il ne se montre pas dans l'ek-stase de l'Etre, parce qu'il n'est pas un phénomène au sens de la phénoménologie, au sens grec, le *hic* échappe du même coup à l'ensemble des catégories qui appartiennent à ce monde et reposent en lui. Par exemple à l'intentionalité.

Ici nous devons prendre garde, car si nous voulons penser la communauté en même temps que les individus, que les ego qui la composent, nous devons donner congé, et un congé radical, à la façon dont nous comprenons habituellement cet ego, et aussi son *hic*, son corps, ses diverses propriétés, etc. Précisément nous le comprenons — comme un ego, nous le prenons pour cet ego qu'il est en tant que nous le comprenons comme tel. Cela veut dire : il advient dans le monde et dans l'horizon du monde il se montre comme étant cet ego, comme le mien ou comme le tien. Dans la phénoménologie husserlienne : tout ego est constitué par une intentionalité qui lui confère ce sens d'être un ego, plus précisément le mien, le tien. De telle façon que l'être, l'ipséité de cet ego se réduit au sens d'être un ego, ou se montrer comme un ego et à l'être-perçu comme un ego, dans ce monde originel où se déploie l'intentionalité.

Maintenant pourquoi l'intentionalité perçoit-elle cela qui se montre dans le monde comme étant un ego et lui confère-t-elle le sens d'être tel, c'est ce que chacun doit demander à sa mère. Car le pouvoir qui donne le sens ne peut conférer à ce qui se montre dans le monde où il n'y a ni ipséité ni ego possible, le sens d'être en soi-même ipséité que si celle-ci a d'ores et déjà déployé son essence ailleurs. L'intentionalité ne se lève qu'à la tombée de la nuit. Pour dire un seul mot sur ce qui est — quand il s'agit du moins de l'ipséité de l'ego — elle vient toujours trop tard.

Insistons, car le peu, le très peu que le philosophie occidentale a dit sur les membres de la communauté, elle l'a emprunté aveuglément à cette structure de «comme» qu'est le monde. Cela devient évident quand cette structure est portée à sa vérité dans la métaphysique moderne, quand elle est devenue celle de la représentation. Re-présenter, c'est présenter comme. Dans la représentation, je, l'ipséité, s'écrit : je me re-présente. C'est-à-dire je présente quelque chose comme moi, comme mon moi ou comme le tien. Pourquoi cela qui est posé devant est-il moi ou toi? Nous n'en savons rien. Et qu'est-ce que cela qui est moi ou toi? Dans la représentation nous n'en savons rien non plus.

Il est vrai que dans la représentation l'ego se dédouble de façon étrange : il n'est pas seulement l'objet de cette représentation mais son sujet, non pas seulement ce qui est présenté mais ce qui présente et qui présente à soi, *se* re-présente en ce second sens. Encore faut-il remarquer que cet Ego, l'ego véritable, l'Ego transcendantal qui accompagne toute représentation et à qui tout représentation est présentée, n'est pensé qu'en fonction de celle-ci et en fin de compte comme identique à elle et ainsi au monde dont la représentation est le dernier avatar. «Je me représente» énonce la structure de la représentation. Que dans l'énoncé de la structure de la représentation l'ego apparaisse maintenant comme le pôle identique auquel le représenté est rapporté, que ce pôle soit investi par une ipséité, ce n'est même pas là une simple présupposition mais plutôt une étourderie de langage s'il est vrai que, comme Kant le répète, ce Je suis n'est qu'«une simple proposition», dont on ne voit pas ce qui peut bien la motiver puisque toute tentative pour dire quelque chose de plus de cet ego, pour lui assigner un être quelconque, est un paralogisme. La philosophie contemporaine a dirigé contre la philosophie du Sujet et de l'Ego-sujet une critique radicale, elle a seulement oublié que c'est la philosophie du sujet elle-même qui avait produit cette critique, s'auto-détruisant proprement, et qu'ainsi la critique contemporaine n'en est qu'une redite inconsciente. Maintenant pourquoi l'Ego-sujet et son ipséité implicite se décomposent-ils au point de s'évanouir proprement dans la représentation et plus généralement dans la lumière d'un monde sinon parce que l'essence de l'ipséité est foncièrement irréductible à cette lumière et ne brille jamais en elle, n'étant pas un phénomène grec.

Ici nous devons prêter plus d'attention à notre propre thèse, reçue peut-être un peu trop vite comme allant de soi. Nous avons dit : l'essence de la communauté est la vie, toute communauté est une communauté de vivants. Pour autant que la vie s'auto-affecte immédiatement sans l'écart d'aucune Différence, hors représentation et hors monde, pour autant que l'ipséité prend naissance dans cette épreuve acosmique, pour autant que cette épreuve, en tant qu'effective, en est une de singulière et de déterminée, alors en effet tout ce qui a trait à la communauté, à ses membres et à leurs relations, se trouve déporté d'entrée de jeu hors du monde qui nous semble pourtant être celui où les hommes sont ensemble. Devons-nous dire alors que, en dépit de l'apparence, toute communauté est invisible? Nous le disons.

Une remarque toutefois s'impose. Pour tenter d'élucider l'être de la communauté nous avons fait appel à la phénoménologie et à ses présuppositions. Pour la phénoménologie «autant d'apparence, autant d'être». Mais pour elle l'apparence qui fonde l'être, c'est le phénomène grec, c'est ce qui se montre et brille dans la lumière. Ce sont ces présuppositions que nous venons de récuser radicalement ne serait-ce que pour introduire au problème de la communauté. C'est sur ces présuppositions au contraire que la phénoménologie historique et maintenant classique s'est appuyée pour le résoudre — et pour le résoudre avec éclat, comme un problème jusque là insoluble et résolu par elle pour la première fois. Ce problème est présenté comme celui de l'expérience d'autrui, et cela à bon droit si la communauté ne se réduit ni à sa propre essence ni à ses membres mais implique encore la relation que ceux-ci entretiennent directement entre eux. L'intériorité qui a fait planer un instant son ombre sur le développement de la philosophie occidentale, avec le cogito, comme elle le fait, il faut bien le reconnaître, sur notre propre analyse, c'est cela qu'il suffirait d'écarter pour que la relation à l'autre soit établie. Dès que l'homme n'est plus enfermé en lui-même dans une pseudo-intériorité comme dans une boîte dont il ne pourrait plus sortir, dès qu'il est compris comme un être-dans-le-monde et ainsi auprès des choses et ainsi auprès des autres et ainsi avec eux, le problème d'autrui est résolu, ou plutôt il apparaît qu'il n'a jamais été un problème sinon dans les constructions tortueuses des spéculations maladroites. Le *Dasein* est en tant que tel un *Mit-sein*.

C'est Max Scheler qui a donné à cette phénoménologie de ce qui est là, dans le monde, là et à ce titre incontestable, un développement radical, systématique, grandiose, pathétique parce que rongé par l'aporie qui travaille toujours ce genre d'évidence avant de l'abattre. La thèse de Scheler, c'est aussi celle de Husserl dans la cinquième des *Méditations cartésiennes*, avec une différence infime, une nuance minuscule, un petit coup de pouce par lequel on tente de transformer en une victoire définitive ce qui est déjà emporté dans la déroute. Husserl, Scheler (je m'en tiens au résultat, faisant l'économie des problématiques faute de temps): je perçois, j'atteins directement dans mon intentionalité l'être psychophysique de l'autre, son corps, non pas comme une chose analogue aux autres choses, mais comme un corps vivant, c'est-à-dire habité par un psychisme, un corps qui voit, qui prend, qui sent, qui souffre, qui éprouve du plaisir, etc. Le corps vivant ou l'être psycho-physique de l'autre est une totalité, une unité indissociable de telle manière qu'il est impossible d'en percevoir un aspect, l'aspect corporel, sans percevoir l'aspect psychique, ou inversement.

Qu'en est-il cependant de ces deux aspects ? Qu'un accouplement, qu'une association infiniment puissante les joigne de telle façon qu'ils sont inséparables, n'empêche pas de poser à leur sujet des questions cruciales, ontologiques et phénoménologiques. Il faut demander : ces deux termes sont-ils homogènes, faits d'une même réalité, d'une même étoffe, — le pouvoir de donation qui les donne est-il le même, la même intentionalité, ou deux intentionalités différentes, — s'agit-il dans les deux cas d'une intentionalité ? Si vite, si mal que ces questions soient posées, la réponse est négative. Le psychisme de l'autre, son âme, est sans doute radicalement différent de son corps-chose, mais surtout le mode de donation de ce psychisme est foncièrement différent.

Dans l'analyse de Husserl cette différence n'est reconnue que pour être falsifiée, escamotée autant que faire se peut. Voici comment : tandis que le corps de l'autre m'est présenté, c'est-à-dire est réellement donné à ma perception qui l'atteint en lui-même tel qu'il est, son psychisme n'est qu'apprésenté, il est donné en accouplement avec son corps que je perçois — mais lui-même n'est pas donné ni perçu en lui-même, il n'est pas présenté mais seulement re-présenté. La différence entre la perception du corps de l'autre et celle de son âme est la différence entre une perception à proprement parlé, entre les actes qui donnent en personne et ceux qui ne donnent qu'une représentation de la chose et non la chose elle-même, une image, une copie, un double. La différence est donc une différence entre deux types d'intentionalité, elle est intérieure à une phénoménologie intentionnelle et explicable par elle. Dans l'expérience de l'autre la phénoménologie intentionnelle peut non seulement maintenir mais vérifier sa présupposition dernière : «tout sens que peut avoir pour moi la quiddité et le fait de l'expérience réelle d'un être n'est et ne peut être tel que dans et par ma vie intentionnelle»[1].

Tout ce qui concerne l'expérience de l'autre et ainsi la communauté elle-même est donc réductible au sens et exprimable en termes de sens. Moi qui me perçois comme ici, je perçois l'autre dans ma sphère d'appartenance comme un autre corps, comme un corps vivant et ainsi comme corps de l'autre, comme alter ego — qui est là-bas et qui de son là-bas, qui est un ici pour lui, me perçoit moi comme un là-bas, qui est un ici pour moi. C'est le même là-bas, qui est ici pour moi, qui est là-bas pour lui. Et de même tous les objets forment un seul et même système d'objets, qui sont les mêmes, vus de telle façon par moi, de telle façon par lui, selon deux systèmes d'apparences compréhensibles et explicables à partir d'un seul système d'objets, d'un seul et unique monde objectif. Communauté de ceux qui perçoivent ce seul et même monde objectif, et qui sont entre eux comme les systèmes de ces perceptions, comme autant d'apparences différentes d'une seule et même réalité, d'un seul et même monde. C'est donc là ce que les hommes ont en commun, la réalité idéale de ce monde objectif, dont ils sont les systèmes de représentations harmoniques. Phénoménologie de la perception, du sens, du non-sens.

Posons une question cependant. Pourquoi dans la perception du corps psychique de l'autre, seul le corps est précisément perçu, tandis que son âme n'est qu'apprésentée, c'est-à-dire n'est pas perçue et, Husserl l'ajoute, ne peut jamais l'être. Serait-ce parce qu'il est l'autre, ou pour cette raison plus ultime que ce qui fait en général l'être d'un ego — que ce soit l'autre ou moi — à savoir l'ipséité et l'hiccéité absolue de la subjectivité de la vie, ne portant en soi aucun dehors, n'est pas non plus susceptible d'être aperçu en lui, échappe par principe à toute intentionalité concevable.

Cet Abîme qui se creuse sous le pas de la phénoménologie intentionnelle, cette non-perceptibilité de l'ipséité de la vie, cet ultime obstacle dressé devant le regard de la pensée et qui consiste en ceci qu'elle ne le voit jamais, Scheler a cru pouvoir l'éliminer, grâce à une thèse inouïe, à savoir que je perçois non seulement le corps de l'autre mais son psychisme. C'est la nuance apportée à l'analyse husserlienne : je perçois non seulement la rougeur de son front mais sa honte, immédiatement, indissolublement. L'unité psycho-physique est une unité primitive, et c'est après coup seulement qu'une dissociation est introduite entre deux séries de phénomènes qui sont cependant au même titre des phénomènes, des choses qui brillent dans la lumière où le regard intentionnel les rencontre.

Cette perception stricto sensu de la réalité psychique, Scheler en reconnaît la condition et il l'affirme : c'est que le psychique soit une réalité transcendante, le corrélat d'une intentionalité possible. Et de fait le monde n'est ni physique ni matériel seulement et d'abord, c'est un monde constitué de prédicats axiologiques, affectifs, un monde serein ou menaçant, nuisible ou avantageux, un monde psychique, plein de fièvre, d'affrontement, de ressentiment, d'ennui, de fatigue, un monde peuplé de regards qui me regardent ou qui me fuient ou tout simplement m'ignorent. Dans ce courant psychique anonyme se forment il est vrai, selon

Scheler, comme des tourbillons qui font que ces multiples réalités psychiques ne sont pas disposées au hasard ni indifféremment mais s'organisent selon une diversité de mini-systèmes; elles se trouvent ramenées, rapportées à des centres qui sont les divers ego dont elles apparaissent comme les vécus[2].

A Scheler il faut donc demander pourquoi dans ce courant psychique se forment ces tourbillons qui se trouvent être des ego, pourquoi l'unité de l'être psycho-physique se différencie en ce qui est physique, c'est-à-dire ne sent rien et ne se sent pas soi-même, et ce qui est psychique, c'est-à-dire se sent et s'éprouve soi-même. Il faut demander ce qu'est l'essence de l'ipséité et ce qu'est l'essence de la vie. Revenons donc à notre problème.

Dans la vie la relation des vivants ne peut se comprendre qu'à partir de cette essence qui est celle de la vie et qui est la leur c'est-à-dire, rappelons-le, hors de cette structure de «comme» qu'est le monde, hors intentionalité, hors sens. Cette essence de la vie nous la pensons comme auto-affection. C'est elle, nous l'avons montré, qui fait que cette vie est chaque fois un vivant — ce qu'on appellerait un «ego» si nous n'entendions inévitablement par là l'ego de la représentation, l'ego qui se projette et émerge sur l'horizon du monde comme cet étant qui est ego. Si cet ego transcendant, soit qu'il transcende, soit qu'il soit transcendé, est absent de la relation des vivants dans la vie, alors une telle relation n'a rien à voir avec ce que la pensée classique et la phénoménologie à sa suite décrivent sous le titre de l'expérience d'autrui. Car selon leur description, dans une telle expérience et pour qu'elle en soit une d'autrui, il faut que l'autre soit perçu comme autre, comme autre que moi, comme l'alter de mon ego, — ego, moi qui suis donc co-impliqué dans cette expérience en tant que moi et d'une certaine façon co-perçu en elle comme moi.

Or c'est justement ce qui ne se produit jamais dans les expériences originelles que nous avons des autres, aussi longtemps que nous sommes réellement avec eux. Et cela ne peut se produire en effet pour autant que, comme corrélat de l'intentionalité et comme sens noématique, un ego — l'autre ou le mien — est une irréalité, ne porte en aucun cas en lui la réalité de la vie dans l'effectivité de son auto-affection. Si nous considérons par exemple la relation de l'enfant à sa mère, sous ses premières formes en tout cas, précisément parce qu'elle se produit hors monde et hors représentation, elle n'implique en elle l'émergence d'aucun moi en tant que moi ni d'aucun autre en tant qu'autre. L'enfant ne se perçoit pas plus comme enfant qu'il ne perçoit sa mère comme sa mère. Et cela parce que l'horizon où il pourrait bien s'apercevoir comme l'enfant de sa mère ne s'est pas encore levé. C'est pourquoi toute description qui fait état d'une telle aperception ou qui la suppose implicitement comme aperception d'une relation par rapport à laquelle l'enfant se comprendrait par exemple comme aimant sa mère, sont des descriptions naïves qui projettent rétrospectivement les structures de la représentation sur une pure épreuve abîmée dans sa subjectivité et où il n'y a encore aucun monde ni aucune des relations qui le constituent. S'il s'agit de cette pure épreuve que nous désignons mondainement comme l'enfant, nous ne pouvons la concevoir que comme cette subjectivité dont nous parlons, acculée à soi, livrée à ses modalités, impuissante à se défaire d'elles, c'est-à-dire de soi, les souffrant dans un souffrir primitif qui défie toute liberté, c'est-à-dire justement la possibilité de s'en défaire, c'est-à-dire l'Ek-stase d'un monde.

On dira que notre exemple, si galvaudé soit-il aujourd'hui, est un exemple-limite. En voulant concevoir la communauté des hommes hors monde, comme si elle n'était pas une communauté des hommes dans le monde, des hommes affrontés à ce monde, de telle façon que le caractère différencié des communautés concrètes dépend justement des modes de cet affrontement, de la relation à la nature par exemple dans le travail et comme co-travail — en mettant de côté tout cela donc, ne nous plaçons-nous pas dans l'abstraction? Les phases de la formation d'une communauté humaine c'est-à-dire mondaine n'auraient, dira-t-on encore, qu'une signification génétique. Mais la genèse n'a-t-elle qu'une portée historique, délimitant une phase justement destinée à être dépassée, ou n'est-elle pas plutôt le retour à l'Arché, au toujours présent et au toujours agissant? Pas plus que l'animal de Nietzsche, l'enfant de Freud ne désigne une étape dans un processus, c'est le titre caché d'une essence, de l'essence de la vie. C'est pourquoi ses caractères se retrouvent en réalité en toute détermination de la vie, indépendamment de son âge.

Considérons donc un autre exemple : l'hypnose. Qu'elles que soient les incertitudes qui entourent ce phénomène étrange, la seule thèse assurée que l'on puisse formuler à son sujet, c'est celle-ci : ni l'hypnotiseur ni l'hypnotisé ne sont pour celui-ci, et cela parce que ni l'un ni l'autre n'apparaissent dans un monde, ne sont des phénomènes au sens grec. Ou encore l'«hypnotisé» ne se représente ni l'autre ni lui-même, parce qu'il ne se représente rien, parce que là où il est, dans la vie, il n'y a pas de représentation.

Une telle situation se retrouve probablement dans l'hypnose animale. Lorsqu'une biche est fascinée par un serpent qui se prépare à l'avaler, elle ne le perçoit pas comme autre menaçant — à la manière dont on dit qu'une vache perçoit de l'herbe comme bonne à manger — pas plus qu'elle ne se perçoit elle-même comme en danger. Aussi longtemps qu'une telle différenciation subsisterait, la fascination, l'hypnose serait en échec. Elle ne s'accomplit semble-t-il que lorsque l'«animal» coïncide avec une motion en lui, avec une force, de telle manière qu'il n'est plus rien d'autre que cette force et est emporté par elle.

On dira que cette situation de l'hypnose est plus particulière encore que celle de l'enfant et qu'il est paradoxal de concevoir une communauté d'hommes, d'adultes, sur ce modèle. A moins que toute communauté possible soit d'ordre hypnotique, y compris les communautés les plus évoluées, celles où la part de l'intelligence est, semble-t-il, la plus grande. Prenons donc encore un exemple, la communauté formée en psychanalyse par l'analyste et l'analysant, ou plutôt considérons celui-ci — car justement l'analyste n'existe pas pour lui, en tout cas dans sa représentation : il s'est soustrait à son regard et fait comme s'il n'était pas là.

La psychanalyse est une thérapie qui vaut principalement, initialement à tout le moins, pour les névroses de transfert et cette thérapie consiste précisément dans un transfert, à savoir dans la répétition du transfert dont elle se prend pour la thérapie. Elle est donc éclairante à double titre, dans la mesure où elle nous met deux fois en présence du transfert et de son essence, une première fois tel qu'il a eu lieu dans la vie du patient, une seconde fois tel qu'il est répété sur le divan de l'analyste. En vérité lorsque nous disons deux fois, nous disons mal. Ce n'est pas une fois que le transfert s'est produit dans la vie du malade, il s'y produisait et s'y répétait sans cesse, il était la répétition. La répétition tentée dans l'analyse est une répétition très particulière, une répétition qui se veut la dernière, qui a pour but de mettre fin à elle-même. Mais comment ?

Pour répondre ne faudrait-il pas savoir d'abord pourquoi dans la vie le transfert était la répétition ? Il l'était parce qu'il était dans la vie, parce que la vie est la répétition. Elle ne l'est pas comme nous nous le représentons, à la manière d'un événement qui survient à plusieurs reprises dans le monde. La vie est répétition pour autant qu'elle n'advient pas dans un monde et que, en l'absence de toute mise à distance et dans l'impossibilité d'en instituer une entre elle et elle, elle est ce qu'elle est à jamais. C'est pourquoi aussi elle fait ce qu'elle fait et ne cesse de le faire. Dans l'immanence radicale de la subjectivité absolue de la vie c'est-à-dire dans sa non-différenciation d'avec soi réside la condition de possibilités et l'essence de toute action, laquelle n'est rien d'autre que l'actualisation d'une force dans son immanence principielle à soi et rendue possible par celle-ci. Voilà donc pourquoi dans la vie ou dans l'analyse le transfert se répète et se répète à la manière d'une force, pourquoi il est un *Agieren* obstiné, immergé en soi, submergé par soi, et ne pouvant faire autre chose que ce qu'il fait, — un *Agieren* somnambulique, aveugle, indifférent à tout ce qui l'entoure, un faire en état d'hypnose — «inconscient».

«Inconscient» si conscient veut dire ce qui se représente dans un monde et se montre dans sa lumière, et si tout ce qui se tient hors de cette lumière et ne pouvant être éclairé par elle, se trouve du même coup hors expérience et ainsi n'être rien — ou du moins quelque chose qui ne se montre jamais en soi et dont l'existence ne peut être qu'induite à partir de quelque chose qui se montre, d'indices comme sont par exemple les associations de l'analysant.

Mais qu'est-ce donc qui se répète dans le transfert et agit en lui à la manière d'une force? Rien de ce que nous connaissons, rien de conscient? Ou bien au contraire le conscient en soi c'est-à-dire ce qui, à la différence de tout le représenté, ne peut cesser d'être présent : l'affect, dont Freud nous dit qu'il n'est jamais inconscient. Il faut donc entendre ici la pertinente remarque de Mikkel Borch Jacobsen affirmant que dans le transfert analytique l'inconscient se montre à nu, tel qu'il est en soi[3]. C'est pourquoi, ajouterons-nous, la psychanalyse a organisé la répétition de ce transfert, parce qu'en fin de compte, lors même qu'elle s'imagine confier l'affaire au langage et à la verbalisation, il lui faut aller chercher cet inconscient là où il est et comme il est, comme cette force brute et comme cet affect pur.

Pourquoi la force est-elle un affect? Pourquoi l'affect est-il une force? En quoi la question du couple primordial Force/Affect est-elle la nôtre, est-elle celle de la communauté? Aucune force n'est possible, ne peut agir si elle n'est d'abord en possession de soi, si elle ne s'éprouve elle-même dans l'immédiation qui expulse toute mise à distance, dans la vie. L'effectivité phénoménologique de cette épreuve, de cette phénoménalité non grecque, c'est l'affectivité en ce qu'elle a d'incontestable, d'irréductible, d'absolu — phénoménalité qui n'est jamais barrée, qui subsiste quand on barre tout. Car, selon l'intuition décisive de Descartes, quand on barre le monde entier en supposant qu'il n'est peut-être qu'un rêve, la peur éprouvée dans ce rêve n'en est pas moins vraie absolument, inconditionnellement, bien qu'il s'agisse d'un rêve. C'est en ce sens que la vie est l'absolu, et elle l'est en tant qu'elle est l'affect.

Si toute force est un affect, tout affect est-il une force? L'affect n'est d'abord aucun affect particulier mais la vie même en sa substance phénoménologique irréductible à celle du monde. Il est l'auto-affection, l'auto-impression, le souffrir primitif de la vie acculée à soi, écrasée sur soi, accablée sous son propre poids — la vie s'affectant elle-même non pas comme le monde l'affecte selon une affection à distance, ponctuelle, lacunaire, à laquelle il lui est loisible de se soustraire, en se déplaçant par exemple, en détournant le regard. L'affect est la vie s'affectant selon cette affection endogène, interne, constante, à laquelle il lui est impossible cette fois de se soustraire d'aucune façon. Dans cette épreuve, quand le souffrir de la vie n'en pouvant plus de se supporter soi-même devient une insupportable souffrance, naît le mouvement de cette vie de se fuir et, comme ce n'est pas possible, de se changer. Elle est alors le besoin, la pulsion. C'est avec profondeur que Freud dit que «le moi reste sans défense contre les excitations pulsionnelles»[4]. C'est même cette absence de défense de la vie vis-à-vis de soi qui fait, qui est la pulsion. Ainsi l'affect est-il en lui-même une force, il ne cesse de la susciter en lui à partir de ce qu'il est.

Schématiquement nous venons de dire ce qu'est un vivant et par conséquent la nature des relations que les vivants ont entre eux dans la communauté pour autant que la nature de leurs relations est identiquement leur propre nature : ce ne sont pas d'abord des relations sises dans le monde et dans sa représentation, mettant en jeu les lois de cette représentation, les lois de la conscience, ce sont des relations sises dans la vie, mettant en jeu les lois de la vie, sa nature, en premier lieu l'affect et la force qu'il produit. Ainsi pouvons-nous dire : toute communauté est par essence affective, les relations entre les vivants sont d'ordre pulsionnel et cela concerne non pas seulement les communautés fondamentales de la société, le couple, la famille, mais toute communauté en général quels que soient ses intérêts et ses motivations explicites.

Cette conception de la communauté n'est-elle pas réductrice : encore une fois n'est-ce pas dans le monde et en fonction de lui que s'édifie toute socialité concrète? Si nous songeons à la jeune femme dont parle Freud, qui décide de sortir et d'aller dans la rue, ou encore à la jeune fille qui au début du *Bel été* de Pavèse, fait de même et traverse l'espace qui s'ouvre devant elle, ne devons-nous pas maintenir au contraire que la communauté vers laquelle elles vont existe déjà en elles — ne serait-ce que comme ce poids d'un malaise qui les pousse à faire ce qu'elles font, comme cet affect qui est une force? La communauté est un *a priori*.

N'est-ce pas dans le monde cependant qu'elle s'accomplit, que la rencontre a lieu et que le couple s'accouple ? Comment exclure ici les pouvoirs de la représentation ? Les amants ne veulent-ils pas se voir, au point qu'ils se dénudent, ne veulent-ils pas se toucher ? Que veulent-ils toucher ? La sensation de l'autre, sa vie. Et c'est ce qui n'advient jamais car si j'éprouvais le plaisir de l'autre tel qu'il l'éprouve, c'est-à-dire en réalité tel que ce plaisir s'éprouve lui-même, je serais l'autre, ou il serait moi. Ainsi quand la pulsion est devenue le désir, le désir de l'autre en ce sens radical, il faut affirmer : ce désir est sans objet, c'est-à-dire qu'il n'y a pas d'objet pour lui. C'est pourquoi il erre à travers le monde comme un fantôme, il se lie à des images.

Que se passe-t-il donc en réalité dans l'accouplement érotique ? La caresse suit à la trace le plaisir de l'autre, elle l'invoque mais ce qu'elle touche est le corps-objet de l'autre, non son corps originel, radicalement subjectif, radicalement immanent, son plaisir en lui-même, hors monde, hors de tout monde possible. C'est pourquoi ce moment de l'union intime, de la fusion amoureuse est paradoxalement celui où les amants guettent des signes, scrutent des indices, s'adressent des signaux. Le comportement érotique lui-même surajoute d'instinct à la simple venue du plaisir le projet de sa venue là où il serait pour l'autre comme pour lui-même. Mais dans ce projet même s'atteste son échec, le fait que le plaisir de l'autre n'est pas présenté en lui-même mais co-présent, appréhendé selon l'accouplement associatif dont l'accouplement réel mime l'accomplissement. Mais plus fort, plus unifiant sera l'accouplement associatif, plus évidente la simple apprésentation, c'est-à-dire en fin de compte l'altérité qui grandit en lui jusqu'à cet abîme qui sépare à jamais deux lieux, celui où le plaisir est le plaisir et celui où il est présumé être tel — l'Abîme dans et par lequel l'autre est l'autre.

Ne retrouvons-nous pas ici la description husserlienne ? Mais ne sommes-nous pas de nouveau avec elle dans une phénoménologie de la perception qui est une métaphysique de la représentation ?

Il faut donc par un ultime effort de pensée continuer de penser la communauté en son propre, dans la vie. Dans la vie sont les vivants, ceux qui sont tels de par l'ipséité de la vie, c'est-à-dire de par son auto-affection. C'est la nature de celle-ci qu'il convient de préciser. S'auto-affecter ne signifie pas comme dans le concept kantien ou dans son commentaire heideggerien, être l'origine de sa propre affection et ainsi se poser soi-même dans l'être, selon la position opposante du sens interne, c'est-à-dire du temps, en laquelle le je pense se convertit en un je suis. Lorsque ces présuppositions de l'idéalisme allemand furent appliquées de façon conséquente à l'individu, comme ce fut le cas avec Stirner, elles aboutirent au concept fabuleux d'un individu qui se crée lui-même à chaque instant, et cela en tant qu'il pense et ainsi se trouve être du même coup.

Nous disons le contraire. Nous disons que dans la vie et de par son auto-affection naît chaque fois cette épreuve de soi qu'est un vivant, lequel n'est donc tel que dans la vie, jeté en lui par elle, pour autant que, se jetant en elle-même, elle le jette en lui. Nous pouvons prendre ici comme indice de ce qui est à penser la parole de Kierkegaard : «le moi est le rapport à soi en tant que posé par un autre» — à la condition d'entendre que ce rapport à soi désigne l'absence de rapport, et que l'autre n'est en premier lieu rien qui soit posé ou pensé comme autre, en second lieu rien non plus qui outrepasse ce qui a pris naissance en lui. Le sol sur lequel je me tiens n'est jamais plus large que les deux pieds qui le couvrent. Car tel est le mystère de la vie : que le vivant est coextensif au Tout de la vie en lui, que tout en lui est sa propre vie. Le vivant ne s'est pas fondé lui-même, il a un Fond qui est la vie, mais ce Fond n'est pas différent de lui, il est l'auto-affection en laquelle il s'auto-affecte et à laquelle, de cette façon, il s'identifie.

Nous n'avons pas à prendre ces propositions spéculativement, comme de contre-propositions, mais phénoménologiquement. Le rapport à soi non posé par soi, c'est l'affect en son affectivité, c'est-à-dire aussi bien dans sa passivité radicale à l'égard de soi, en tant que débordé et submergé par son être propre. Car tout sentiment est cela : ce qui s'éprouve soi-même en tant que débordé par soi et d'abord par le propre fait de s'éprouver soi-même, par la vie. Voilà donc ce que les membres de la communauté ont en commun : la venue en soi de la vie en laquelle chacun d'eux vient en soi comme ce Soi qu'il est. Ainsi sont-ils à la fois le Même en tant que l'immédiation de la vie, et des autres en tant que cette épreuve de la vie est chaque fois en eux l'un d'entre eux irréductiblement.

Comment, s'il faut dire ici un mot de l'expérience d'autrui, chacun des membres de la communauté se rapporte-t-il à l'autre dans la vie, avant que ce soit dans un monde ? En cette expérience primitive à peine pensable, parce qu'elle échappe à toute pensée, le vivant n'est pas pour lui-même non plus que l'autre, il n'est qu'une pure épreuve, sans sujet, sans horizon, sans signification, sans objet. Ce qu'il éprouve c'est identiquement lui-même, le Fond de la vie, l'autre en tant qu'il est lui aussi ce Fond — il éprouve donc l'autre dans le Fond et non en lui-même, en tant que la propre épreuve que l'autre fait du Fond. Cette épreuve est l'autre qui a le Fond en lui comme le moi a le Fond en lui. Mais cela ni le moi ni l'autre ne se le représentent. C'est pourquoi c'est le Même dans lequel ils sont abîmés l'un et l'autre. La communauté est une nappe affective souterraine et chacun y boit la même eau à cette source et à ce puits qu'il est lui-même — mais sans le savoir, sans se distinguer de lui-même, de l'autre ni du Fond.

Quand la relation des vivants au lieu de s'accomplir «inconsciemment» c'est-à-dire dans l'immédiation de la vie, en tant que pur affect, le fait par la médiation du monde, quand les vivants se regardent, se représentent et se pensent chacun comme un ego ou comme un alter ego, une nouvelle dimension d'expérience est née qui doit être décrite selon ses caractères propres. Elle n'est jamais cependant qu'une modification ou pour mieux dire une superstructure de la relation des vivants dans la vie. C'est pourquoi elle doit se comprendre, dans ses traits décisifs, non point à partir de la représentation mais à partir de la vie. Le regard par exemple est en lui-même un affect, en sorte qu'il peut être un désir. C'est pour cela en tout cas qu'il regarde ce qu'il regarde, cherchant immanquablement à voir ce qu'il veut voir. Il y a toujours dans le voir un non-voir et ainsi un non-vu qui le déterminent entièrement.

Naturellement l'essence de la communauté n'est pas quelque chose qui est mais Cela — non pas ça — qui advient comme l'inlassable venue en soi de la vie et ainsi de chacun en lui-même. Cette venue s'accomplit de multiples façons mais toujours conformément à des lois. Par exemple elle ne s'accomplit pas d'abord à partir de l'avenir mais seulement à partir de l'immédiation, comme un destin de pulsions et d'affects par conséquent.

En tant que l'essence de la communauté est l'affectivité, elle ne se limite pas aux seuls humains mais comprend tout ce qui se trouve défini en soi par le Souffrir primitif de la vie et ainsi par la possibilité de la souffrance. Nous pouvons souffrir avec tout ce qui souffre, il y a un pathos-avec qui est la forme la plus large de toute communauté concevable.

Cette communauté pathétique n'exclut pas pour autant le monde, mais seulement le monde abstrait, c'est-à-dire n'existant pas, d'où l'on a mis hors jeu la subjectivité. Mais la communauté inclut le monde réel — le cosmos — dont chaque élément — forme, couleur — n'est ultimement qu'en tant qu'il s'auto-affecte c'est-à-dire précisément dans cette communauté pathétique et par elle. «Le monde, dit Kandinsky, est rempli de résonances. Il constitue un cosmos d'êtres exerçant une action spirituelle. La matière morte est un esprit vivant»[5]. C'est pourquoi la peinture par exemple n'est pas la figuration de choses extérieures mais l'expression de leur réalité intérieure, de leur tonalité, de leur «sonorité intérieure», dit Kandinsky, c'est-à-dire une expérience de forces et d'affects. En fin de compte il n'y a qu'une seule communauté, située en ce lieu que nous avons essayé de cerner, une seule sphère d'intelligibilité où tout ce qui est est intelligible aux autres et à soi-même sur le fond de cette intelligibilité primordiale qui est celle du pathos.

Les communautés sont multiples, leur étude est indispensable si l'on traite chacune d'elles comme une variante de l'eidos de la communauté, variante permettant de conférer à cette essence un caractère encore inaperçu. Une telle étude, bien entendu, n'était pas possible dans le cadre limité de cet entretien. J'ai seulement tenté de montrer à partir de quelles présuppositions les recherches à poursuivre dans ce vaste domaine sont susceptibles de rencontrer des questions fondamentales.

NOTES

Ce texte initialement publié dans l'ouvrage de Michel HENRY, *Phénoménologie matérielle*, coll. Epiméthée, PUF, 1990, est reproduit ici avec la bienveillante autorisation de l'éditeur.

[1] *Méditations cartésiennes*, § 43.
[2] Max SCHELER, *Nature et formes de la sympathie*, trad. franç. M. Lefebre, Paris, Petite Bibliothèque Payot, 1971, p. 335.
[3] Article « L'hypnose dans la psychanalyse», *in* Léon Chertok, Mikkel Borch-Jacobsen et coll., *Hypnose et psychanalyse*, Paris, Dunod, 1987, p. 51.
[4] *Métapsychologie*, in Freud, *Gesammelte Werke*, London Imago Publishing Co, tome X, p. 212.
[5] Dans l'article *Sur la question de la forme* publié dans l'Almanach du *Blaue Reiter*, trad. J.P. Bouillon in *Regards sur le passé*, Hermann Paris, 1974, p. 160.

Consensus et conflit : une réévaluation
Francis JACQUES

> «Joignez ce qui est complet et ce qui ne l'est pas, ce qui concorde et ce qui discorde, ce qui est en harmonie et ce qui est en désaccord».
>
> Héraclite

Quel est le plus profond de la pensée et du discours? Est-ce la paix, comme le pensait Hillel avant la naissance du Christ, ou bien la guerre, comme voulait Héraclite, ainsi que Hegel plus près de nous? *Agôn* ou *irénè*, *homologia* ou *paralogia*, le dialogue ou le différend, le consensus ou le conflit? La question revient d'âge en âge. On la déplace ou on l'aiguise dans ses termes. Elle fait partie de ces problématiques trans-séculaires qu'affectionnent les philosophes. Mais elle se ranime aujourd'hui dans le monde cassé où nous vivons, dans cette société ou l'ordre technique et l'ordre éthique, où l'environnement biologique et l'univers de la communication ne semblent plus battre la même mesure.

En nous tournant vers la communication, nous constatons que les réflexions générales gravitent autour de deux paradigmes. Tantôt on souligne l'effort pour aboutir à un consensus, tantôt on insiste sur ses aspects conflictuels. Le philosophe de la communication est alors tenté — simple tentation — de dresser une opposition tranchée entre deux obsessions également unilatérales : la recherche œcuménique de l'entente à tout prix, le privilège réservé à la polémique. En fait, il s'agit de deux *idéologies* de la communication marquées respectivement d'angélisme sommaire et de pessimisme agonistique. Car dans cette représentation un peu facile, le *consensus* est un accord entre personnes à l'issue d'un dialogue irénique, visant à un compromis d'appauvrissement obtenu par retranchement de l'inacceptable pour chacun des participants, cependant que le *conflit* résulte de l'incompatibilité des projets respectifs, chacun impliquant la non-réalisation de l'autre, au point que la dissension peut prendre la forme inexpiable du différend.

Les analyses qui suivent voudraient montrer que le consensus et le conflit ainsi conçus sont des modes peu productifs du discours, dont le résultat monotone est d'infliger de lourdes pertes sémantiques aux partenaires ou aux protagonistes. Modes peu adaptés à notre société post-industrielle *multi-communautaire* et poly-centrée. Il deviendra clair, espérons-le, que la réflexion sur le consensus et le conflit doit s'établir sur d'autres présupposés, précisément au-delà de cette idéologisation que Hegel eut dite abstraite, où chaque position caricature son adversaire pour le disqualifier et fait elle-même figure obsessive par une théorisation insuffisante. Toutes deux reposent au moins sur un présupposé commun ruineux — l'unicité du schéma conceptuel — que nous mettrons en lumière. Présupposé tenace, partagé par la plupart des solutions philosophiques qui ont cours aujourd'hui.

Nous emprunterons notre démarche à une théorie proprement dialogique du dialogue, où deux partenaires en relation *participent* à l'initiative sémantique. Cette position nouvelle du problème a un enjeu : préserver les exigences de rationalité et d'argumentation. Elle devrait nous rendre capables d'affronter sans complaisance ni dramatisation excessive les faits d'incommensurabilité engendrés par un régime de pensée multi-communautaire. Charge à nous de radicaliser le consensus et le conflit avant de les replacer à l'intérieur du processus de commensuration des discours où ils peuvent entretenir un rapport fonctionnel fructueux. En passant, on avancera plusieurs suggestions pour penser la notion d'a priori communicationnel, pour renouveler celle de compétence communicative et le type d'intentionnalité à l'œuvre chez l'*homo communicans*. Questions considérables.

Solutions indésirables?

Le platonisme semble être le moment où la fonction médiatrice de la communicabilité a été une première fois aperçue dans le dialogue, pour être aussitôt réduite dans ses effets à une activité monologique; le moment aussi où la pensée interrogative a été mise en œuvre, pour être bientôt confinée à la reconnaissance d'une suprématie unilatérale (celle du «maître du dialogue»). Cet événement philosophique a été remis en cause par Aristote. Pour lui, le dialogue comme recherche du consensus constitue pour la pensée un risque de freinage plutôt que la condition d'un progrès. Loin d'être au cœur de la vocation de l'homme raisonnable, une certaine conception du dialogue est plutôt une façon d'entrer dans le règne hétéronome de l'opinion, une manière de substituer la juridiction des hommes à la juridiction des choses.

Avertissement salutaire : quand le dialogue a conquis ses lettres de noblesse avec Platon en méritant bien de la dialectique, c'est à certaines conditions. Si la réponse à la question préalable «qu'est-ce que X?» implique l'expression d'un *eidos* dans un *logos* où les mots sont univoquement définis selon une sorte de code naturel, présent en principe dans toutes les âmes, on comprend bruquement que les partenaires sont censés partager la même visée intuitive. S'ils parvenaient à l'accord, c'est qu'ils étaient déjà d'accord. C'est une telle communauté sans partage de l'intelligible qu'on a tenté de cultiver dans la petite communauté philosophante de l'Académie.

Notre extrême modernité peut difficilement faire une hypothèse aussi forte. Sans doute parce que nous avons rompu avec un certain optimisme de la culture antique que l'Europe avait su maintenir jusqu'au siècle des Lumières. Nos échanges dialogués ne sont plus surplombés par un universel antérieur. Les interlocuteurs de nos dialogues n'appartiennent plus à une *universitas* dont l'horizon garantirait, ne serait-ce qu'en espoir, l'homologie de leurs discours. A l'heure où la mondialisation des échanges tend à décentrer la mémoire culturelle de l'Occident, à l'heure où l'épistémologie fait état de théories incommensurables (Kuhn) et la philosophie politique d'un pluralisme doctrinal qui est une caractéristique permanente de la culture des démocraties modernes (Rawls), le problème pour nous décidément se complique. Il n'est pas tellement de rallier l'universel et de nous rendre *impersonnels* en surmontant nos opinions subjectives. Il est plutôt de nous rendre *interpersonnels* afin de composer selon la réciprocité la part d'initiative de chacun quand bien même elle relèverait de champs conceptuels, catégoriaux au moins partiellement différents. Nous avons rompu avec une épistémologie de type cartésien pour laquelle la connaissance appartient à un spectateur rationnel détaché, prenant une vue désintéressée au monde. Trois cent cinquante ans plus tard différents tournants — le *pragmatic turn*, le *linguistic turn* — ont pris acte de l'éclatement de l'*universitas* en communautés de paroles privées de standard unitaire de rationalité. Veut-on faire une phénoménologie ou une description ethno-méthodologique de la communauté? On doit d'abord la prendre au pluriel. Veut-on caractériser le régime de la parole ? On est conduit à prendre en compte autant (et peut-être plus) la parole intercommunautaire que la parole intracommunautaire.

La discussion rationnelle, la controverse ou le dialogue raisonnable comme on préférera dire, se sont approfondis en requérant des conditions *dialogiques*. Pour les concevoir dans leur rigueur, il semble qu'on doive suspendre l'hypothèse de la communauté initiale du sens mais aussi — et par conséquent — de la référence et de la force. En d'autres termes — et sous bénéfice d'inventaire —, ils ont lieu entre des interlocuteurs qui *ne* disposent *pas* au départ d'un code unique et d'un contexte uniforme. Du coup, ils ont charge d'opérer une commensuration dynamique de leurs discours. Or, celle-ci est une mise en commun active, précaire, problématique. Elle a cessé de nous paraître triviale. Et surtout, elle nous semble moins fondée par une structure catégoriale de la raison que fondatrice et structurante. Mais à quelles conditions ? Tout est là.

Sur le problème, les modernes s'accordent. La thèse selon laquelle il n'existe pas de langue universelle qui fournisse un idiome dans lequel on puisse traduire toute nouvelle théorie, tout idiome poétique ou toute culture indigène, est familière à tous. L'absence d'un système transcendant de méta-règles pour assembler des phrases — le genre de système que la métaphysique était censée fournir —, nous frappe selon les cas comme une libération ou un désastre.

En revanche, sur la recherche des solutions, l'accord disparaît. Je mentionne d'abord la solution de type déconstructionniste. Pour certains auteurs, la seule procédure digne de la philosophie aujourd'hui est la paralogie, i.e. le dérèglement (J.F. Lyotard), la déstabilisation non autorisée par le système, non récupérable pour l'amélioration de ses performances. Ces auteurs prennent le parti de la variété, l'exaltent, dissolvant la procédure philosophique dans l'ensemble ouvert et pluraliste des styles et des effets textuels. Ce qui nous intéresse désormais, selon eux, c'est avant tout le *différend* insoluble plutôt que le consensus, l'indécidabilité plutôt que la décision, l'incommensurabilité plutôt que l'homologie du grand discours de la métaphysique. La philosophie serait naturellement préposée à l'examen et au règlement des différences, parce que sa forme est justement celle du différend en soi, à l'état pur. Témoigner du différend pour la philosophie, c'est prétendre découvrir son enjeu à la fin.

A noter que la philosophie ne peut se désintéresser du «conflit des interprétations». Allons plus loin : j'ai idée qu'elle est concernée par l'incommensurabilité des théories ou des systèmes interprétatifs, et surtout par l'irréductibilité des codes conceptuels où sont formulées les thèses en présence. A cette condition, la mise en évidence du différend n'aura pas été inutile. Reste à savoir s'il faut pour autant considérer que la meilleure chance de la philosophie réside désormais dans un élément dont, jusqu'ici, elle s'était toujours obstinément détournée : un certain chaos linguistique et culturel.

Autre solution : celle de R. Rorty (1983b). Elle est plus positive. Rorty recommande la construction de voies qui, avec le temps, pourraient relier l'archipel des îlots linguistiques au continent. Ces voies ne prendraient pas la forme de manuels, mais plutôt d'un «savoir-faire cosmopolite dont l'acquisition permettrait de nous déplacer entre les régions de notre culture (...), par exemple entre Aristote et Freud, entre les jeux de langage de la poésie et ceux du commerce, entre les idiomes de Holbein et de Matisse». Pour Rorty, il y a deux façons de rendre un sens à sa vie : raconter l'histoire de ce qu'on a apporté à sa communauté : se décrire soi-même en relation immédiate au monde extérieur. Les histoires du premier genre seraient des exemples du «désir de solidarité». Les histoires du deuxième genre des exemples du «désir d'objectivité». Telle est l'alternative dans laquelle serait enfermée l'auto-biographie intellectuelle. En quelque sorte, Rorty nous oblige soit à réduire l'objectivité à la solidarité, comme le font les pragmatistes, soit à réduire la solidarité à l'objectivité comme le font les réalistes. Pour sa part, il opte pour une conception résolument ethnocentriste de l'objectivité fondée sur la solidarité au groupe dominant de la société occidentale.

Seulement y a-t-il d'opter? N'est-ce pas une fausse alternative? Ainsi que la présente Rorty, l'alternative est ruineuse, car les réalistes oublient les conditions pragmatiques et historiques d'instauration de l'objectivité, tandis que les pragmatistes prennent leur communauté particulière de paroles trop au sérieux, au point de dissoudre dans le relativisme toute idée de rationalité. En fait, le désir de solidarité avec les chercheurs de la communauté théorique ne les condamne pas à se désintéresser du réel extérieur, tout au plus à adopter une vision «internaliste» de la vérité. Pas davantage que le désir d'objectivité nous fait prendre distance avec ceux qui nous entourent. Je tiens que la connaissance fait rencontrer l'autre chose *et* l'autre personne : la chose extérieure en s'y référant, la personne d'autrui (appartint-elle à une *autre* communauté), en entrant avec elle dans une relation de réciprocité.

Si le déconstructionnisme témoignait pour le différend et Rorty pour la solidarité, Habermas (1976) adopte une autre attitude. Son enjeu consiste à définir un consensus rationnel obtenu en situation idéale de discussion. Celle-ci, qui fonctionne comme une idée régulative, est déterminée négativement par l'élimination de tous les obstacles interpersonnels et de tous les conditionnements externes du discours — sans qu'aucun critère ne soit offert pour sa réalisation. L'auteur, reprenant une idée de Peirce, invoque une limite idéale vers laquelle convergerait le processus indéfini de la recherche dans une communauté *idéale* de locuteurs, s'achevant par la réalisation d'un consensus final. Son obtention coïnciderait avec la possession de la vérité. Habermas tente de découvrir les éléments d'universalité contenus dans les idéaux de la bourgeoisie libérale ainsi que dans la dynamique interne de la science et du droit.

J'observe que pour Habermas, l'accord vient de ce que chacun se rend *conforme* à l'ensemble des allocutaires idéaux. Mais quel est l'arrière-plan de conformité requis? C'est un code *déjà commun* où le locuteur choisit une phrase ou une expression intelligible par quelqu'un d'autre. C'est aussi l'ensemble des propositions vraies que le locuteur a l'intention de communiquer au sens traditionnel de transmettre, afin que l'autre puisse partager la connaissance qu'il possède. C'est enfin la correction des actes de langage par rapport à un contexte social supposé commun : le *nous* de communauté. A cet égard, je confirme la réserve de Rüdiger Bubner. Le projet de Habermas était de traduire la philosophie transcendantale de type kantien dans les termes de la philosophie linguistique. Mais le pont jeté entre l'une et l'autre est assuré par un élément normatif introduit *de l'extérieur* depuis la communauté sociale. La réponse ainsi donnée fait pétition de principe : elle présuppose ce qui est en question, l'élément *normatif*. On notera aussi cette conjonction assez typique du thème subjectiviste de l'intention de sens d'un locuteur et du thème sociologisant de la conformité.

Des faits d'incommensurabilité à la recherche d'une commensuration

Toutes ces solutions reproduisent l'oscillation que nous avons annoncée et dénoncée entre l'apologie du consensus et l'apologie du conflit. Elles s'inscrivent entre deux extrêmes dont l'un est franchement irréaliste, avec son irénisme crispé, et l'autre passablement inacceptable avec sa théorie agonistique de la guerre civile généralisée au discours.

Je ne m'attarderai pas à ces inconvénients. Indépendamment, ces positions comportent une tache aveugle. Elles partagent *le même présupposé* : on raisonne comme si le système ou le cadre était unique, le différend consistant à faire un écart paralogique par rapport à ce système, et le dialogue à viser un consensus dans ce système. De là qu'on revienne toujours à deux attitudes difficilement acceptables : tantôt une incommensurabilité totale avec conflits incessants parce que tout acte de discours serait l'occasion d'une controverse insoluble. Tantôt une commensurabilité complète garantie par la réduction à un genre de langage suprême. Attitudes difficilement tenables :

1) d'une part, aucune raison décisive n'est donnée pour *généraliser* et unifier les faits d'incommensurabilité. Ceci n'est ni prouvé ni argumenté. Qui pis est, les énoncés sur le différend, dans une conception agonistique du langage, ne sauraient prétendre à aucune validité, ils se réfutent par auto-contradiction performative. Au reste, pourquoi devrait-on accorder *plus* d'importance, j'en tombe d'accord avec J. Bouveresse (1984), à l'inexistence d'une explication dernière ou d'une univocité parfaite, qu'au fait bien réel que la plupart des phrases, dans leur usage normal, ne sont pas équivoques et ne prêtent pas à contestation ? *Mutatis mutandis*, quand certains déconstructionistes vont jusqu'à penser que l'enchaînement de toute phrase par une autre, sous prétexte que les jeux de langage sont hétérogènes, fait problème, on a envie de dire de l'aspect conflictuel ce que Wittgenstein disait du doute : c'est selon. Il peut occuper une place plus ou moins considérable, cela dépend.

On aurait tort de tirer de Wittgenstein un concept anarchiste de l'atomisation intégrale du langage où chaque mouvement discursif épuiserait les possibilités de communication. Rappelons que l'enchaînement transphrastique, tel qu'on le trouve réglé par les jeux de langage, est relativement paisible. Il faut s'entendre sur l'hétérogénéité des jeux de langage. Après tout, l'existence d'un jeu de langage repose sur une concordance dans les définitions et surtout dans les actions d'une communauté donnée. Même le différend ne peut se produire dans le langage qu'à la condition qu'il y ait un langage — ne serait-ce que pour le détecter et le mettre en évidence — c'est-à-dire un fond de conformité et d'échange harmonisé sur lequel il s'enlève.

Aussi bien, la lignée de J.L. Austin a su faire fructifier l'héritage de Wittgenstein dans un autre esprit. Exemple : une analyse plus exacte du discours *évaluatif* appelle une articulation avec le discours descriptif. Le langage de la décision enchaîne couramment des jugements constatifs décrivant le cadre de l'action à des jugements évaluatifs. Bien mieux, la théorie interdit d'envisager les emplois des termes «doit» et «bon» qui ne prendraient pas compte des faits. Leur fonctionnement en effet ne doit pas être conçu abstraitement, sous peine de dresser une opposition stérile entre le fait et la valeur. Cette opposition, mieux vaut la déjouer que la porter à l'absolu. Le tout est de repérer un fonctionnement solidaire.

Simplifions : en fonction des informations disponibles sur une situation donnée, l'agent émet certaines propositions conjecturales concernant plusieurs stratégies possibles. Après quoi, il faut les évaluer. Mais justesse et pertinence de la décision sont soumises au test des conséquences pour les intéressés : autant dire que l'énoncé évaluatif consiste à indiquer si tel état de choses à réaliser est recommandable ou non. Schématiquement, le raisonnement moral greffé sur le recommandable consiste à déduire des conséquences prescriptives de certains principes généraux que l'agent veut bien admettre *conjointement* avec certains énoncés factuels.

Je suis donc loin d'être convaincu de l'hétérogénéité «insurmontable» des «régimes de phrases» ou des «genres de discours». La typologie des discours certes n'existe pas encore, mais la théorie des actes de langage existe déjà. D'Austin au dernier Searle, on la voit s'adjoindre une logique illocutoire assez puissante. Pendant que des esprits spéculatifs découvrent des sauts qualitatifs auxquels ils donnent un caractère absolu selon leur génie propre, une quantité de théoriciens sont au travail et font des propositions positives en faveur d'une sémantique générale où justement l'assertion et la question, la promesse et l'injure, l'ordre et la prescription, deviennent combinables. Dans le meilleur des cas, tout se passe comme si les uns définissaient pour les autres les tâches prochaines de l'analyse. On ne peut pas penser n'importe quoi de la théorie des actes de langage. On peut considérer qu'elle mérite d'être amendée et développée. Mais une chose paraîtra plausible à qui en prendra une connaissance même superficielle : sa tentative pour construire une sémantique vraiment générale, étendue à la force illocutoire, est déjà assez avancée pour assurer la congruence des actes de langage dans les enchaînements logiques fondamentaux. Le risque de pluralité conflictuelle diminue rapidement devant l'analyse. Après tout, la construction d'un modèle est souvent progressive. Les premiers succès remportés dans le domaine de la signification non littérale (ironie, métaphore, fiction...) révèlent une productivité largement suffisante.

Et les problèmes d'incommensurabilité entre les théories scientifiques? Ils peuvent donner lieu à une réflexion plus constructive sur la controverse à l'âge de la science. Au fond, l'hétérogénéité radicale des théories apparaît comme un artefact statique et monologique. Il naît de discours arrêtés, non confrontés effectivement à leurs référents : ce n'est pas parce que les développements récents de la mécanique quantique semblent remettre en cause l'idée que la recherche devrait à toute force converger vers une seule et unique théorie, qu'il faut en conclure que la divergence a remplacé la convergence comme finalité de la recherche.

Depuis I. Lakatos, l'épistémologie fine se prête à étudier la rencontre de ces entités plus souples que les théories constituées : les programmes de recherche. C'est fondamental et j'y reviendrai.

2) d'autre part, c'est entre les *types de textes* que la variété, la discontinuité et la dispersion sont sans doute les plus marqués. Encore faut-il s'entendre sur leur «hétérogénéité». Curieusement, celle-ci a été peu relevée. Bien plutôt, on a proclamé le leurre des frontières et pratiqué avec autant de facilité que d'audace une transgression des régimes textuels sans règle ni sanction. En vérité, d'un texte à l'autre, nous observons une tout autre postulation (Jacques, 1987). Il s'agit d'une prétention marquée à la spécificité, une revendication particulière des auteurs quant à la forme de la textualité.

Par exemple, celui qui se tient sur le terrain de la foi n'est pas disposé à questionner de manière radicale i.e. philosophique. De même, le savant soumet le monde au possible d'une construction dont le caractère aujourd'hui nous apparaît révocable. Pour que l'univers soit autre chose qu'un accident de Dieu, le théologien le subordonne à réinterprétation dérivée du Principe. La tâche du poète, quand il ne cherche pas à produire un enchantement sans référence, quand il ne se contente pas d'une poésie de synthèse, est d'engendrer une évocation inouïe du monde qui élargisse l'imaginaire humain, etc. A force de spéculer sur la nécessaire ambiguïté de la forme, on finit par mettre en danger la variété peut-être irréductible de telles approches. Comme si l'on était, remarque R. Rorty (1985) :

«en mesure de confondre ce que séparent les distinctions entre la rationalité et l'ir-ImprimerImprime phie, l'ar et la science, — au point que tout ce qui se pense et s'écrit serait devenu de l'eau pour un seul et unique moulin».

J'insiste un instant sur ces régimes textuels. Leur autonomie relative n'engendre pas une situation si intrinsèquement conflictuelle qu'on ne saurait la résoudre que par une transgression anarchique. Mais où chercher la bonne mesure ? Selon qu'ils se donnent comme scientifiques, religieux, etc., les textes s'engagent en une démarche spécifique ; ils affrontent le réel selon un mode particulier de manufacturation du langage, une certaine gestion du rapport avec le lecteur, qui tendent et prétendent à différer. Peut-être existe-t-il une fragmentation nécessaire du travail symbolique, des modalités distinctes de la pensée interrogative, qu'on ne peut mêler sans danger de confusion, ni multiplier sans risque d'amortissement.

Il n'y a pas là à proprement parler une affaire de style, mais de questionnement : de ce qui, du monde des êtres et des choses, est accessible à partir de lui, le questionnable. En tout cas, l'hétérogénéité de ce qui se textualise du sens et de la pensée, ne semble pas de l'ordre du différend insoluble. On peut montrer que, par leur souche signifiante ultime, les textes demeurent ouverts les uns aux autres. Cette perméabilité mutuelle assure une transtextualité de fait dont on trouverait de nombreux exemples : il est sans doute un peu étonnant qu'on puisse reprendre à un texte biblique le thème de la miséricorde, comme fit naguère André Gide pour *Le Retour de l'enfant prodigue*, mais c'est un fait que des auteurs y parviennent au moins dans une proportion non négligeable de cas.

Qu'entre plusieurs textes de même type la proximité du questionnement assure les enchaînements transphrastiques, cesse d'être inexplicable pour qui adopte sur un texte, non pas le point de vue du *système* ou de la *structure*, mais celui de la *problématique*. Prenez un texte philosophique. On me dit : le propre du style des philosophes, c'est d'apporter avec lui les formes mêmes à travers lesquelles il prescrit les conditions de sa confrontation avec d'autres textes. Je dis : grâce au rapprochement des problématiques, à la référence que l'une porte à l'autre, un espace d'argumentation commun s'installe entre eux, qui permet la reprise des questions et leur instruction continuée. Bientôt, les textes se prêtent à «communiquer», de là ces effets de méta- et d'inter-textualité que la critique ne s'est pas privée de relever. Même quand les structures conceptuelles sont assez éloignées, l'existence de problématiques apparentées explique que le conflit puisse être évité : un niveau moyen d'argumentation entre deux auteurs offre à l'un une certaine prise sur le texte de l'autre.

En bref, pour aboutir à une vue plus équilibrée du conflit, il importe non seulement de relativiser, mais de sérier *au plus juste* les faits d'hétérogénéité : moins entre les actes de langage qu'entre les genres de discours ; moins entre les genres de discours (qui peuvent encore s'accorder à l'intérieur d'une pratique donnée de la textualité — ainsi les jugements de fait et les jugements de droit dans les textes juridiques) qu'entre les types de textes. Or, même quand l'hétérogénéité est la plus forte, entre des discours de codes divergents par exemple, le propre des textes innovants est d'opérer des transactions sémantiques fécondes ; tout comme les controverses méta-théoriques qui, lorsqu'elles sont fructueuses, tendent à rendre commensurables des discours initialement affrontés.

Quant à la thèse d'incommensurabilité des actes de langage, elle est naïve. Elle ne résiste pas à l'analyse qui restitue leurs règles de fonctionnement et d'enchaînement. Ne confondons pas une théorisation effective avec les considérations de certains auteurs complètement abstraites, extrémistes, qui sont plus hautes en couleur intuitive, mais tournent à la mythologie. De même, la thèse de l'incommensurabilité des théories et des programmes de recherche est un artefact de leur comparaison *statique*. Les controverses qui ont eu lieu dans l'histoire des sciences montrent que la confrontation dynamique des positions en présence tend à réaliser la *commensuration* des discours. A mon sens, il faut *déplacer* le problème, comme le dernier Kuhn a commencé à le faire, de l'incommensurabilité des théories à la difficile communicabilité des discours correspondants. On gagne à la substitution parce qu'on sait de mieux en mieux à quel niveau et à quelles conditions opère la communicabilité pragmatique. Une fois celle-ci assurée, la commensuration suit. J'y reviendrai *in fine*.

L'enjeu de la pensée

L'enjeu est ici l'innovation du sens. Il impose, on le sait, un travail philosophique inédit. Certaines paradoxes issus de la situation de différend sont connus et étudiés sous une formulation voisine dans l'épistémologie post-empiriste anglo-saxonne. On y parle d'incommensurabilité des thèses ou des théories entières : entre deux théories T_1 et T_2, une traduction de l'une à l'autre ne saurait s'effectuer sans reste. Alors qu'elles sont sur le même terrain, elles ne parlent pas différemment des mêmes choses, mais chacune à leur façon de choses différentes.

Le paradoxe tient à ce que les tenants de paradigmes d'intelligibilité en compétition sur le même terrain paraissent incapables d'unifier leur domaine et se trouvent dans la situation d'avoir à communiquer sans langage commun. Ainsi, lorsque la commensuration est difficile entre deux théories, l'épistémologue est placé devant le fait significatif d'une véritable controverse pour l'âge de la science. A noter que pour Thomas Kuhn, même si la traduction d'une théorie T_1 en une théorie T_2 laisse *residue and loss*, l'opération reste possible grâce à une interprétation que toute traduction implique sans lui être équivalente. Mais cela suffit pratiquement pour les comparer et en parler sans contradiction.

Alors pourquoi Kuhn continue-t-il à faire de l'incommensurabilité une anomalie dans l'histoire des sciences? Il ne prend pas acte du fait épistémologique que représente l'existence de telles controverses. Il ne saisit pas leur incidence sur les changements conceptuels, encore moins leur portée pour le progrès catégorial. Il n'aperçoit pas leur fonction heuristique, partant l'enjeu d'innovation sémantique. Sans doute parce que Kuhn pose le problème de manière encore statique, il assimile la communication entre experts à une traduction entre deux langages indigènes sans parenté, de telle manière que chaque position est condamnée à faire l'objet d'une interprétation unilatérale.

Faut-il considérer en définitive que la réflexion épistémologique sur l'hétérogénéité discursive est plus positive que la caractérisation spéculative de la paralogie ? Au vrai, elles ne sont pas du même ordre, mais la première peut donner à penser à la seconde. J'ai moi-même étudié (1985) les problèmes de changement conceptuel et de rivalité inter-théorique dans des controverses comme celles entre Einstein et Bohr, Cantor et Dedekind. Pour peu que certaines conditions d'opportunité pour la recherche et de distance catégoriale soient remplies (certains acquis standard, certains présupposés communs, certains fragments de langage spécialisé disponibles), on peut l'analyser comme un processus de bi-codification dynamique qui, par une suite de transactions sémantiques, invente les linéaments d'un langage commun.

Il importe bien entendu que chaque protagoniste entende *se référer* à certaines réalités identifiables par l'autre, lors même que la signification des termes qui les caractérisent diffère. On peut montrer alors que leurs énoncés comportent des termes (e.g. «électron», «nombre», «ensemble») qui ont pour fonction de préserver la référence *à travers* diverses théories en présence. Cette dernière condition est nécessaire pour que la discussion garde un sens et la recherche scientifique une certaine convergence. Précaution indispensable si l'on veut conserver une possibilité d'évaluer un programme de recherche ou de délibérer sur la meilleure théorie possible. Un réaliste ne regarde pas les termes de «mouvement» ou d'«électron» comme essentiellement dépendants de la théorie. Il les tient pour trans-théoriques, à l'instar de la vérité et de la référence elles-mêmes.

En somme, deux discours sont d'autant plus affrontés, et cela jusqu'au différend, que leur opposition 1) est plus statique, 2) a lieu en l'absence de tout référent réel, 3) concerne la conceptualisation et non pas seulement les thèses, e.g. p et non-p. Les discours, en revanche, qui sont entre-tenus en controverse heuristique, le sont dynamiquement et en présence d'une situation référentielle. Voici que les interlocuteurs ne sont plus en train de traduire dans leur propre langage, mais de travailler dans un langage qui tend à devenir commun. Grâce à lui, il devient possible d'assortir les transformations conceptuelles souhaitables de transgressions sémantiques. Elles ont lieu progressivement, en cours de route, à la différence de cette conversion soudaine d'un cadre de pensée à l'autre que Kuhn a d'abord décrite.

Par conséquent, l'enjeu de la pensée ne peut pas plus être la paralogie que l'homologie, le conflit insoluble que le consensus recherché à coups de concessions et de compromis d'appauvrissement. L'un et l'autre parti ne représentent qu'un état des discussions, du dialogue aussi bien, et non leur fin. Ils sont d'un moment. Le philosophe prendra la mesure de l'inévitable division symbolique, sans s'y complaire. Après avoir décelé le différend entre le discours scientifique et le discours moral, Kant entreprend le passage dans sa préface à la *Critique de la raison pratique*. Le moment d'après, un autre travail commence.

Comparons le dialogue et le différend à cet égard. Sur un point, le diagnostic de Lyotard est juste : il y a bien des conflits tels qu'on ne peut (ni ne veut) juger en tiers, faute de langage commun disponible. Soit. Impossible de transformer le différend en litige en le surplombant par un idiome réducteur. Toujours quelque différence *initiale* de code empêche les partenaires de s'entendre sur le sens des unités de leur code respectif. Mais il faut y insister, le dialogue non trivial, non monologique de constitution, est dans le même cas. Aucun protagoniste ne dispose d'un langage neutre. Aucun tiers n'est en état de juger et de régler les oppositions dans un métalangage extérieur. Aucune instance d'arbitrage ne préexiste à la confrontation des parties (je ne dis pas de leurs discours : ceux-ci, en tant qu'unilatéraux, doivent être *déposés* au seuil de leur confrontation). Les phrases qui seront produites et enchaînées, nul n'a d'autorité séparée sur elles ; elles-mêmes ne constituent pas des événements purs et indépendants, elles ont lieu entre nous. Qu'on examine alors les conséquences de cette situation authentiquement interdiscursive.

Ce qui est donné ? Seulement un assemblage sous-déterminé d'unités polysémiques dont la hiérarchie interne est fluctuante et l'objet d'incessantes captures. Qu'on songe à celle dont est l'objet le terme «mouvement» entre Galilée et ses contradicteurs ; le terme «probabilité» entre les différentes positions adoptées en mécanique quantique.

Il faut bien dégager l'idiome qui permet de surmonter la disparité des codes conceptuels, tenter de résoudre leur opposition statique. Mais le code commun doit être inventé conjointement sous la contrainte de la communicabilité. Une patience discursive : ce qui en l'homme parlant ressemble le plus au procédé que la nature emploie pour ses créations.

Maintenant, à qui revient de trouver le langage capable de dépasser la disparité des positions en présence ? Pour certains, c'est au philosophe. Cette réponse n'est pas réaliste, ni assez radicale. Aucun tiers ne peut venir résoudre un conflit sérieux. Le philosophe pas plus qu'un autre. Il importe de remettre l'éventuelle conciliation aux protagonistes eux-mêmes. Aux grands conciliateurs d'être des innovateurs. Un véritable homme de pensée n'intervient pas dans la discussion comme le citoyen d'une communauté linguistique, culturelle ou politique, ni comme le guerillero qui opère paralogiquement sur les marges de l'opinion organisée pour maintenir à tout prix un état de guerre civile dans la pensée. Mais bien comme le tenant de la pensée interrogative. Il se gardera de porter à l'absolu un moment de son procès. De poser la fragmentation définitive de la pensée ou de penser de façon unique. Diastole et systole : effort de communicabilité, préservation des divergences sont tour à tour conditions d'un élargissement de la pensée.

Quel consensus ?

Si nous revenons à notre thème initial, l'alternative consensus *ou* dissension cesse d'être un enjeu transcendantal (ou bien... ou bien). Dès lors que toute discordance n'est pas stérile et que tout consensus n'est pas légitime, on ne fera pas la critique des conflits à tout prix. Il en est de théoriques qui expriment une précieuse disparité des problématiques. En éthique, il y a des conflits qui traduisent « la réelle diversité des biens », la difficile conciliation des devoirs. Au politique, des conflits naissent de contradictions réelles qu'il ne faut surtout pas masquer, sinon le consensus mou obtenu serait une abdication devant des rapports de force, une façon de rétablir la situation au seul profit des dominants. Bref, il y a une opportunité et parfois un devoir de dissension.

Pareillement, on ne fera pas l'éloge global du consensus. Sur ce terme de physiologie exportée de l'ancienne médecine dans la sociologie fondée par Auguste Comte, tout un travail d'analyse préalable est nécessaire à celui qui veut se battre sérieusement avec cette question. D'abord sur quoi porte l'assentiment des parties ? Celui-ci, pour nous limiter ici au consensus exprimé, peut se rapporter à des entités de nature différente. Selon les cas, il concerne :

– une assertion convenue, quand le consensus est acquis d'emblée. Et alors tout dépend parde la valeur propre de la convention ;

– une assertion construite, quand le consensus est acquis argumentativement. Tout dépend de la valeur propre de la construction ;

– le point de départ de la discussion. Le consensus n'est pas requis dans n'importe quel régime d'argumentation ;

— les présupposés en cours d'entretien. Le consensus est alors pragmatiquement souhaitable pour éviter le malentendu et maintenir la coopération énonciative ;

— l'objectif de la discussion. Il est alors stratégiquement expédient de parvenir au terme consensuel de la discussion.

Dans ce dernier cas, quand le consensus est obtenu au terme d'une discussion, on peut se demander *de qui* au juste il faut obtenir l'accord. Or cela varie selon le champ considéré. Certaines entreprises reposent sur la réalisation d'un consensus argumentatif entre les parties en cause, d'autres enveloppent des procédures adversatives. Un argument en science vise au consensus. En revanche, le raisonnement juridique s'appuie sur l'opposition des parties : il n'est pas indispensable que l'accusé soit convaincu par l'argument du Ministère public. Dans le domaine politique, ou celui des affaires, la situation change à nouveau : l'enjeu de l'argumentation n'est pas le simple consensus, ni un arbitrage entre les adversaires, mais une décision pratique. Il s'agit de garder l'équilibre entre les incertitudes opposées, de peser des gains espérés par rapport à des pertes possibles selon des maximes générales de la sagesse politique ou de la stratégie financière.

Impossible donc de décider *a priori* de la pertinence du consensus en général. Cela dépend du fondement, des modalités et du contexte, qui sont essentiellement divers. Au point que le concept même de consensus devient ambigu.

1) Est-il de fait ou de droit ? En lui-même, ce n'est pas une catégorie éthique ni un critère juridique. Un consensus *de fait* ne légitime rien. Ce qui est formé par le seul consentement des parties — un accord ou un contrat consensuels — n'est pas toujours vrai et juste. Ce qui exprime le consentement des plus éclairés, peut bien servir de prémisse à un raisonnement dialectique au sens d'Aristote dans les *Topiques*, pourquoi serait-ce un objectif légitime ? Une opinion communément admise, on ne peut la contredire sans risque ou ridicule, elle n'est pas forcément vraie. L'Opinion est pour ? Mais l'Opinion peut avoir tort. En politique, la superstition du consensus comme argument d'autorité constitue un effet pervers du fonctionnement démocratique, un symptôme de narcissisme collectif.

Mesurer la valeur d'un énoncé à son impact perlocutoire, cette perversion rhétorique (l'énoncé comme ensemble d'*effets* à produire sur un public, sa compréhension comme divination d'effets), ne devient pas moins monstrueuse d'être plus fréquente. Qui ne voit la limite d'un discours déterminé par le destinataire, ou du moins par l'image que s'en fait le destinateur?

L'accord entre les personnes est loin d'être toujours suffisant ni nécessaire. Pas suffisant car en donnant mon assentiment à une assertion, je ne contribue pas sensiblement à l'avérer. Pas nécessaire parce que je n'ai pas besoin de donner mon consentement à un théorème ou à une loi physique pour qu'ils soient valides. Cela dit, la recherche du consensus a parfois une opportunité voire une utilité spéciale. Ainsi dans les discussions méta-théoriques : la recherche d'un consensus simulé ou par provision, même si elle ne donne lieu qu'à de nouvelles distinctions ou à des désaccords mieux fondés, possède une valeur heuristique irremplaçable (Jacques, 1984).

2) Le consensus est-il fondé ou fondateur? *Fondé*, il résulte de l'application correcte d'un critère de validité. C'est la position classique; dès qu'une prétention à la validité s'est trouvée justifiée, toutes les personnes compétentes de bonne volonté peuvent se mettre d'accord à son sujet. Ainsi une affirmation est vraie quand, en appliquant les règles de sa justification, tout le monde est conduit à confirmer sa vérité. Il en irait de même pour les normes. De cette position classique il existe une version sémantique : les règles de justification pertinentes pour une affirmation sont contenues dans la signification de la phrase où la proposition est exprimée. On peut y ajouter une version pragmatique. La nôtre (cf. *infra*) veut que le consensus soit fondé, légitimé, quand il résulte d'un *a priori* communicationnel.

Fondateur, le consensus n'est plus une conséquence de la validité, c'est au contraire la validité qui est définie par le consensus. Celui-ci devient lui-même critère de justification. On a souvent prétendu que ce n'est pas alors un consensus de fait qui est déterminant, mais un consensus qualifié pourvu que l'on suive des règles pertinentes pour la justification. Dans une théorie discussionnelle de la vérité, ce sont des règles pragmatiques — au sens restreint de règles communicationnelles. Toutefois, cette notion d'un consensus à la fois fondateur et qualifié, qui apparaît chez Habermas, me semble instable.

Le consensus fondé n'est pas moins problématique. En effet, il ne revient pas au même de le fonder sur la convergence des intérêts individuels avec les intérêts de groupe comme le font les néo-utilitaristes, ou de le faire dépendre de l'existence d'une volonté générale. Pour Kant, entendement et raison pratique légifèrent sous la supposition jamais examinée d'un *sensus communis* préalable (respectivement théorique et pratique), si bien qu'objectivité et communicabilité deviennent des concepts interdéfinissables. Notre modernité la plus récente a perdu cette conviction.

Et puis quelle modalité du consensus a-t-on en vue? Sa légitimité et d'abord sa portée ne s'établissent pas de la même façon suivant que le consensus est obtenu par connivence immédiate sur une assertion, ou par convergence progressive et médiate dans un jeu de langage idéal (comme c'est le cas pour K.O. Apel), ou bien encore par interaction communicative, comme je l'ai proposé moi-même (1985). J. Rawls a l'habileté de soutenir sa conception de la justice politique à l'aide d'un consensus *par recoupement* (1972). Cette modalité prévoit que le consensus est atteint à travers les diverses positions philosophiques, morales, religieuses, dont la pérennité paraît assurée au fil des générations. Il est possible que le pluralisme conflictuel et recoupement sont caractéristiques de la culture des démocraties modernes. Un accord établi sur une seule conception ne pourrait être maintenu que par l'usage tyrannique du pouvoir de l'état. Quelle que soit la modalité du consensus, resterait à connaître les forces politiques, sociales ou psychologiques capables de le susciter et de le maintenir.

Du bon et du mauvais usage du consensus

La question de savoir s'il faut rechercher le consensus doit être sérieusement mûrie. Soyons clair. On aurait tort de la confondre avec d'autres questions, telles que :

1) Tout peut-il faire l'objet d'un dialogue? Cette question ne porte pas sur le consensus. Elle est différente de celle de savoir s'il y a du non-négociable (certainement), ou si tout se discute (non), s'il y a de l'inacceptable, voire de l'irréparable (sans doute). Il s'agit de décider si le dialogue a tous les droits. Or, le dialogue n'est pas toujours équitable et salutaire. Il y a une opportunité du dialogue caractérisable sémantiquement ou pragmatiquement. Cette opportunité est essentielle entre savants. Il faut que les programmes de recherche offrent un repère de l'un sur l'autre, qu'ils soient à bonne distance pour que la controverse soit possible et intéressante.

2) Le consensus est-il l'objectif de *tout* échange de vue? Nous avons dit que cela dépend de la tâche. Ainsi dans une controverse sur la meilleure théorie possible, les experts partent de positions divergentes et souvent y persévèrent pour sauvegarder les hypothèses qui constituent le cœur du programme de recherche. Cela ne les empêche nullement de projeter les fragments discursifs dans le contexte commun. Ils réalisent

des changements conceptuels qui rendent positif le bilan heuristique. Le dialogue quant à lui tend à rendre communicables les croyances des interlocuteurs (Jacques, 1985, chap. VI), et pour cela à modifier mutuellement les attitudes propositionnelles. Chacun s'y exerce à croire ce qui est. Alors que bien des négociations sont des parties de cache-cache où chacun voile soigneusement les arguments qui sont utilisés, s'ingénie à donner de soi une image, fait parler l'autre sans se livrer en retour, il n'est pas jusqu'à la prise d'information qui n'ait un sens différent dans le dialogue et dans la négociation. Le négociateur cherche à s'emparer de l'information, l'homme de dialogue à l'élaborer conjointement.

3) Le consensus est-il désirable? Tout dépend de la stratégie discursive utilisée : dialogue, négociation, discussion pour et contre? Cela ne revient pas au même. L'argumentation pour ou contre la même proposition a été étudiée récemment selon une problématique tout à fait traditionnelle : les objectifs sont *opposés* et donnés à l'avance. Les systèmes de dialectique formelle (e.g. Krabbe, 1986) constituent manifestement une méthode de résolution de conflits plutôt qu'une recherche de consensus. Ce sont la négociation et le dialogue proprement dit qui ont vocation de chercher le consensus. Mais des deux, contrairement à une idée reçue, c'est la négociation qui a son terme normal dans la conclusion d'un arrangement. Elle se contente d'une adhésion assez superficielle. L'application de la théorie des jeux (Brams, 1985) a révélé les liens conceptuels et logiques entre conflits et négociations, notamment le jeu explicite ou implicite de la menace. Simple technique de règlement des conflits au moindre coût, la négociation n'exige pas un accord de fond. Le souci du vrai et du juste recule au second plan. Bien sûr, les négociateurs ont des objectifs séparés, mais ils ont en même temps un objectif consensuel commun : ils désirent parvenir au règlement. Dans le dialogue, l'objectif est commun, mais non donné à l'avance. Et, pour peu que l'on conçoive le dialogue d'une façon authentiquement dialogique (Jacques, 1985), on ne transige ni sur le rapport au réel, qui est constant et nécessaire, ni sur la relation interlocutive qui doit être pleinement réciproque; l'accord sur la thèse à construire est soumis à une approximation du vrai et du juste, justement parce qu'il repose sur une véritable activité de co-signifiance. Un négociateur n'a pas besoin de se mettre en peine de la participation intersubjective à l'initiative sémantique. Il va de proposition en contre-proposition, souvent élaborées en toute hâte, unilatéralement (Jacques, 1988).

4) Le consensus est-il un objectif payant? Tout dépend des finalités. Attendu que le négociateur combine et accommode de l'extérieur il ne saurait aboutir qu'à un *compromis d'appauvrissement*. A proprement par-

ler, il n'y a ni gagnant, ni perdant : chacun, dès qu'il accepte la négociation, sait qu'il devra concéder. Tout au plus peut-on désigner le gagnant ou le perdant relatif. Du coup, le communiqué qui enregistre le consensus négocié engage peu. On quitte parfois la table des négociations avec l'arrière-pensée de déclencher une grève pour améliorer l'accord salarial jugé insuffisant, ou de rattraper l'augmentation consentie par une inflation ultérieure. Au contraire, le dialogue s'efforce de concilier de l'intérieur. Le consensus acquis au terme d'une négociation est obtenu par compromis sur les thèses et donc par restriction du référentiel. Il est payant parce qu'il permet un règlement du conflit. Le consensus acquis au terme d'un dialogue ou d'une controverse heuristique est obtenu par *extension du référentiel*. Il n'y a ni gagnant ni perdant. Mais le dialogue est fructueux parce que la conciliation est créatrice.

On le voit, toute insistance emphatique sur le consensus pèche par indétermination. De plus, elle n'est pas convaincante pour des raisons sémantiques. Si les gens s'entendaient, ils n'auraient rapidement plus rien à se dire. Paradoxe : pour qu'on puisse parler, il faut qu'une sorte de malentendu soit perpétuellement reconduit. Qui tient à la différence initiale des codes, à la divergence des modes de référenciation. Cela fait partie de nos efforts pour affiner nos prises sur le réel.

On accordera au moins ceci : convergence ou divergence, l'essentiel pour les interlocuteurs est de faire manœuvrer leur esprit de conserve. La seule question effective en fin de compte est *fonctionnelle*. A quelles conditions un consensus légitime est-il praticable ? La question porte sur le bon usage du consensus sans exclure le bon usage de la dissension, sur leur *part variable* selon qu'il s'agit d'un débat, d'une discussion contradictoire, d'une controverse, ..., bref d'une de ces stratégies discursives particulières, disponibles entre les deux pôles extrêmes que sont le différend et le dialogue (Jacques, 1988). C'est à chaque fois la valeur du consensus (respectivement du dissensus) qui importe, et non pas de se retrouver sur une même opinion fausse. Il arrive que l'argumentation rebondisse en induisant un dissensus, et que le consensus trouve une profondeur de champ accrue à être ainsi différé.

Une telle conception fonctionnelle contribue à dépasser les oppositions binaires toujours artificielles. Un homme qui dialogue nourrit des désaccords aussi bien que des accords. L'accord sans un désaccord possible est irréaliste. Le désaccord sans un accord mimé, présumé, serait pur malentendu. L'un est aussi faux que l'autre. Le premier a le défaut du concordisme, d'un irénisme trop facile. Le second a le défaut de la sécession intellectuelle. Le dialogue est le lieu aussi où l'on voit croître les vrais conflits, le lieu où l'on s'entend sur le désaccord même.

A cet égard, il est aussi suspect de voir plusieurs personnes tomber en accord et y demeurer *ne varietur* que de se cabrer dans un état de dissension. Il y a un temps pour se mettre en quête de convergence par enrichissement du référentiel. Et il y a un temps pour faire croître une divergence, mettre en relief l'incommensurabilité des discours dans un conflit à information non complète. Il arrive que, loin d'avoir trop de conflits, nous n'en ayions pas assez. C'est seulement à travers eux que peut ensuite se gérer la formidable transformation qu'appelle une vraie situation de crise.

Vers la notion d'a priori communicationnel

La distance entre le différend et le dialogue existe... bien sûr, mais elle est ailleurs. L'irréductibilité ou l'homologie recherchée des codes conceptuels n'est pas en cause. La différence tient à la nature du parcours discursif : est-il effectué conjointement, de telle manière que les écarts nourrissent en fin de compte la construction d'un discours unique, chacun se sentant comptable des divergences que son partenaire a avec lui, non pour en tirer profit, mais pour les utiliser à l'instauration d'un sens nouveau ? Ou bien les écarts sont-ils recherchés pour eux-mêmes afin de favoriser la paralogie ? Je tiens le différend et le dialogue pour deux ripostes contre l'image dogmatique de la pensée, deux manières de vaincre son étroitesse en faveur de l'innovation, deux manières aussi de décider de la raison dans son usage polémique.

En fin de compte, l'opposition entre le différend et le dialogue conçu dialogiquement (Jacques, 1986) dépend du choix que l'on fait d'exercer ou de refuser l'exercice de la compétence communicative. Ma préférence va à la première, pour des raisons philosophiques.

Science des conditions a priori de la communicabilité, la pragmatique doit définir la compétence communicative en la distinguant d'une simple capacité sociale causalement définie. Sous le nom d'a priori communicationnel, j'ai tenté de caractériser trois groupes de conditions universelles visant à installer une situation discursive entre énonciateurs (Jacques, 1985, chap. 8). Ce qui leur est demandé ? D'assurer la mise en communauté progressive du discours envisagé dans son contenu propositionnel, sa référence et sa force illocutoire. Tout consensus pragmatiquement *bien fondé* reposerait sur la réalisation de ces conditions.

1) Que chacun ait une chance égale de participer à la discussion (Habermas) ne suffit pas. Il faut un échange possible des rôles marqués dans les trois pronoms personnels je-tu-il. Sans cette aptitude, aucune énonciation ne pourrait contracter une force communicative. A noter que ce postulat de l'échange hypothétique des rôles est absent des conceptions courantes du consensus.

2) Les interlocuteurs doivent être capables de faire des conjectures sur ce que profère leur partenaire en contexte interlocutif. Notamment par ses expressions référentielles (noms propres, descriptions définies, démonstratifs). En quoi les interlocuteurs font figure de participants. Cela rend possible le détour méta-communicationnel sur tout énoncé qui apparaît dans le champ interlocutif.

Les mots échangés sont à échéance de phrases prononcées entre les participants. Si quelque chose comme une compétence pragmatique existe, elle permet d'acquérir de manière réglée l'arrière-plan de présuppositions communes, indispensable pour établir un contexte adéquat d'interprétation et de validation locale des énoncés. En conséquence, les participants devront maîtriser conjointement l'ensemble des déterminants pragmatico-dialogiques du contexte : le lieu et le moment des paroles échangées, également l'ensemble des connaissances et des présuppositions propres à chacun.

3) Comme le langage sert la communication entre les interlocuteurs, les codes d'échange auront non seulement statut initial en tant qu'ils déterminent le message, mais aussi un statut terminal. Quand ils ont une occurrence dans l'instance de discours, les mots sont en proie à la référence au monde en même temps qu'ils sont projetés dans l'espace logique de l'interlocution. En quoi le message précède aussi le code. Il représente l'actualisation en contexte par deux instances énonciatives en relation, de significations virtuelles empruntées au code antérieur.

A ces trois conditions, l'a priori communicationnel assure la communicabilité du message. Fût-ce à l'intérieur d'un discours polémique, car son institution repose sur un certain accord préalable des protagonistes, au moins pour y entrer. On peut comprendre à partir de là l'essence de la compétence communicative. Elle correspond à la capacité de remplir ou non ces conditions fondamentales dans les stratégies discursives les plus diverses. Ici notre marge de choix.

On peut certes se demander si ces conditions ne sont pas trop faibles pour assurer la communication la plus exigeante qu'est l'intercommunautaire. Leur avantage est de nous dispenser de pures idées régulatrices telles que la communauté idéale de communication, ou le «jeu de langage transcendantal». Ce dernier, en bonne orthodoxie wittgensteinienne, enveloppe une contradiction dans les termes. Et surtout, au lieu de *résorber* la dimension référentielle des énoncés dans leur valeur communicationnelle (Habermas) ou simplement d'*articuler* les conditions de vérité et les conditions de succès dans une logique illocutoire (Searle), mon idée de compétence communicative vise à les rendre *solidaires*.

Notion d'intentionalité conjointe

Il est probable que ces conditions constitutives de la compétence communicative sont enracinées dans notre structure cognitive. Mais peu importe ici. Mieux vaut dire que le sujet du discours est *dépositaire* de cette compétence et qu'il lui est loisible de l'exercer. C'est elle qui lui permet de viser un consensus possible et bien fondé. Maintenant, faut-il considérer que cette visée correspond à une intentionalité *sui generis*, e.g. *collective*? A tout prendre, il serait plus exact, si l'on tient à parler d'intentionalité, de le faire en termes d'intentionalité conjointe. Je dis bien : conjointe. Voici schématiquement pourquoi.

L'intentionalité qui nous intéresse ici, la seule qui puisse être récupérée par la pragmatique, doit être saisie dans son aspect *actionnel*. Mais, au lieu d'imputer le caractère actionnel à un certain type de discours, exprimant des actes mentaux, en le dérivant de l'intentionalité comme caractéristique du mental, ainsi que le font certains auteurs (W. Sellars, 1963), on est conduit à expliquer l'intentionnalité à partir du caractère actionnel du discours lui-même. C'est un premier parti pris théorique propre à éviter les pièges du mentalisme tout en conservant une prise sur la fonction référentielle. Ma suggestion consiste à remarquer que le caractère sui-référentiel du discours fait accéder l'intention du locuteur en même temps que la force illocutoire dans le champ de la communicabilité. Une telle intentionalité est ouverte, intersubjective. Il y a plus. Si la pragmatique est une analytique des fragments langagiers vus comme des interactions discursives, elle atteint nécessairement l'intentionalité sous son aspect *interactionnel*. C'est là mon second parti pris théorique.

Dès lors, deux propositions sont inexactes : 1) Dire que c'est le locuteur L_1 qui a réalisé un acte intentionnel de langage, puisque c'est avec l'aide de L_2 et en relation expresse avec lui, qu'il l'a fait. L_1 et L_2 sont engagés *inseparabiliter*. Sauf à commettre le sophisme *trahere ad proprium*, l'intentionalité d'un acte illocutoire dans une discussion n'est pas imputable au seul *ego*, car elle est liée structurellement à la réalité interactive de l'énonciation (Jacques, 1982).

2) Dire que L_1 et L_2 ont une intentionalité commune ou *collective*. Car L_1 et L_2 n'ont pas effectué la *même* activité. Mieux vaut dire que chacun apporte sa part à l'initiative sémantique. Or, ce qu'a donné L_1 avec l'aide de L_2 diffère de ce qu'a donné L_2 avec l'aide de L_1. C'est bien à *eux deux* qu'ils énoncent éventuellement le protocole d'accord qui clôt la recherche du consensus. Mais l'activité intentionnelle a consisté pour chacun à *participer* à son élaboration conjointe. Par analogie, je préfère dire que l'intentionnalité en question est *conjointe*.

Le paradoxe n'est pas que L_1 et L_2 sont engagés dans une entreprise commune tout en ayant des tâches différentes (Brunschwig, 1984), mais que ces tâches ne peuvent être définies ni par une intentionalité individuelle, ni par une intentionalité commune.

Maintenant, le sujet est néanmoins *dépositaire* d'une compétence communicative, mais elle est à rapporter à l'a priori communicationnel. C'est dire qu'on peut construire une sémantique qui réserve la plénitude du sens aux fragments discursifs bien produits sous la régulation de la communitabilité. Le rôle qui revient ainsi à la sémantique (ou à une pragmatique bien comprise) nous dispense de renvoyer à une éthique du dialogue ou à une sociologie de l'activité communicative.

Ce n'est pas une éthique communicationnelle qui, par le jeu d'éléments normatifs, pourrait maintenir sous sa dépendance la sémantique du discours. Les choses ici ne sont pas égales. Dans un cas, le discours fait sens encore qu'il soit pénétré de violence. Dans l'autre, la troncature, la distorsion, l'asymétrie pragmatique, entraînent un déficit du sens lui-même. C'est pourquoi, il est tellement important de savoir si le dialogisme est constitutif du discours et s'il faut soutenir une version faible (polyphonique) ou forte du dialogisme. A telle enseigne que je renverrais volontiers Habermas et Lyotard dos à dos dans débat sur la portée d'une éthique communicationnelle. Presque autant d'efforts ont été faits pour contester le discours de l'intersubjectivité que pour contester l'existence de la subjectivité. Mais ces efforts n'ont atteint qu'une certaine éthique de la coopération intersubjective avec ses éléments normatifs. Le dialogisme constitutif du discours en sort à peu près indemne.

Non que la dimension éthique en ces sortes de choses soit disqualifiée pour autant. Seulement il ne faut pas la mettre partout, elle concerne le moment du choix : le choix d'*exercer* une compétence et, derrière cet exercice, la décision philosophique d'accepter ou de refuser la dispersion ultime et radicale des discours.

Paix et guerre dans le discours

L'examen des stratégies discursives comme nous les connaissons aujourd'hui, notamment le dialogue multi-codé et le différend, nous éloigne quelque peu de la problématique classique fondée par Platon et Aristote — de leur effort pour distinguer la «bonne discussion», des formes agonales représentées par la dispute éristique et les manœuvres des Sophistes. Nos conflits sont plus profonds et notre recherche du consensus peut avoir une valeur heuristique plus riche que dans la situation-type où deux adversaires argumentent pour ou contre la même proposition, l'un soutenant p, l'autre non-p. Ils avaient beau être engagés en des tâches opposées, ils se mouvaient dans le même cadre conceptuel, celui où, justement, p et non-p se laissaient formuler.

Les études contemporaines n'ont pas toujours pris acte du fait que l'homologie facile des discours est pour nous une réalité lointaine qui s'éloigne de plus en plus. Je ne sais si nous vivons la fin des «grands récits» de justification. Mais Wittgenstein le premier a imposé à l'attention l'essaim d'abord incontrôlé des jeux de langage. Que fallait-il faire devant leur évidente pluralité et devant l'hétérogénéité des types de discours? Les concilier en quelque syncrétisme néo-leibnizien? Mais l'Encyclopédie est morte. Faire le compte des îles de l'archipel avant de prendre la mer pour tenter le passage? Ou, comme je le propose, prendre le parti de réintroduire en philosophie la question radicale de savoir comment, dans une telle situation, il peut *se* dire quelque chose *entre* nous. Il en va autant de l'efficace du dialogue interpersonnel que de la confrontation constructive des programmes de recherche entre experts dans l'espace de l'inter-science, ou des cultures entre leurs représentants dans le *no man's land* d'un Colloque international.

L'homme appartient à une communauté de paroles qu'il choisit en même temps qu'il rencontre l'autre homme qui n'appartient pas forcément à sa communauté; il doit équilibrer sa relation d'appartenance par sa relation de réciprocité (Jacques, 1986). Nos décisions sur le juste et le faux dépendent certes de la compagnie de ceux avec qui nous entendons vivre. Mais de l'incapacité à sortir de sa communauté naît un autre *skandala* que celui décélé par H. Arendt, l'horreur et la banalité d'autres maux que ceux qu'engendre une communauté donnée (Tassin, 1987). Il n'est pas vrai qu'on ne juge qu'en tant que membre d'une communauté. Il arrive qu'on juge, et d'abord qu'on signifie *à travers* les frontières des communautés parlantes, justement pour que le différend n'ait pas le dernier mot.

Est-ce à dire que le différend est un moment dans la recherche d'un consensus possible? Ce serait plutôt le contraire. Pas de divergence sans malentendu qui ne suppose un consensus possible au moins *simulé* comme pour confirmer l'impossible conciliation. En quoi la paix est en définitive plus profonde que la guerre dans le discours.

Résultat : une fois écartés le consensus de fait qui n'est pas justifiable (il est possible que tous se trompent), le consensus conservateur de pur conformisme, la question philosophiquement intéressante se trouve reformulée en termes de *commensuration* des discours. Bien compris, les faits d'incommensurabilité nous apparaissent engendrés par un régime de pensée et de discours multicommunautaire. Ils ne sont que l'envers de l'indispensable commensuration des discours opérée par les interlocuteurs en relation de réciprocité interlocutive. Force nous est de penser que cette relation peut avoir des effets d'interaction verbale qui permettent de projeter les fragments linguistiques dans le contexte nouveau de la parole.

Le mode de gestion pacifié des différences est variable selon les stratégies particulières du discours. Là où un négociateur se contente souvent de constater une réalité créée par le conflit en donnant une voix au point d'équilibre des forces, un homme de dialogue en use autrement : il confronte pour de bon les états de croyance selon un véritable principe de non-violence dans le discours.

Le consensus, mieux le *concursus*, ainsi obtenu n'est pas une adhésion *postulée* par l'un ou l'autre des protagonistes comme le ferait un jugement objectif (qui présente ses raisons dans un code conceptuel établi); il n'est pas non plus une adhésion *attribuée* à chacun comme un cas particulier d'une universalité subjective dont l'un et l'autre attendraient la confirmation par l'assentiment de tous les autres, comme le ferait un jugement esthétique. C'est une adhésion *construite* par une pratique interdiscursive réglée.

C'est là prendre parti en faveur d'une communicabilité active, ramenée de la sphère esthétique du jugement de goût où Kant avait cantonné la problématique du concert des voix (*Einstimmung*), à la sphère du discours. Tout signe pour signifier doit assurer sa communicabilité. Bien entendu, au lieu des termes vieillis et moins adaptés d'une théorie des facultés, on doit substituer une redéfinition en termes pragmatiques assez forts : comme jeu dynamique *sur* les règles du discours. Ni *dans* les règles publiques prescrites par une unique communauté d'appartenance, ni un jeu *sans* règles comme l'était le jugement réfléchissant kantien. Peut-être un tel jeu stratégiquement méta-réglé par l'a priori communicationnel est-il le seul adapté à la fois à une certaine disparité initiale des codes et au fait non moins significatif que les hommes dans un nombre non négligeable de cas parviennent à s'entendre.

Dialogique n'est pas dialectique : pas de réflexion surplombante qui vienne garantir la réconciliation dans une totalité. Cet optimisme de la rationalité unifiable a perdu de sa crédibilité. Pour nous aujourd'hui, la négativité dialectique a les prestiges d'une aventure en fin de compte monologique, car c'est encore dans *son* langage que le dialecticien reconstruit le conflit. Dialogique mieux que dialectique, quand il s'agit de gérer de manière conjointe et constructive la disparité des actions énonciatives, à travers des communautés de parole disjointes.

Ce qui ne revient nullement à conjoindre les inconciliables, ni à concilier éclectiquement les tensions, mais à reprendre en sous-œuvre la conception du dialogue et celle du différend pour leur permettre de nourrir la pensée interrogative. Tout se passe comme si l'on parvenait fonctionnellement à gérer des différences dans et malgré le conflit. Je considère qu'une conception vraiment dialogique du dialogue est neutre par rapport à tout engagement unilatéral et abstrait sur les notions de consensus et de dissension.

Oh les formules restrictives des philosophes! D'autant plus terribles qu'elles se veulent équationnelles! Il convient de restituer au langage, à côté de sa dimension *publique* dans le nous collectif, sur laquelle Wittgenstein a tant insisté, une tout autre dimension, *transactionnelle*, à laquelle Wittgenstein n'a pas pensé, dans le *nous* de réciprocité. Mes livres n'ont d'autre projet que de lui donner droit de cité en philosophie. Ce projet, au-delà de l'opposition privé/public, passe techniquement par l'introduction de principes tels que le primat de la relation interlocutive placé au fondement de la pragmatique. Les moyens effectifs de déplacer de manière décisive l'opposition du consensus et du conflit articulent dans une théorie bien comprise du dialogue la réciprocité et l'intransigeance, *agôn* et *irénè*, selon la suggestion d'Héraclite.

REFERENCES

ARISTOTE, *Réfutations sophistiques*.
BOUVERESSE J., *Rationalité et cynisme*, Paris, Minuit, 1984.
BRUNSCHWICG J., «Aristotle on Arguments without Winners or Losers», *Wissenschaftskolleg*, Jahrbuch, 1984/1985.
BRAMS S., *Superpones Games applying Game Theory to Superpower Conflict*, Yale Univ. Press, 1985, pp. 47-83.
HABERMAS J., «Was heisst Universalpragmatik», *Sprachpragmatik und Philosophie*, Suhrkamp, 1976.
JACQUES F., *Différence et Subjectivité*, Paris, Aubier Montaigne, 1982.
—, «Le Raisonnement juridique. Fécondité et transformation d'une controverse», in *Le Droit*, Paris, Beauchesne, 1984.
—, *L'Espace logique de l'interlocution*, Paris, P.U.F., 1985.
—, «Sens commun, lieu commun, sens communicable», in *Revue Internationale de Philosophie*, 1986, n° 3.
—, *Ueber den Dialog*, Berlin, de Gruyter, 1986.
—, «Le Moment du texte», *Le Texte comme objet philosophique*, Beauchesne, 1987.
—, «Trois stratégies interactionnelles : conversation, négociation, dialogue», in *Echanges sur la conversation*, éd. du C.N.R.S., Paris, 1988, pp. 45-68.
KRABBE E.C.W., «A Theory of Modal Dialectics», *Journal of Philosophical Logic*, 15, 1986, pp. 206-245.
LYOTARD J.F., *Le Différend*, Paris, Minuit, 1983.
RAWLS J., *A Theory of Justice*, Oxford University Press, 1972.
RORTY R., «Postmodernist Bourgeois Liberalism», *Journal of Philosophy*, vol. LXXX, 1983a.
—, «Solidarité ou objectivité», *Critique*, n° 439, décembre 1983.
—, «Le Cosmopolitisme sans émancipation», *Critique*, n° 456, mai 1985.
SELLARS W., «Language as Thought and as Communication», *Philosophy and Phenomenological Research*, 29, pp. 506-527.
TASSIN E., «Sens commun et communauté : la lecture arendtienne de Kant», *Les Cahiers de philosophie*, n° 4, 1987.

Une sémantique de la communauté : Tönnies, Hegel
Pierre-Jean LABARRIERE

Le thème de la communauté est de ceux qui mobilisent en nous plus que les simples ressources des analyses d'entendement. S'annonce là une quête de raison qui se veuille en charge de conditions politiques et socio-culturelles, et qui ne se borne pas à leur mise en équation, mais sache les mesurer à l'aune d'exigences que j'oserais dire «affectives», au sens le plus noble de ce terme. La plus grande «extension» du regard, par conséquent, et la plus grande «compréhension» du rapport originaire, si l'on me permet de faire appel à ces vieux termes de notre tradition logique qui qualifient l'universel respectivement dans l'ordre des concrétudes historiques et dans celui de leur analyse essentielle. Abordant un tel thème à partir de ces profondeurs — qui sont aussi celle du sens commun — je pose d'emblée cette question : l'idée de communauté ne s'impose-t-elle pas à notre esprit au premier chef parce que la réalité qu'elle est censée recouvrir se signale souvent à nous par l'absence que nous en éprouvons? Il faut certes se garder de faire une description complaisante de la dureté des rapports humains; mais il n'est pas douteux que la communauté, sous sa forme idéelle ou idéale, nous apparaît comme une aspiration à l'existence de structures relationnelles plus harmonieuses. De là d'ailleurs naît une ambiguïté : maladivement voués que nous sommes au régime de la représentation, nous risquons d'objectiver ce désir en une réalité que nous repoussons dans un «avant» ou un «après» absolus, — paradis perdu dont nous déplorons la perte ou solution dernière projetée sur l'horizon d'une espérance eschatologique, celle d'une reconstitution de l'origine, merveilleuse, plus merveilleuse encore. D'entrée, il convient de se tenir à l'écart de cette nostalgie et de cette espérance. Car la communauté réelle n'est pas plus à retrouver qu'elle n'est à bâtir : elle est à reconnaître en son advenir dans les disgrâces d'un présent dont nulle instance — politique, idéologique ou religieuse — ne peut ni ne doit nous détourner. Je m'expliquerai plus loin sur ce refus des mythes d'une origine pleine ou d'une fin apaisée : la communauté, si je ne me trompe, est la forme idéelle — d'aucuns diraient : transcendantale — qui nous sollicite dans l'immédiateté des conditions sociétales. Elle désignerait alors, hors de toute figure immédiatement réalisable, le lieu et la forme de leur conceptualisation irreprésentable (utopique et intemporelle).

Reste, avant d'engager ce propos, à dire mot du cheminement proposé au travers de ce titre des plus imparfaits, *Une sémantique de la communauté : Tönnies, Hegel*. De Ferdinand Tönnies, dont j'entends remettre en cause le schème bien connu qui oppose «communauté» et «société», je ne ferai pas une exégèse honnête, exactement pondérée ; je prendrai chez lui, sous cette forme, l'origine d'une opposition qui nous marque encore, et à laquelle il a, le premier, conféré sa figure conceptuelle. Pour la mettre à l'épreuve, je proposerai de remonter le temps, et de laisser Hegel mettre en question ce quasi dualisme. Une précision à ce propos : passant ainsi de Tönnies à Hegel, je manifeste une liberté dans la réminiscence actualisante des grands moments de notre tradition de pensée ; j'espère n'avoir pas à justifier ce refus d'une stricte soumission à la linéarité événementielle. Les exemples abondent qui nous font trouver dans un passé plus lointain le principe critique qui nous permet de ne pas succomber aux séductions de constructions plus proches de nous. Plus importante à mes yeux la remarque suivante : Hegel, en l'occurrence, ne sera pas le point d'aboutissement de notre voyage ; ce serait lui faire violence que de le considérer comme tel, lui dont la conceptualité signe précisément le renoncement à toute figure du terme, et, pour le dire de façon lourde, à toute solution finale. Ni point d'aboutissement ni point de départ, la pensée de Hegel, en quelque domaine que ce soit, n'est jamais en effet qu'un moment de médiation ; ce qui veut dire qu'elle n'est rien en elle-même, ou encore, pour parler techniquement, qu'elle n'a nulle existence hors celle qu'elle promeut et qui est toujours au-delà d'elle. N'étant elle-même que hors d'elle-même, elle nous renvoie vers ce présent que nous avons dessein d'explorer avec la liberté qui de là s'induit ; Hegel nous aura seulement permis de ne pas nous laisser enfermer, ici et maintenant, dans le schéma tönniesien : la troisième partie de mon exposé tentera d'user de cette liberté pour avancer une parole déliée d'une fidélité de principe à une tradition ou à une autre.

Ce sera ma façon de tenter ce que j'appelle une «sémantique de la communauté» : expression que j'entendrai, de façon que j'avoue réductrice, comme menant à l'établissement d'une typologie dont l'ordonnance interne dessinera, je l'espère, une problématique à la fois théorique et pratique.

I

Ferdinand Tönnies — 1855-1936 — fut un professeur malheureux. En 1881 d'abord, en 1885 ensuite, il tente une expérience d'enseignement à l'Université de Kiel : le plus lamentable des échecs. En 1887, parution sans succès, en Allemagne du moins, de *Gemeinschaft und Gesellschaft*; Tönnies se retire dans la solitude pour y mûrir ses idées. En 1912 pourtant, nouvelle édition de l'ouvrage, qui connaît cette fois un accueil notable. Tönnies revient à l'enseignement, mais pour quatre années seulement; à partir de 1916, il se voue à la seule recherche. En 1922, il publie une *Critique de l'opinion publique*; un ouvrage prévu en trois tomes, mais seul le second, *L'esprit des temps nouveaux*, verra le jour. Tönnies publiera encore une *Einführung in die Soziologie* en 1931. Il meurt en 1936, non sans avoir protesté contre l'utilisation politique de sa pensée, sensible par exemple dans la référence que fait à son œuvre la «Jugendbewegung», le mouvement de la jeunesse nazie.

Communauté et Société est un ouvrage complexe. Œuvre d'un professeur semeur d'ennui, amoureux des divisions convenues — toujours tripartites —, donnant l'illusion de la simplicité par la précision de l'enchaînement (ou de la juxtaposition) de paragraphes numérotés. Joseph Leif, dans l'édition française qu'il donna de cet ouvrage, écrit à son propos : «La pensée et l'expression travaillées de Tönnies manquent parfois de clarté, et (...) en général le lien ou la structure d'ensemble qui les soutient ne s'en dégage pas avec une évidence nécessaire». Une remarque qui vaut à plein pour le continuum du texte saisi jusque dans son détail : vouloir le restituer est une tâche éprouvante. Reste que la structure d'ensemble ne souffre d'aucune obscurité : Première partie, *Détermination générale des concepts principaux* (communauté et société). Deuxième partie : *Volonté organique et volonté réfléchie*, qui constituent les fondements psychologiques de cette théorie. Troisième partie : *Fondements sociologiques du droit naturel*.

Je m'en tiendrai surtout aux deux premières parties et à leur corrélation. Renversant l'«ordre des matières» qui est celui de l'exposé de Tönnies lui-même, je tenterai de retrouver un certain «ordre des raisons», en évoquant d'abord les fondements psychologiques dont traite la seconde partie, avant que de poser dans cette lumière les deux catégories de la «sociologie pure» que Tönnies entend établir dès la première partie de son œuvre. Sociologie pure distinguée d'une sociologie appliquée et d'une sociologie empirique, trois formes de la «sociologie spéciale», elle-même contredistinguée d'une «sociologie générale» qui s'étendrait à toutes les figures de la vie sociale dans le temps et dans l'espace. Cela pour mesurer la complexité d'une entreprise qui multiplie les distinctions et les subordinations des domaines.

Or donc, les deux concepts fondamentaux d'une sociologie pure sont la communauté et la société, et celles-ci se présentent respectivement, dans l'ordre d'une schématisation que l'on pourrait dire transcendantale, comme une traduction à niveau de rapports humains de ces forces élémentaires que sont, dans la vie des individus, la volonté organique et la volonté réfléchie. Pour autant, Ferdinand Tönnies n'est pas Gabriel Tarde, et sa sociologie n'a rien d'une macro-psychologie; la société n'est pas conçue par lui sur le type d'une psychologie individuelle : elle s'appuie seulement sur elle pour exprimer, réaliser et prolonger d'originale façon ses tendances et ses aspirations.

La volonté organique est expression immédiate de l'activité vitale. Ses trois formes sont la volonté végétative, sise au niveau des sens, et dont les schèmes mentaux sont l'instinct et le plaisir; la volonté animale, qui met en œuvre l'intelligence en tant que génératrice d'habitudes; enfin la volonté mentale, lieu d'exercice d'une raison qui s'appuie sur la réalité de la mémoire. Face à quoi la volonté réfléchie apparaît, en instance seconde, comme un produit de la pensée. Elle implique la vision claire d'un but, ou de buts multiples strictement hiérarchisés. Elle ordonne les impulsions jaillies de la volonté organique. Ses trois modes sont la *réflexion* — considération de l'intention ou du but —, qui s'accomplit dans la décision, laquelle spécifie les pluralités virtuelles de l'action; la *convenance*, qui est recherche des raisons et quête des moyens en vue de la réalisation d'un but; enfin le *concept*, représentation rationnelle des objets et des fins, agissant par jugement directeur, mesure de la valeur des choses.

Sur ces bases s'entend la détermination des catégories sociologiques premières. A la volonté organique répond cette forme du vivre-ensemble qu'est la communauté; à la volonté réfléchie, l'organisation de la société. D'une part, la «vie réelle et organique», de l'autre une «représentation virtuelle et mécanique». Joseph Leif écrit à ce propos : «Tout ce qui est confiant, intime, vivant exclusivement ensemble est compris comme la vie en *communauté* (...). La *société* est ce qui est public; elle est le monde; on se trouve en communauté avec les siens depuis la naissance, lié à eux dans le bien comme dans le mal, on entre dans la société comme dans une terre étrangère». Et encore : «La société humaine est comprise comme une pure juxtaposition d'individus indépendants les uns des autres». Ce dernier jugement proposé en forme peut-être excessive, car la société, pour Tönnies, n'est pas un agglomérat d'individus : elle pècherait plutôt par excès de constructivité. Il est vrai que ses membres sont dits, de curieuse façon, «organiquement séparés». Ce qui marque leurs rapports, en effet, c'est l'unique valeur de l'échange, tel qu'il s'établit au sein du marché : monnaie, crédit, trafic, domination, seuls comptent la plus-value et l'accroissement du capital; d'un point de vue moral, l'égoïsme règne en maître. En regard, la valeur fondatrice de la communauté est la compréhension. Ses formes sont la communauté de sang (parenté), la communauté de lieu (voisinage), la communauté d'esprit (amitié). Evoquant enfin les fondements sociologiques du droit naturel que l'on tire de cette opposition, je dirai seulement, pour clore ce tableau trop rapidement brossé, qu'à ces deux formes de sociabilité correspondent deux catégories juridiques distinctes : le «statut», garantissant jouissance et calme possession, pour qui ce qui est de la communauté; le «contrat», forme de domination sur les biens, dans la sphère du droit sociétal.

Il s'agit là, on le voit, de deux formes de relation qu'il est aisé de développer de façon relativement abstraite et artificielle, en opposant les traits de l'une aux traits de l'autre : d'une part les valeurs de l'intériorité et du désintéressement, d'autre part les duretés d'un monde, celui de l'économie et du machinisme, où dominent les rapports marchands. C'est sous cette forme que ce schéma a façonné l'imaginaire commun de nos générations, y engendrant la nostalgie d'une sorte d'écologie spirituelle primitive. Parmi ceux qui se saisirent de cette systématisation, il y eut certes des adversaires, plus ou moins déclarés : Spann, Litt, Simmel; mais beaucoup de partisans, même si quelques-uns de ceux-là apportèrent à la théorie de Tönnies des modifications pouvant aller jusqu'à l'adjonction d'une troisième catégorie : Max Weber, Staudinger, Metzger, Rumpf, Schmalenbach, Vierkandt, Geiger, Plenge, Landauer. Un mot sur le cas de Martin Buber : sa recherche d'un dialogue interpersonnel s'inscrit évidemment dans le cadre d'une réflexion sur l'être-communautaire. Au tournant du siècle, Buber adhère à un cercle néo-romantique qui s'institue «la nouvelle *Gemeinschaft*». En 1900, il y prononce une conférence intitulée : «La nouvelle et l'ancienne *Gemeinschaft*». On y trouve une transposition significative des formes de sociabilité de Tönnies — qui chez lui avaient valeur de catégories pures — en périodes historiques : opposition de la *Gemeinschaft* du passé, patriarcale et paysanne, à la *Gesellschaft* moderne, citadine et artificielle. L'organique d'hier et d'avant-hier contre le mécanique d'aujourd'hui : peut-être une résurgence sécularisée de la foi en un paradis primitif.

Il faut noter que Buber ne tire de là aucun programme de restauration d'un passé idéalisé. «Nous ne pouvons pas revenir en arrière de la ville, affirme-t-il dans une conférence de 1923, nous devons dépasser (*überwinden*) la ville elle-même» (*Aussprache Über den Staat*, Zürich, 29.11.1923, Archives Buber, Ms Var 350, 47 d/Beth). Pour Tönnies, en tout cas, communauté et société sont deux formes dont l'efficience concurrente se fait sentir avec une force égale dans le présent. L'un des signes — sur lequel je passerai sans plus, parce qu'il représente ce qu'il y a de plus archaïque dans sa doctrine — est ce que l'on pourrait appeler son anthropologie sexuelle, qui voue la femme, ici et maintenant, à la culture des valeurs communautaires, et l'homme au développement des rigidités sociétaires. Nouvelle version de la «loi de la nuit» et de la «loi du jour» qui, pour Hegel, structuraient les rapports au sein de la famille et de la cité grecques. En spécifiant cependant que, pour Tönnies, communauté et société ne s'opposent pas comme intériorité et extériorité : la vie d'une famille ou d'un groupe peut prendre une forme sociétaire dévoyée, tandis qu'une vaste organisation — il prend l'exemple de l'Eglise — peut tenter de se développer sur un modèle idéalement communautaire.

II

Je laisse de côté le schème interprétatif de l'histoire qui verrait dans la communauté un mode de rapports ayant prévalu dans l'ancien temps, mode soumis par après à un délitage sociétal, l'Etat survenant, en tierce instance, pour imposer de l'extérieur une reconstruction de l'édifice ruiné. Et je m'en tiens au dualisme simple/trop simple que le sens commun a cru pouvoir tirer de la systématisation tönniesienne : opposition de la communauté, intérieure et chaude, et d'une société qui ne serait que la froid mise en œuvre de rapports économiques et politiques. Avec, à la clef, une aspiration nostalgique, toujours déçue, vers je ne sais quelle «réserve» d'hommes vrais, qui seraient passés sans dommage au travers des bouleversements de l'ère moderne. Situation bloquée, que Hegel, précisément, va nous permettre de critiquer et de remettre en cause. Cela en nous rappelant qu'une réalité, quelle qu'elle soit, ne saurait se penser, philosophiquement parlant, qu'en se réfléchissant à partir de ses propres conditions. «*Wenn alle Bedingungen einer Sache da sind, so tritt sie in die Existenz*», écrit Hegel à l'articulation de la première et de la seconde section de sa «Doctrine de l'Essence» — «*Lorsque toutes les conditions d'une Chose sont là*, alors elle entre dans l'existence». C'est que l'effectivité ne saurait se comprendre comme simplement posée et engendrée par l'intériorité du concept; elle procède plutôt de la réversibilité qui fait que l'intérieur ne peut se dire en extériorité que parce que cette extériorité même, en son être-donné, présuppose l'intelligence appelée à la reconnaître. En cette double présupposition tient le mouvement de la réflexion, ce mouvement qui fait de Hegel, radicalement, un «postmoderne». Car il ne s'agit pas, avec lui, de produire simplement une réalité en la déterminant; mais, si *détermination* il y a, elle ne s'engendre qu'à travers le procès qui laisse *se réfléchir* les conditions de la réalité du concept lui-même. Ce qui est en cause, c'est donc la «détermination réflexive» du concept, jamais achevée, jamais achevable, à partir du flux des événements; ce que Hegel, pour en venir à son langage technique, enclôt sous la lexie paradoxale de «*réflexion déterminante*». L'exact contraire, en somme, du mythe d'une solution finale, et l'entrée dans une processualité qui n'a sens que de n'avoir pas de fin. Pour antécéder sur la typologie que je vais maintenant sommairement exposer, c'est en raison de cette exigence que Hegel, de façon novatrice, pose réflexivement la *communauté* éthique et politique à partir des conditions que dégage une analyse de la *société* économique. D'un mot : la société, chez lui, est ce qui fournit l'ensemble des conditions d'effectivité — ou d'effectuation — d'une existence communautaire.

En guise d'introduction à cette compréhension des choses, je note que la biographie spéculative de Hegel porte souvenir de la triple rupture qu'il dut opérer, entre 1793 et 1796, c'est-à-dire encore au temps de sa formation, par rapport aux idéaux communautaires encore immédiats du monde grec, du christianisme institué et de la communauté politique qui tenta de s'affirmer à partir de l'exigence révolutionnaire de la «liberté absolue». Il n'est point nécessaire de s'arrêter ici aux deux premières expériences que je viens de rappeler, mais on ne peut éviter de dire un mot de la troisième d'entre elles. Hegel, et quoi que certains aient cru pouvoir déceler en lui en fait de conservatisme du second ou du troisième âge, est demeuré fidèle à l'enthousiasme de jeunesse qui le fit prendre feu à l'annonce des événements de juillet 1989 : des hommes avaient osé se dresser pour exiger, et pas seulement à leur bénéfice mais à celui de tout homme simplement parce que homme, la reconnaissance, ici et maintenant, d'une liberté «absolue», déliée de toute allégeance sociale, politique ou religieuse. Mais voilà : vouloir que l'homme, en tout ce qu'il est, en tout ce qu'il fait, langage ou travail, soit ici et maintenant au niveau de l'universel, sans retard et sans compromission, c'est opérer une surdétermination de son socle naturel et historique, sans respecter les formes de maturation qui font partie de sa réalité d'essence. Disons-le autrement : vouloir construire sans délai une *communauté* des hommes libres, c'est faire bon marché des transformations *sociétales*, nécessairement progressives, qui sont condition et corps d'effectivité de cet avènement. La conclusion ? L'individu, jugé à l'aune de cette impossible universalité, sera nécessairement suspect puis coupable lorsqu'il viendra à s'exprimer, comme il se doit, dans des figures particulières. Il n'est pas l'homme qu'il devrait être : on le lui fera savoir. L'intempérance de la requête, son révolutionarisme immédiat, ne pouvait que conduire à la suppression de l'individu, une négation néantisante dont la forme collective fut la Terreur. Où l'on saisit sur le vif à quoi mènerait, pour Hegel, une exigence conceptuelle «abstraite», irrespectueuse des médiations historiques ; une exigence posée en termes de jugement déterminant, et non en termes de jugement réfléchissant. Rien de plus contraire à l'esprit du hegelianisme que cette volonté d'en venir à une représentation qui serait totalement adéquate au concept. L'exigence «communautaire», celle d'une reconnaissance mutuelle des individus, est de l'ordre d'un absolu de pensée qui travaille les conditions sociétales sans jamais se les soumettre totalement dans ce qui vaudrait comme une solution finale ; entre concept et conditions, entre idée et effectivité, entre communauté et société, il y a tension structurelle, permanente, indépassable : c'est cela, soit dit en passant, que Hegel appelle une «réconciliation». Confesser, sans nostalgie, l'obscurité de la contingence, voilà en effet qui fait partie de la clarté conceptuelle. Il convient d'insister sur ce point, car il arrive que l'on oppose à Hegel l'existence, dans notre histoire, d'autres Terreurs, plus terribles encore que celle-là — d'autres «solutions finales» —, sans prendre garde au fait que son entreprise, loin de justifier uniformément tout ce qui vient à être (le «réel», en son surgissement événementiel), vise justement à nous prémunir contre une mortelle identification entre la rationalité et ce «réel» *envisagé sous sa modalité immédiate*, comme contingence d'histoire.

Cette longue remarque définit un esprit. Elle me permet de passer plus rapidement sur la mise en place des catégories qui ont à voir directement avec la compréhension des diverses formes du vivre-ensemble des hommes. Le refus raisonné des communions sans médiation entraîne chez Hegel de curieux jeux de langage. Il est d'une précision d'entomologiste dès lors qu'il s'agit d'analyser les formes historiques nouvelles de la réalité sociétale ; et il est le premier à inclure dans sa composition philosophique des éléments d'économie politique, qu'il puise chez Smith, Stewart, Jean-Baptiste Say ou Ricardo, et qu'il rassemble sous la lexie significative de *bürgerliche Gesellschaft*, «société civile-bourgeoise». On sait que cette partie de ses *Lignes-fondamentales de la Philosophie du Droit* intervient en position de moyen-terme, au sein de l'Ethicité, entre les formes que l'on pourrait dire plus directement communautaires de la famille et du politique. Administration, police, corporations, monde du travail et des échanges, royaume des besoins les uns aux autres articulés, la société civile-bourgeoise analyse les conditions hors desquelles, si rudes soient-elles, ne sauraient se penser d'authentiques rapports entre individus et entre groupes.

Mais il est significatif que l'autre part des choses, celle qui sans doute importe davantage, se montre beaucoup plus indéterminée. C'est que l'existence communautaire n'est pas de l'ordre d'un donné, et qu'elle ne s'atteint, une fois encore, que par «jugement réfléchissant», à partir de ses conditions sociétales. Cette indétermination relative se traduit par une diversification sémantique. Notons d'abord que le terme de *Gemeinschaft*, au sens prégnant que lui donnera Tönnies, est pratiquement absent de son vocabulaire. En tout cas, le mot n'est pas chargé des valences affectives qui seront siennes plus tard. On le trouve accessoirement en composition dans l'expression *Gütergemeinschaft*, qui a une signification que Hegel vise encore à l'aide d'un autre vocable de la même famille, évoquant par exemple «das Gemeinsame der Familie», les biens que la famille possède en commun (*Ph.R.*, §§ 170 sqq.). S'agissant de la *Gemeinschaft* tönniesienne, elle a pour répondant direct chez Hegel la catégorie du *Gemeinwesen*, très significative et pleine d'intérêt.

Gemeinwesen : le mot est d'emploi courant chez lui dès lors qu'il s'agit d'éthicité — lois, normes, coutumes et mœurs, en tant qu'elles offrent une expression objective à la réalité profonde des individus —, et cela dans la *Phénoménologie de l'Esprit* aussi bien que dans les *Lignes-fondamentales de la Philosophie du Droit*. On le traduit par «communauté», mais il faut alors entendre que celle-ci, selon l'étymologie du terme allemand — *Gemein/wesen* — est constituée en l'occurrence par l'expression de ce qu'il y a de «commun» aux membres d'un groupe au niveau de leur «essence». Le terme a donc explicitement une signification collective et une signification individuelle, puisque la communauté se trouve ici visée comme l'objectivation nécessaire et impossible de l'être-communautaire de l'homme et des hommes. «La communauté (*Gemeinwesen*), écrit par exemple Hegel, est l'esprit qui est *pour soi* quand il se maintient en se *réfléchissant dans les individus*, et qui est *en soi* ou qui est substance quand il les contient en soi-même. Comme la *substance effective* cet esprit est un *peuple*, comme *conscience* effective, il est *citoyen* du peuple» (*Ph.G.*, édition Bonsiepen/Trede, Felix Meiner Verlag, 242/11, trad. Hyppolite II 16/17).

Deux acceptions, l'une à l'autre articulées, qui se diffractent dans deux autres termes significatifs, pour compléter cette typologie : catégorie collective de la *Gemeinde*, catégorie individuelle du *Mitglied*. La *Gemeinde*, que l'on traduit également par «communauté», est un terme qui caractérise d'abord l'univers religieux. Il désigne le rassemblement des croyants dont les *Leçons sur la Philosophie de la Religion* nous disent qu'il a sa «réalisation dans l'Eglise»; une organisation de type sociétaire, par conséquent, et dont la note caractéristique est qu'elle se présente comme un type de rassemblement qui procède de la manifestation historique de Dieu lui-même. Ici encore se conjuguent subjectivité et objectivité, saisies dans leur commune réflexivité essentielle : «La religion, lisons-nous par exemple dans l'introduction à l'Esprit absolu, au terme de l'*Encyclopédie des Sciences philosophiques*, est à considérer tout aussi bien comme sortant du sujet et se trouvant en lui que, d'un point de vue objectif, sortant de l'Esprit absolu, qui comme esprit est dans sa *Gemeinde*» (§ 554). Selon le «principe protestant» auquel Hegel adhère, l'Esprit de Dieu est immédiatement présent à l'esprit de l'homme, sans intermédiaire, et l'un et l'autre ont vocation à l'unité en leur différence même. «Der Geist der Gemeinde», «l'esprit de la communauté» (*Leçons sur la Philosophie de l'histoire*) est une expression qui désigne la personne du Christ dans son actualité, et «der heilige Geist der Gemeinde», «le saint esprit de la communauté» (*Propédeutique*), c'est l'esprit commun de Dieu et de l'homme. «L'Esprit accède au savoir de lui-même dans sa *Gemeinde*», affirme la *Phénoménologie de l'Esprit*. «Dieu comme Esprit doit se trouver saisi dans sa *Gemeinde*», lisons-nous dans l'*Encyclopédie des Sciences philosophiques*. Et, dans les *Leçons sur l'Esthétique*, la poésie dramatique est dite exprimer «le divin dans sa *Gemeinde*». Le remarquable en tout cela est qu'il ne s'agit pas d'un enfermement dans une structure particulière, mais de ce que j'appellerais une vocation à la *Weltlichkeit* — à une existence dans le monde et comme monde. Car *Gemeinde* a aussi, chez Hegel, la signification de communauté politique locale (une «commune»), et, dans l'articulation du religieux et du sociétal sous l'égide de ce vocable unique, s'entend ce que Hegel appelle, dans sa *Philosophie de la Religion*, «die Realisierung des Geistigen zur allgemeinen Wirklichkeit», le passage auto-réalisateur de l'Esprit religieux encore particulier à l'élément de l'universalité effective.

Le second terme annoncé ne jette qu'une lumière indirecte sur la question qui nous retient; mais cette lumière me paraît décisive. Que n'a-t-on reproché à Hegel d'avoir asservi l'individu aux structures étatiques! Or une lecture attentive des *Lignes-fondamentales de la Philo-*

sophie du Droit montre que l'individu (*Individuum*) est la catégorie-clef de ce développement. Il prend diverses formes au long de l'analyse. Je ne m'attarderai pas sur les premières : la «personne» du Droit naturel, le «sujet» de la Moralité. Lorsqu'enfin nous abordons l'Ethicité, lieu des rapports interhumains effectifs, l'individu s'y trouve visé dans son essence relationnelle, et désigné sous le vocable de *Mitglied* (*Ph.R.*, § 190, Rem.). Membre d'une famille, membre d'une corporation, membre de la société civile-bourgeoise, membre de la communauté politique, l'«homme», puisque c'est alors qu'il reçoit ce nom qui récapitule tous les autres (*ibid.*), est appelé à trouver son espace spirituel dans l'organisation et la gestion de ces entités, par une mise en mouvement des représentations qu'elles véhiculent et dont le principe — c'est aussi en cela que Hegel est «postmoderne» — est leur inadéquation structurelle au concept visé dans son absoluité principielle. Ce qui nous avertit de plusieurs vérités essentielles. D'abord de ce que l'homme ne se trouve visé dans sa concrétude logique et historique que lorsqu'il est situé en référence structurelle à des organismes éthiques qui conjuguent, dans leur concept même, les dimensions essentielles de la subjectivité libre et de l'objectivité institutionnelle. Ensuite de ce que ces organismes, ici énumérés dans une séquence qui est à reprendre au sein d'une organisation syllogistique, sont aussi bien de type communautaire — la famille, à l'origine, l'entité politique comme nation, au terme — que de type sociétal — l'organisme économique et sa gestion des besoins au centre de ce dispositif. Enfin et surtout de ce que ces deux types de relation dans lesquels l'individu trouve sens à s'inscrire ne sont pas exclusifs l'un de l'autre, mais s'articulent de façon théoriquement harmonieuse, se prêtant leurs dimensions respectives d'intériorité et d'extériorité ; ainsi la famille, réalité communautaire s'il en fut, se déploie-t-elle dans un schéma sociétal régi par des règles de droit ; ainsi la société économique sécrète-t-elle en son sein l'expérience éminemment «communautaire» des corporations, où s'affirment le compagnonage et l'honneur professionnels ; ainsi encore et surtout l'organisme politique, qui a ses deux «racines» (*Ph.R.*, § 255) dans ces figures de la famille et de la corporation, a-t-il pour fonction idéale de conjuger la gestion éminente de l'économique — dans les structures duquel il reconnaît son origine déterminée — et les valeurs d'esprit qui signent l'appartenance à une même communauté nationale. Etant entendu qu'à chacun de ces niveaux les figures demeurent mouvantes, et que l'homme est appelé, dans la longueur des temps, à travailler les conditions «sociétales» toujours inadéquates pour les rendre plus conformes à des exigences «communautaires» dont il prend conscience à mesure qu'elles rejoignent ainsi le lieu de leur effectuation.

III

Lesté de ces analyses tönniesiennes et hegeliennes, je me risquerai maintenant à une parole dont le lieu sera la figure d'histoire en laquelle il nous faut vivre et opérer. Que peut nous dire le philosophe quand il s'agit de *penser la communauté*? Je me contenterai d'avancer quatre propositions, présentées en forme de thèses conclusives.

1. Il convient d'abord de mener une guerre sans merci à l'encontre de toute idée de communauté qui serait pensée — ou plutôt imaginée — en marge des besoins primaires de l'homme et de l'organisation qu'ils requièrent. Trois formes possibles pour cette abstraction. Les deux premières — nostalgie d'un hier révolu, attente d'un lendemain qui chanterait — ont été suffisamment évoquées ci-dessus : là-contre, il convient de redire que c'est toujours ici et maintenant que la réalité communautaire trouve ou ne trouve pas place, dans la difficile conjonction de ce que Jean-Luc Nancy (*La Communauté désœuvrée*, Bourgois, 1986) appelle le transcendantal et le matériel, — je dirai pour ma part : la fluidité du concept et l'ensemble des conditions qui définissent le corps de son effectivité; ou encore, sa définition décidément utopique et sa traduction partielle, jamais achevée, jamais achevable, en relations vivantes. Ce qui condamne aussi bien la troisième forme, la plus insidieuse, de ce déni de réalité, celle qui s'efforcerait de construire un hâvre d'intériorité — le jardin de Candide — au sein d'une société uniformément tenue pour déshumanisante et déshumanisée. Car s'il est légitime qu'individus et groupes dressent des défenses contre l'intolérable, ce ne peut jamais être en négation de la tâche humaine fondamentale qui consiste à «convertir les circonstances».

2. Conjonction d'une exigence et d'une irréalité, la communauté concrète, toujours inchoative, se signale, au sens fort de ce terme, par son inexistence. Elle ressortit en effet à la logique d'une relation toujours en excès par rapport à la pauvreté de ses propres figures; c'est à ce titre qu'elle fut dite «utopique», et qu'elle récuse son expression dernière — qui vaudrait extinction — dans une forme parfaite. Elle ne connaît donc pas de modèle auquel pourraient se mesurer ses réalisations partielles; elles s'appuie sur une archè qui est le rien d'une figure, une idée régulatrice, un principe sans point de départ ni terme, intemporalité qui est raison sans raison de toutes les temporalisations, et qui ne se connaît que de ces tentatives. La communauté n'a pas de lieu; elle n'est pas ici ou là, reconnaissable à tel trait ou à tel autre, définissable par sa clôture ou par les règles de son fonctionnement (admission, exclusion). Parce qu'elle est universelle en sa visée, comme l'avait bien vu un Eric Weil,

elle n'admet pas de régle prédéterminante, mais assume réflexivement et critiquement les conditions sociétales qui sont celles d'un temps et d'un lieu.

3. Etant le rien d'une archè et le rien d'une figure, récusant un modèle préalable comme l'illusion d'une solution finale, l'idée de communauté est susceptible d'agir en tout temps et en tout lieu à la façon d'un principe opératoire. Ne visant ni une vérité de nature ni le produit d'un contrat, elle a pouvoir d'articuler ou de tenter d'articuler le vouloir à ses propres conditions, en inventivité fluidifiante et recréatrice. Elle n'est ni de l'ordre de la soumission ni de l'ordre de la révolte, mais peut induire à l'une et à l'autre de ces attitudes; elle commande une négociation onéreuse avec ce qui se donne comme devant être. Moins à construire de façon volontariste, en puissance architecturante, qu'à reconnaître dès toujours à l'œuvre, comme potentialité d'origine, aux prises avec les formes pétrifiées de l'objectivité sociétale. Etant entendu que seuls celles-ci existent, et que la communauté, de dimension transcendantale, conceptuelle, utopique — suivant la logique à laquelle l'on se réfère — est ce qui, inexistant en soi, se signale par le travail qu'il opère sur ces formes et dans ces conditions.

4. Ce qui nous amène au dernier point, de définition délicate : principe de réalisation sans que l'on puisse pour autant la juger à partir des réalités qu'elle aurait produites, la communauté, comme toute idée régulatrice, est à elle-même sa propre fin, mais dans la mesure seulement où cette finalité intérieure la tire hors d'elle-même, la mettant en porte à faux/porte à vrai sur elle-même comme autre. Jean-Luc Nancy, dans son ouvrage déjà mentionné, affirme que la communauté ne saurait se justifier par aucune «œuvre» : ce qui est parfaitement juste s'il s'agit de finalités extrinsèques, et surtout pas d'ordre utilitaire. Mais il n'est pas de réalité historique qui ne soit «ouvrable», au beau sens que revêt ce vieux mot; et l'œuvre de la communauté, l'œuvre qu'elle est pour elle-même et qui la justifie dans son économie propre, c'est qu'elle n'est elle-même que dans ses transmigrations : telle qu'elle se découvre, fragile, dans l'étonnement, à partir de l'agencement de rapports inédits, eux-mêmes contemporains de son affirmation, de son risque. Rien, par principe, qui lui soit étranger — culture, politique, religion —, rien que la réduction à l'utile, de quelques-uns ou de tous. Elle ne tranche ni ne rejette, hors celui qui rejette lui-même. Son principe n'est pas tant l'affinité élective, qui ne préside ordinairement qu'au bien-être; il relève d'une exigence d'une autre venue, celle d'une reconnaissance sans limite de l'autre comme autre. — Ayant dit cela, j'indique quel serait le lieu d'une nouvelle analyse, celle qui, une fois encore au croisement de Hegel

et de l'actualité, traiterait des formes et des dimensions des différentes communautés *éthiques*. Il y faudrait d'autres considérations, qui relèveraient d'une prise en compte de conditions directement socio-culturelles; j'avais dessein de m'en tenir sur ce thème à une analyse qui n'excède pas les limites d'une logique fondamentale.

Communauté philosophique, communauté scientifique
François LARUELLE

L'intersection de la philosophie et de la science est occupée par le *Chercheur*. C'est sur le cas de cette figure que nous tenterons d'élucider dans leur différence et leur rapport l'essence de la communauté philosophique et celle de la communauté scientifique.

Le chercheur est l'une de ces figures modernes et plus-que-modernes qui méritent d'être dites «intéressantes». C'est par excellence un type humain mélangé : frontalier, passeur, contrebandier, il est tout cela autant qu'intellectuel de précision. Dans notre imaginaire, c'est le type dominant qui succède au Travailleur, au Savant, au Philosophe peut-être, en résumant leur héritage en sa personne. Le Travailleur devient le producteur ou le cadre anonyme; le Savant devient le scientifique; le Philosophe devient le travailleur des textes et le gestionnaire d'une histoire. Et le chercheur, lui, quelle est sa généalogie ? Il semble descendre de tout le monde et brouiller l'authenticité généalogique autant que la division du travail. Pas seulement parce qu'il serait gris et besogneux, acharné et discret, voué à un micropathos quotidien; héros post-moderne donc miniaturisé; plutôt parce que, si la recherche est rare, on ne connaît pourtant le chercheur que multiple. Il croît et s'engendre par plaques et par surfaces, par masses et nébuleuses — est-ce cela que l'on appelle communauté ? Il doit être administré et géré comme une chose sociale, contrôlé comme un champ semi-matériel et semi-intellectuel. Le statut de fonctionnaire lui sied plus que tout autre. D'une part, on ne lui demande pas de penser, mais de *fonctionner* au sein d'une équipe et de se soumettre aux finalités d'un programme — de ce point de vue la recherche dé-programmée ne détruit pas, au contraire, une programmation plus essentielle qui appartient à la pratique dominante de la recherche. D'autre part, il est le fonctionnaire de l'inconnu, il est même chargé — c'est sa présomption, celle que l'Etat lui accorde — de faire de l'inconnu une fonction du savoir actuel ou, à la rigueur, l'une de ses variables. La recherche comme pratique sociale est inséparable d'une rationalisation et d'une programmation du risque comme tel. A sa place on s'inquiéterait... Seulement, s'il appartient à l'éthique du chercheur qu'il soit inquiété, l'Etat ne l'inquiète, lui, que d'une manière administrative ou désespérante : par le contrôle, contrôle de sa production et de sa rentabilité. De cette manière, il prête en fait la main à une baisse de sa productivité et à une hausse de son coût social et économique.

Tout cela est connu, même officiellement, mais n'est guère changé d'être connu. Aussi, quand il s'agit d'évaluer la recherche, les problèmes de son coût social et même les problèmes philosophiques de son *coût en pensée* (perte du sens et de la valeur de la théorie, spécialisation et sectorisation de la recherche; micro-savoir, interdisciplinarité floue, etc.) ne sont plus guère pertinents. C'est là en effet juger encore de la recherche avec ses propres critères, de manière vicieuse et circulaire. En revanche on peut lui poser une autre question, celle de ses conditions de réalité. On ne dit surtout pas ses conditions de possibilité qui sont la Métaphysique et l'Etat réunis, *plus* l'interprétation métaphysique et philosophique de la science. Mais bien ses conditions transcendantales de réalité : à quelles conditions la recherche est-elle une activité réelle — et que veut dire ici «réelle» — plutôt qu'une illusion d'origine sociale autant que philosophique? Le problème est celui d'une critique de la «raison heuristique», critique réelle et non plus philosophique — on reviendra sur cette distinction oubliée mais fondamentale.

Cette distinction, on la pressent à même une curiosité du langage : il y a de la recherche sans rechercheurs; et des chercheurs sans cherche. Donc : une recherche plutôt qu'une cherche; et des chercheurs plutôt que des rechercheurs. Cette difficulté, peut-être pourrait-on la donner à dire à titre d'exercice d'élocution dans les écoles où l'on apprend à dire le logos en surmontant les difficultés de prononciation qui lui sont propres. Mais plutôt que de s'installer dans cette énigme et de jouer avec cette petite inadéquation qui dépareille la symétrie interne du discours, on se propose de la creuser jusqu'à la dissoudre, jusqu'à dissocier d'une manière particulièrement tranchante le chercheur et la recherche, jusqu'à mettre de celui-là à celle-ci, donc de la communauté des chercheurs à la recherche, un rapport à jamais non-maîtrisable — par qui ? Par la philosophie sans doute, et on ne dit pas seulement par la «métaphysique». Pour l'instant, toutefois, faisons comme si cette énigme était bien consistante et replaçons-nous dans le cercle ou l'équivalence supposés du chercheur et de la recherche, dans ce cercle que serait une communauté fondée sur la recherche. Lisons la prose des laboratoires.

Le Principe de recherche suffisante

La première opération est de décrire l'expérience la plus large que le chercheur, comme sujet de la recherche, peut faire de celle-ci, décrire par conséquent l'essence de la recherche telle qu'elle se donne de manière dominante. Un chercheur fait de l'économie, de l'éthique, de la sociologie, de l'art, etc. à sa manière. Il fait aussi et surtout de l'ontologie. On appellera «données phénoménales» ce qu'il vit de la manière la plus universelle et la plus immédiate dans son activité, et heuristique cette expérience de la recherche élargie au-delà des interprétations logiques et sociales de l'heuristique.

La première de ces données est celle d'un véritable *apriori heuristique*. Toute recherche, quel que soit son objet, est comme telle guidée par une règle supérieure qui lui donne sa spécificité. Cet Apriori, nous pouvons le saisir en remarquant que la recherche est la pratique des intersections, intercessions ou interfaçages, qu'elle a son lieu d'exercice au carrefour de bien des couples d'opposés : la visée et la découverte; la compétence et la performance; la norme et l'illégalisme; l'invention et la programmation; la science comme procès théorique et comme procès social. Loin d'être une activité vide ou indéterminée, elle est structurée par l'identité et l'alternance simultanées d'une action a priori — on l'appellera la «cherche» — et d'une passion a priori — on l'appellera la «trouvaille». Ces termes nous intéressent par leur allure artisanale et bricoleuse. Mais ils ne forment un apriori que si, en même temps, ils sont soustraits à leur sens vulgaire et insérés au titre de fonctions dans une règle ou une syntaxe universelle et nécessaire. Cette syntaxe peut varier selon les philosophies choisies comme référence. On choisit ici cette expérience de la pensée — différentielle, topologique et relationnelle — que la métaphysique, sous ses formes nietzschéennes et post-nietzschéennes, nous a révélée. On ne décrit pas les formes sociales de la recherche, mais une expérience pleine et élargie de celle-ci, son essence «techno-politique» ou métaphysique.

L'apriori heuristique se donne alors sous la forme de la règle suivante : *toute cherche fonctionne aussi comme trouvaille pour une autre cherche ; et de manière réversible : toute trouvaille représente une cherche virtuelle pour une autre trouvaille.* Avec cette règle, nous avons la forme pure, le diagramme le plus élémentaire si l'on veut, de toute recherche possible, ou ce qui possibilise la recherche. La cherche et la trouvaille y sont relativement indécidables ; celle-ci remplit et inhibe celle-là, celle-là ouvre et relance celle-ci. C'est là le contenu de phénoménalité qui transforme la recherche en véritable pulsion heuristique. C'est aussi ce qu'on pourrait appeler la causalité heuristique, car il y a une causalité propre à la recherche et les philosophes devraient s'y intéresser. Elle ne se confond pas avec les quatre formes de causalité connues de la métaphysique depuis Aristote, sans leur être non plus étrangère. Elle représente plutôt un supplément de causalité apporté à ces quatre causes qu'elle traverse sans s'y reposer, mais dont elle emporte aussi un aspect — mais ce n'est qu'un aspect. La recherche «pure» contient de la finalité, de l'efficience, de la formalité, de la matérialité (c'est par exemple toujours, sauf par abstraction, un procès matériel), mais elle ne s'y réduit pas, étant plutôt leur critique et leur synthèse. Il faut en conclure que la métaphysique ne peut se consommer dans une recherche déchaînée que parce que celle-ci est plus originaire ou peut-être moins réifiée que la métaphysique. La recherche est la métaphysique des temps post-métaphysiques.

Une deuxième donnée phénoménale se manifeste à côté de l'apriori et à sa suite : ce qu'on appellera l'*Apparence heuristique objective*. La recherche n'est pas seulement ce jeu des actions et des passions heuristiques, cet interfaçage pointu et laborieux qui densifie les rapports de savoir et de pouvoir au sein de la communauté des chercheurs. C'est aussi l'instance même de cette communauté, instance elle aussi a priori et propre à la recherche comme telle avant qu'elle soit sociale, scientifique ou politique. Impossible de «chercher» sans se référer implicitement mais a priori à une instance gigantesque et tutélaire qui est LA Recherche, fondement a priori de la communauté des chercheurs qui y obéissent régulièrement sans toujours le savoir. Ce n'est rien d'autre que le phantasme, universel et monstrueux, de l'*Interface généralisée*, interface formelle et sans visage mais d'autant plus impérative. Les chercheurs sont dominés par une exigence universelle de recherche, par un devoir de recherche supérieur à tout devoir. A la fois surveillés par ce qui joue le rôle d'un Idéal du moi chercheur, et «sécurisés» par une ouverture infinie qui s'appelle LA recherche et qui leur garantit la possibilité de droit de continuer. A la fois réquisitionnés et sommés de chercher par un impératif trop grand pour eux et qui les rend inégaux à la tâche; et protégés par ce qui se présente, en deçà et au-delà de la politique de recherche que mènent les Etats, comme l'ultime fondement de leur communauté.

Que ce fondement soit un phantasme, une grande Image a priori qui structure leur activité, ils ne le savent peut-être pas. En revanche le savent quelques rares philosophes de la recherche. Rares parce que les seuls philosophes cohérents de la recherche sont certains présidents de la République. De Gaulle parce qu'il a dit : «le plan est une ardente obligation», formule qui a à peine besoin d'être traduite pour valoir de la recherche. Et François Mitterrand parce qu'il a dit le 4 novembre 1986 : «Il y a peu de maîtres mots. J'en connais un, c'est la recherche»; et encore : «un devoir national». Déjà le devoir national, même si c'est un impératif technique de survie de la société, est un devoir plus impérieux que les autres et en passe de devenir catégorique ou absolu dans son ordre. Ainsi la responsabilité du chercheur s'étend aussi loin qu'il est possible de possibiliser le savoir, jusqu'à la limite du «Tout est possible», et il est lui-même responsable devant ce Tout. Lui le maître des connexions, le décideur du savoir, il ne repousse pas les limites du savoir sans être à son tour surveillé et contrôlé *a priori* avant même de l'être par l'Etat.

Le chercheur est surveillé par la philosophie avant même d'entrer dans une grégarité chercheuse. Justement ces deux choses croissent ensemble et font concert avec plus ou moins de bonheur : plus le chercheur brouille ou déplace les anciens partages, produit de l'interface et recharge les réseaux du savoir par extension et par intensification, plus le contrôle de l'Apparence heuristique objective s'étend sur lui, relayée par l'Etat. Une politique de la recherche — on désigne ici la discipline qui s'intéresse aux politiques des programmes de recherche — reste une abstraction si elle ne se replace pas dans les données phénoménales — «techno-politiques» plutôt que «politiques» — de la recherche. Ces données, la loi par exemple de cette Apparence heuristique objective, font seules comprendre que l'Etat a un besoin essentiel de la recherche pour se transformer et se conserver, et que le chercheur ne cherche pas de son côté sans étendre à sa manière, sur tout le savoir, le voile très fin d'un contrôle assuré par le travail théorique lui-même; sans relayer l'action de l'Etat sur les sciences par quelque chose comme un intercontrôle, une intersurveillance théorique qui est coextensive à toute l'encyclopédie.

Ce qui vient d'être décrit; ce n'est donc pas tel ou tel secteur social de la recherche, c'est la Raison heuristique elle-même, c'est-à-dire le chercheur comme figure, comme auto-figuration de la métaphysique à l'interface des sciences, de l'Etat et de la philosophie. On dit bien : de la philosophie, et pas seulement de la métaphysique. Car la recherche comme pointe la plus effilée de la métaphysique, aucune philosophie, on y viendra, aucune pensée qui se réclame encore de la philosophie, ne peut prétendre s'en délivrer ou en mener une critique réelle. Il faut prendre la mesure la plus large de la Raison heuristique et peut-être y apercevoir encore autre chose que la Raison. En effet l'*Apriori* et l'Apparence objective que nous venons de décrire — il faudrait y joindre une autre donnée : celle du sujet de la recherche, mais on y viendra plus tard — forment ensemble ce que l'on appellera désormais le *Principe de recherche suffisante* (PRS). C'est le contenu phénoménal le plus riche des formes sociales, psychologiques ou politiques de la recherche et, de lui, la philosophie ne peut rendre compte, parce qu'il n'est qu'une autre forme de la philosophie elle-même. Le PRS est sans doute la forme plus-que-moderne du Principe de raison suffisante puisque ce qui cherche est la raison qui cherche la raison. Mais c'est aussi un principe plus puissant que celui de la raison, une raison plus puissante que la raison, car il fait obligation de chercher l'essence de celle-ci.

Que dit le PRS? Il dit en effet que la recherche suffit (en dernier ressort, en dernière instance, finalement) au savoir et à la raison, qu'elle épuise l'essence du savoir, qu'il y a entre elle et lui une co-extension ou une réversibilité, qu'il y a une recherche supérieure à la recherche rationnelle et que c'est celle de l'essence probablement non-rationnelle de la raison. C'est le principe qui fonde ainsi la recherche déchaînée, c'est-à-dire l'exigence d'avoir à dissoudre toutes les formes anciennes et transcendantes du savoir. Tandis que le savoir est sommé de se soumettre à la recherche, l'autorité du savoir se subordonne à celle, plus adoucie mais d'autant plus contraignante, de la décision qui la relaie. A sa manière le chercheur cesse d'être un théoricien et devient un micro-décideur. De même le problème du gouvernement du sujet du savoir n'est pas aboli, il est transformé en celui de la gestion et de l'administration des chercheurs.

Ainsi comprise, la recherche est certainement un bien : c'est même de plus en plus le bien des Etats et peut-être des philosophies, réunis dans une entreprise commune à responsabilité illimitée. De ce point de vue, cela commence à se dire, le chercheur est le capital le plus précieux. Qu'il soit non seulement une force de travail, mais un capital, c'est peut-être une manière humoristique de dire que la recherche est supplément ou du moins «plus-value» et que c'est sous cette forme qu'elle s'accomplit. Mais plus-value de quoi? de savoir et de pouvoir peut-être, de recherche sûrement : quelle recherche qui ne soit d'abord un supplément de recherche? Quelle que soit la manière de ce supplément, l'Apparence heuristique objective, à laquelle il faut revenir, ne vous demande, comme tout capital, qu'une chose : produisez de la recherche, toujours plus de recherche. Chercheur appointé comme tel, vous restez décidément en deçà de votre vocation : l'Etat ne vous reconnaît comme chercheur que lorsqu'il vous enjoint d'être des enseignants, des travailleurs, des artistes et d'être, en plus et à loisir, les chercheurs dont il s'honore.

Mais la recherche ainsi comprise est peut-être aussi un mal ou produit les conditions d'un malaise interne. Elle produit de moins en moins de savoir et de plus en plus de recherche. C'est là son cours prévisible lorsqu'elle est laissée à elle-même et qu'elle obéit au PRS : son taux de rendement en savoir tend vers 0, tandis qu'elle s'intensifie. De ce point de vue elle consomme la fin des méta-discours, des métaphysiques mais aussi des théories scientifiques. Elle traite de moins en moins le savoir dans ses masses spécifiques et génériques qu'elle révolutionne continuellement, et de plus en plus de relations de savoir. La recherche déchaînée projette en pointillé une pratique toute relationnelle des sciences ou des intersciences. Elle est la volonté de savoir sous sa forme achevée, volonté qui tient lieu de savoir au chercheur, volonté dans laquelles le savoir s'enlise ou s'inhibe : la recherche est l'auto-inhibition du savoir autant que son extension. Réduit à la décision, le savoir s'inscrit dans l'effet global de réel ou d'indécidable que celle-ci produit et où elle s'empêche. A la différence des «chercheurs» individuels, les Etats et leurs décideurs savent que la recherche déchaînée produit surtout du programmatique, de la redondance, de l'information sur elle-même; que le Tout-recherche ne produit presque rien parce qu'il ne peut que reproduire le Tout — et le Tout ne se produit pas de manière radicale, il se présuppose. Les Etats savent qu'il y a une stérilité interne et de principe de la recherche, une instance antiheuristique, une inhibition qui peut cumuler des aspects sociaux, politiques, théoriques, etc., mais qui est de droit. Leur logique les oblige à considérer que le gaspillage ou l'excès de dépense sont nécessaires, que la recherche n'est pas un jeu à perte ou à gain nuls; qu'ils ont un certain intérêt, plus obscur, à ce gaspillage. Les décideurs qui planifient les programmes de recherche savent que les Etats craignent parfois le savoir ou, du moins, ont tout intérêt à inquiéter les chercheurs, à les tenir en haleine — et la mobilité de la recherche est encore le meilleur moyen qu'ils ont de les assujettir. C'est pourquoi les Etats consentent, pour ce gain de sujétion, un certain sacrifice et tolèrent parfaitement que la recherche aille à son étiage, que le chercheur, par exemple, cherche sans trouver ou bien trouve sans chercher, les deux formules sont peut-être équivalentes et définissent assez équitablement certaines pratiques actuelles.

Du principe de recherche suffisante à la philosophie

Ainsi déployée dans son concept, la recherche n'est pas n'importe quelle décision : elle déploie la Décision philosophique elle-même. Loin de vivre seulement dans l'incertain, l'improbable, le douteux, qui sont toujours relatifs aux moyens de connaissance, elle se joue dans l'objectivité du problématique, dans le possible lorsqu'il est aussi l'impossible ou le réel. Elle se veut décision dans et pour le réel, dans et pour l'essence : essence du savoir, de la société, de l'homme. Mais définir le réel par l'impossible ou l'indécidable et la recherche par une décision, c'est un dernier hommage rendu à la philosophie. Que la recherche, même comme illusion, soit constitutive du réel, c'est là sa prétention philosophique, et c'est ce qu'une critique réelle, justement, devra contester.

On ne confondra donc pas l'Apriori heuristique avec ce qu'il devient sous l'impulsion de la philosophie dans le PRS qu'il rend possible. Comment passe-t-on de l'Apriori au principe? En le laissant ou en le faisant se rapporter à lui-même. La recherche déchaînée est l'usage incontrôlé, auto-référentiel — on dirait volontiers *auto-positionnel* — de l'Apriori heuristique. Elle est cette volonté métaphysique qui s'arrache, dans un effort inapparent, invisible, au savoir constitué et qui le transcende : la Décision elle-même. Cet effort excessif, hyperbolique et qui ne peut s'évaluer par ses résultats, qui décide plutôt du savoir, il se laisse toutefois ressaisir par l'Apparence heuristique objective et par ce savoir constitué qu'il produit et dont il devient du coup indiscernable. Ce funeste destin n'explique pas seulement la baisse de son rendement en savoir, il est tout proche du mécanisme de la Décision philosophique. Que le PRS achève et déborde le Principe de Raison signifie qu'il ne peut se comprendre par celui-ci qu'il fait en revanche comprendre. Il ne faut pas dire seulement qu'il est la métaphysique ou la représentation, son «dernier chic» en quelque sorte. Il contamine ou compromet la philosophie elle-même, toute la philosophie possible, l'ensemble de l'ontologie et de ses déconstructions. On contestera cette identification, sans doute; on dira qu'il est possible d'isoler — relativement — le Principe de Raison, mais qu'il est impossible d'isoler quelque chose comme LA philosophie ou une Décision philosophique, que c'est là une prétention méta-philosophique, etc. On ne répond pas pour l'instant à cette objection «philocentrique», se réservant de fonder tout à l'heure cette possibilité d'isoler la Décision philosophique sans en décider une fois de plus, sans reconstituer une extra-territorialité au philosophique. La supposant ainsi isolée en totalité, on peut dire alors que la philosophie est dominée elle aussi par un *Principe de philosophie suffisante*, plus puissant que le

Principe de raison et qui dit, lui, que la philosophie suffit à tout — donc au réel ici confondu avec le tout — et se suffit aussi à elle-même.

On fera ici une courte description du Principe de philosophie suffisante parce qu'on y retrouve sous une forme amplifiée tous les caractères, toutes les prétentions de la recherche déchaînée :

1) La circularité, l'auto-référentialité, quelles que soient leurs formes plus ou moins fermées ou ouvertes, réflexives ou altérées. Il y a là un invariant qui appartient aux Principes de philosophie et de recherche suffisantes.

2) La foi essentielle qui se confond avec la transcendance ou la décision, avec l'auto-référence; foi, spontanéité ou naïveté spécifiques à la philosophie et à la recherche déchaînées. De même qu'il y a une philosophie spontanée des philosophes, un philocentrisme naïf, il y a une recherche spontanée des chercheurs.

3) L'incapacité à se critiquer réellement; l'auto-critique et même l'hétéro-critique sont des formes de la critique qui restent sous l'autorité philosophique. La philosophie ne se critique pas globalement elle-même, cela lui est une tâche impossible; elle ne critique que certains modes ou parties d'elle-même — la métaphysique, la raison, la représentation, l'identité, la grégarité, etc. De même elle critique certaines formes anciennes et transcendantes de la recherche, mais certainement pas le PRS qu'elle ne peut déborder globalement. Au contraire, la recherche hyperprogrammée veut se fonder elle-même, s'auto-légitimer et s'instituer comme valeur supérieure qui se croit dispensée de toute validation radicale par une autre instance de savoir. Cette auto-légitimation de la recherche est du type philosophique.

4) Ces traits se rassemblent dans celui-ci, le plus fondamental parce qu'il n'est plus perceptible, comme pourraient parfois l'être les autres, depuis la philosophie comme déconstruction de la métaphysique. C'est la prétention fondamentale de toute philosophie possible, donc de LA recherche, prétention à co-produire ou à co-déterminer le réel. Même lorsque le réel est éprouvé comme Autre qui fissure la représentation, celle-ci lui appartient encore circulairement, fût-ce à titre d'illusion ou de simulacre. C'est là la plus vieille prétention, jamais extirpée, de la philosophie et donc de LA recherche sous la forme de leur pratique traditionnelle naïve. Même sollicité et ébranlé, le PRS sera supposé incontournable et continuera à co-déterminer le réel, par exemple le savoir. Cette amphibologie de la philosophie et du réel est le secret de la Décision philosophique et ne se découvre qu'à une autre expérience, «non-philosophique» en général. La philosophie et la recherche déchaînées sont l'oubli, abon-

dant, de leur essence : pas de leur condition de possibilité, mais de leur condition de réalité. Il n'y a pas d'oubli de la philosophie, en revanche il y a un oubli, par celle-ci, comme principe de philosophie suffisante, de son essence réelle.

Etant donné cette parenté des deux Principes de suffisance, une critique réelle de la recherche suffisante ne peut se contenter de la mettre en rapport avec des effets d'altérité et des indécidables, ne peut procéder une fois de plus par délimitation, celle-ci ne fût-elle plus idéale et métaphysique. Par exemple Heidegger, on peut l'imaginer? se contenterait de mettre en rapport la recherche autodépassante avec une anti-heuristique; de freiner la recherche effrénée. Le «pas-(en)-arrière» peut être éprouvé, ici, comme une recherche rétive, la rétention plutôt de la recherche; anti-heuristique qui n'est pas d'opposition évidemment, qui est plutôt l'instance d'un non-encore-trouvé et même d'un non-encore-cherché. Mais cette demi-solution qui consiste à empêtrer et à freiner la décision de recherche dans l'indécidable ou l'incherchable, continue à faire un droit absolu non pas tant à la recherche qu'à son principe de suffisance qui est supposé être un ingrédient nécessaire du réel. C'est cette dernière thèse qu'il faut contester radicalement pour fonder ainsi une critique, plus forte que toute déconstruction, de la suffisante philosophique.

La science comme critique réelle du PRS et de la philosophie

Quelle serait l'instance qui pourrait fonder enfin une critique radicale de ce principe et de la recherche «absolue» qu'il programme? Cette instance réelle ne peut pas être une infrastructure matérielle, il n'est pas question de faire une critique extérieure et transcendante de la philosophie et de la recherche, critique qui les dénigrerait, qui réduirait une fois de plus l'autonomie de la Décision philosophique. Cette instance doit être de toute façon réelle plutôt que matérielle; elle doit être de savoir pour se mesurer à la philosophie et à la recherche; elle doit enfin trouver en elle-même et sans passer par la philosophie, sa propre fondation et légitimation, c'est-à-dire être «transcendantale» à sa manière.

On suggère que seule la science peut occuper cette place, à condition de lui restituer, contre la philosophie et l'épistémologie, sa réalité, son essence, son autonomie de pensée ou sa force à se fonder elle-même. Oui, la science est *la* «force de pensée», l'expérience où la pensée se donne originairement comme réelle, une expérience transcendantale du réel absolument distincte de la représentation et donc tout à fait distincte aussi de la pensée en mode philosophique, qui ne peut plus légiférer sur elle.

Une critique de la Raison heuristique reposerait alors sur le principe suivant, qui est moins évident qu'il n'y paraît et que nous expliquerons peu à peu : la recherche est faite pour la science, c'est-à-dire pour l'homme comme cause (de) la science, non la science pour la recherche. La recherche n'est pas l'essence de la science — c'est là un Idéalisme philosophique et technologique, la pointe extrême de la dissolution philosophique de la science.

L'essence de la science n'a jamais été donnée réellement par la philosophie et, par exemple, par la Différence ontologique. Elle a été seulement hallucinée par les Principes de suffisance qui veulent cette réduction à l'unité. L'exploitation hallucinatoire de la science par la recherche au sens technologico-philosophique, est renforcée sur le plan théorique par le concept mal élucidé de «techno-science» et aboutit à un idéalisme heuristique qui est une déviation — ou peut-être une «normalisation» — de la science. Que le savoir contienne un moment de décision d'esprit technologique, c'est évident, et l'Apparence objective est invincible, mais ce n'est qu'un moment qui n'appartient pas à son essence réelle, qui est plutôt un effet de celle-ci.

La science, restituée à son essence, définit en effet l'ordre du réel, c'est-à-dire de l'immanence la plus radicale, la plus dépourvue de transcendance : ce que, par ailleurs, on appelle l'Un, qui est une expérience transcendantale rigoureusement non-thétique (de) soi. En revanche, tout le reste, qui est abondant et inessentiel, et qui s'appelle le Monde, l'Histoire, le Langage, la Technologie, n'est pas le réel, mais l'effectivité, et sa validité est suspendue ou réduite par le réel-Un. C'est l'ordre des mixtes où règne la philosophie, c'est-à-dire ce mixte supérieur de la Décision ou de la Transcendance mélangée à l'Immanence. Le réel — la science et la cause (de) la science — forment une véritable infrastructure pour l'effectivité, donc aussi pour la philosophie. C'est pourquoi la recherche doit être arrachée au PRS et rapportée à la science qui peut seule lui donner un objet réel et la valider.

De là deux tâches : 1) ré-inscrire la recherche dans l'essence du réel, donc dans l'essence de la science qui seule peut le décrire; 2) repenser la communauté des chercheurs comme cause (de) la science plutôt que comme sujet de la philosophie. On ébaucherait ainsi une discipline qui nous manque cruellement, une science rigoureuse de la recherche, dont la place est tenue actuellement par une techno-politique, et qui serait le fondement d'une théorie de la recherche théorique et des programmes de recherche.

Deux usages de la recherche semblent donc possibles : sous l'impulsion de la philosophie, où elle devient alors le PRS; et comme simple procédé de la représentation scientifique du réel. Le second est la critique non-illusoire du premier. Il fait de la recherche un ingrédient ou un composant de cette représentation et lui donne ainsi une validité dans les limites de la science — de l'expérience transcendantale (du) réel. Nous n'avons pu comprendre le PRS qu'en le reconstruisant à partir d'un *Apriori heuristique* dont il représentait l'auto-référence, l'usage rapporté à lui-même et déchaîné. En revanche la science, en fixant l'expérience réelle de cet Apriori, peut dénoncer l'Idéalisme absolu de la recherche qui est le nôtre et qui se consomme dans le virage de la recherche au contrôle techno-politique, à sa constitution en nouvelle autorité — les Autorités heuristiques, si l'on peut dire — accompagnée des prestiges et des misères bien connus.

Si, de la recherche comme de toute autre pratique, deux interprétations hétérogènes, deux modèles sont possibles, cette dualité brise alors le concept unitaire qu'en donne spontanément la philosophie. Tandis que celle-ci veut la confusion unitaire de ces deux interprétations, donc d'elle-même et de la science, la science exige la reconnaissance de leur dualité comme originaire. La dualité de la science et de la philosophie précède leur différence elle-même, et par conséquent la Différence ontologique. Une critique réelle doit dissoudre l'amphibologie philosophique des deux expériences de la recherche et la dualiser *plutôt que la diviser unitairement*. On ne redivise pas ici un mixte unitaire ; on ne se contente pas de diviser idéalement, pas davantage de différer, les mixtes philosophiques en vue d'obtenir ces deux expériences. Un tel dédoublement, la doublure du concept philosophique de la recherche par son concept scientifique, serait encore une opération unitaire et se proposerait simplement de prolonger le PRS qui échapperait alors, comme tel, à la critique. Une critique réelle de la Raison heuristique exclut la doublure autant que le dédoublement, et le supplément autant que le complément. Elle exige qu'on se soit replacé au préalable dans une expérience intérieure ou radicale, non historico-historiale, de la science et par là même de la recherche.

La recherche est alors une structure a priori non pas de la science même, mais du seul «reflet» ou de la seule connaissance qu'elle donne du réel. Elle est à son tour soutenue par l'ouverture non-horizontale, absolument illimitée, de ce «reflet» qui est un effet de (Non-)Un. En ce sens précis, l'*Apriori heuristique est même étendu et déployé sur l'ouverture, absolument dépourvue de fin, de l'espace uni-versel et non-positionnel du reflet.* C'est alors une activité infinie, au sens où elle n'est pas seulement partiellement dépourvue de fin comme le serait une finalité-sans-fin, mais où elle est positivement infinie. Cette infinité positive de la recherche entretient un nouveau rapport à la finitude de la science. Tandis que le modèle philosophique mélange dans des proportions variables fini et infini, finalité et sans-fin, mais sans-fin aussi au sens d'illimité, etc., dans un cercle indécidable, la science sépare unilatéralement le fini, le finitude de son «objet réel» et l'infinitude de la représentation de cet objet-réel, soit l'«objet de connaissance». La science a toujours manifesté une ouverture radicale, un futur sans commune mesure avec l'ouverture philosophique et que celle-ci a trop souvent tenté de refouler et de s'approprier... La recherche est uni-verselle au sens littéral du mot, elle est l'ouverture *hors-limite* d'un espace d'irréalité dans lequel la pensée est condamnée à glisser. *Il y a une temporalité irréversible de la recherche* comme dimension même de la science plutôt que comme gestion des sciences. Un *sans-retour* qui défait l'image philosophique et politique de la recherche comme parousie et mise en scène de la recherche pour elle-même, et finalement comme cercle d'une auto-inhibition.

Si la recherche est seulement une structure régulatrice interne de la représentation scientifique du réel, elle n'a plus aucun effet sur celui-ci, ne le transforme pas et n'est pas un ingrédient de son essence. Il n'y a pas d'auto-réalisation du réel à travers la recherche, celle-ci ne peut contribuer à transformer que l'objet de connaissance. On ne veut surtout pas dire que les seuls chercheurs authentiques soient les chercheurs en sciences exactes : ce serait une nouvelle thèse philosophique. Dans la pratique, c'est vrai, ces chercheurs peuvent parfois travailler pour des raisons philosophiques autant que scientifiques. Mais nous mettons entre parenthèses ces modèles pour fonder la *réalité* de la recherche sur l'autonomie transcendantale de la science. Elle ne reçoit son sens et sa réalité que si elle est ordonnée à l'essence ou à la posture scientifique la plus générale. Il s'agit ici d'une opération de Déduction transcendantale de la recherche à partir de la cause (de) la science, plutôt que de ses usages de fait. Cette opération abîme dans la contingence le PRS, c'est-à-dire le jeu de survalorisation et de dévalorisation simultanées de la recherche; elle affecte le narcissisme heuristique, la foi spontanée du chercheur, la recherche comme nouvelle idole : elle en fait un vécu fini du «sujet» (de) la science.

Elle détruit la croyance à-soi-comme-au-réel qu'implique la décision en général — et qui est la naïveté spécifique de ce briseur d'idoles qu'est le chercheur. La science déréalise le PRS en dénonçant son illusion-de-réalité, son illusion-de-constitution; elle dénonce donc plutôt son illusion transcendantale de réalité, mais en «réalisant» la recherche elle-même sous de nouvelles conditions. Considérée sous cet angle, elle est une dimension originale de toute science possible et pas seulement de l'état actuel des sciences. Ce qui est contemporain, ce n'est même pas le PRS, c'est le degré extrême de manifestation de ce principe.

Ainsi la recherche a sa condition de *réalité* ou son contenu phénoménal le plus incontestable dans la science qui est son infrastructure, qui lui donne son irréversibilité et son ouverture et l'empêche de se replier sur elle-même comme le veut la philosophie, de se replier ou simplement d'être pliée, de faire pli. Le PRS abstrait la recherche de ses conditions réelles, de même que le Principe de philosophie suffisante abstrait la science hors de sa propre réalité et contribue, par exemple, à transformer l'infrastructure réelle en matérialité transcendante, et la temporalité irréversible de la science en une histoire elle aussi transcendante.

La communauté des chercheurs fondée sur le PRS et la philosophie

Sur quoi fonde-t-on une communauté? Quelles sont ses conditions de possibilité? Mieux encore : ses conditions de réalité? En général ce sont les philosophes, comme législateurs supérieurs de la raison et de la Cité, qui fondent en droit les communautés et qui décident du bien social originaire : contrat de cession de souveraineté, d'échange, de dette, alliance, etc. Une cité scientifique se fonde de la même façon — du moins les philosophes jugent-ils, là encore, que, plus que les scientifiques qui sont asservis à la production aveugle des connaissances, ils sont ceux qui apportent à la science un droit et une politique, un sens et une vérité — une pensée — et qu'eux seuls peuvent fonder en réalité et en rigueur la possibilité et les valeurs d'une cité scientifique. Quant à une communauté des chercheurs, rien ne l'autorise apparemment, selon ces présupposés, à échapper aux autorités philosophiques. Même lorsque les chercheurs perdent la sécurité de certaines références jusqu'à perdre, pour la plupart d'entre eux, la sécurité ultime du fondement; même lorsque communauté, recherche et chercheurs sont intimement imbriqués, relatifs les uns aux autres au point qu'on ne peut plus décider qui appartient à quoi, quels sont les titres et les prétentions de chacun; même lorsque dominent la dissolution des appartenances et la multiplication des intercommunautés, rien de cela n'échappe à l'autorité de la Décision philosophique : au contraire, seule la philosophie peut faire droit à la dispersion des sens communs, seule elle a besoin de cette multiplication.

Admettons : supposons donc la philosophie suffisante et tirons-en les conséquences. Qu'est-ce en droit qu'une communauté fondée sur les Principes de philosophie et de recherche suffisantes ? Elle se caractérise par plusieurs points où nous n'aurons aucun mal à reconnaître les communautés que nous formons en tant que chercheurs, non pas seulement «en» philosophie mais déterminés par celle-ci.

1) Une telle communauté est fondée sur des processus d'identification à une Apparence philosophique et heuristique objective. Le corollaire de ceci, que l'on suggérera plus tard, est que son mécanisme ultime est plutôt celui d'une société que celui d'une communauté. Une communauté à fondements philosophiques se constitue par un processus simple : les individus ne peuvent devenir sujets de la recherche que s'ils s'identifient au phantasme de l'Apparence heuristique objective. Instance autoritaire, qui garantit de manière ultime, on l'a vu, la sécurité et le bon droit du chercheur. Il appartient à la Décision Philosophique d'exiger du sujet cette identification à une instance ou Apparence universelles, qu'on l'appelle raison, projet, esprit, sens commun, réaffirmation de soi, etc. C'est supposer que l'identité du sujet est toujours un effet, le résultat d'une identification, et que le sujet est toujours assujetti. Que cette identification cesse d'être globale, comme elle l'est dans la métaphysique, pour devenir partielle comme identification-à-l'Autre, cela ne change rien à cet invariant philosophique.

A ce mécanisme du devenir-sujet, on oppose la thèse suivante : la cause (de) la science, elle, est une Identité-sans-identification, ce que nous appelons ailleurs un *Un non-décisionnel et non-positionnel (de) soi*, une *force (de) pensée indivise* et vécue comme telle. Elle précède de manière irréversible tout processus de scission et d'identification. Tandis que le sujet philosophique est un *sujet-à-processus* (à tous les sens possibles du *à*), le «sujet» de la science est un sujet-sans-processus et, au sens le plus littéral du mot, un «individu» qui reste en lui-même, une force (de) pensée qui n'a pas besoin de sortir de soi et qui est suffisamment réelle par elle-même pour n'avoir pas besoin de trouver sa réalité dans un universel (destruction réelle de la Révolution copernicienne).

Conséquence : dans une «communauté» à base philosophique, les individus se contentent de co-déterminer la communauté, mais celle-ci les détermine de manière principale et se les assujettit; dans une communauté à base scientifique, ce sont les individus — en ce sens non-philosophique — qui déterminent intégralement et de manière irréversible, sans retour possible, les effets-de-communauté ou de société qui accompagnent le travail scientifique. Quant à l'organisation politique de la recherche, elle est de l'ordre de la surdétermination seulement, je n'en parle pas ici.

2) Une «communauté» philosophique implique le moyen de l'identification : la division du sujet. Le sujet du Principe de recherche suffisante est clivé par l'Apparence heuristique objective pour pouvoir ainsi s'identifier à sa suffisance. Du coup le sujet est irréalisé par sa division, voué à se réaliser concurrement avec la recherche elle-même. Le sujet brisé et enchaîné est nécessairement aussi un sujet déchaîné qui ne s'anime que de la rage à se réaliser. Curieuse communauté que celle que fonde le PRS : elle est condamnée à la fois — cela fait système — à se présupposer déjà réelle ou à présupposer réels les sujets en l'absence de toute expérience pleine et actuelle de cette réalité, et à se *vouloir* réelle, à se réaliser. Bien entendu, comme toute communauté à base philosophique, celle des chercheurs est condamnée dans son essence même à l'histoire, au travail interminable, à la réalisation illimitée — à l'insuffisance... Savoir n'est rien, chercher est le ciel même, voilà la maxime de son existence.

De tels sujets ne peuvent fonder réellement une communauté car ils font déjà cercle avec celle-ci qui s'annonce à eux sous la figure indécise de l'Apparence objective et celle-ci, déjà, les constitue plutôt comme sujets. Ainsi décidé par la Communauté, le sujet de la recherche partage son destin de suffisance et d'insatisfaction : condamnés tous deux — indécidablement — par leur manque de réalité et de fondement à se *vouloir* réels. C'est la rage de l'auto-fondation et de l'auto-position. Leur seule réalité est dans ce qui est né de et avec la barre de la Décision philosophique : la volonté. Celle-ci n'est pas réellement détruite, comme volonté, par sa dispersion, sa dissémination ou toutes les formes de sa sollicitation, à la manière contemporaine, par l'Autre, qui continuent à la présupposer. En réalité, il se peut que le sujet de la philosophie ou du PRS soit plus qu'irréel ou que volontaire — hallucinatoire — si on le mesure à un sujet réel plus primitif et non séduit par cette logique de l'Apparence fût-elle transcendantale, je veux dire le sujet radicalement non-thétique (de) la science. Une communauté philosophique, étant irréelle de cette manière, *voulant* un fondement et par conséquent ne l'ayant jamais, est condamnée à la guerre pour survivre et ne pas s'effondrer dans son néant. La guerre, on va le dire, est la condition de réalité — du peu de réalité — des communautés philosophiques. Mais on ne peut soutenir cette thèse et dire que vouloir faire une communauté avec des sujets irréels comme ceux de la recherche suffisante, c'est bâtir sur du sable ou sur un fleuve — sur la philosophie bien entendu — que depuis un autre point de vue, celui de la science dont je suggère que le sujet, lui, est enfin rien-que-réel et pas le moins du monde divisé ou assujetti à une Apparence.

3) En réalité la Cité de la philosophie ou de la recherche suffisante n'est peut-être pas une authentique communauté : c'est une société plus qu'une communauté. Je voudrais reprendre cette distinction, mais la radicaliser en la fondant dans ses données phénoménales les plus primitives. On appellerait *socius* tout ensemble d'individus soumis à un universel ou à une *Apparence objective* qui leur est à la fois antécédente et subséquente, interne et externe, qui fait cercle indécidable avec eux, qui les précède et qui exerce sur eux une causalité, la causalité sociologique ou politique pure, toujours plus ou moins circulaire, par laquelle elle les divise et les constitue comme sujets sociaux. Le sujet social, divisé d'avec soi et greffé sur le socius, représente par lui-même un socius virtuel pour un autre sujet. On appellerait *communauté* en revanche un autre ensemble ou un universel d'un autre type, de part en part déterminé et non déterminant, l'ensemble non plus des sujets ou des individus, ceux-ci précédant désormais a priori tout *champ*, social ou non, mais des effets identiquement matériels et idéels — on ne peut le démontrer ici — produits par des sujets réels ou des individus radicaux absolument antérieurs à eux. C'est donc un ensemble vide d'habitants, ceux-ci exerçant plutôt une causalité spécifique, non circulaire, sur lui. Les individus sont transcendantaux sans appartenir pour cela à un champ transcendantal et celui-ci, de son côté, est vide de ses structures sociales, politiques, philosophiques traditionnelles qui sont seulement ce qui surdéterminera la communauté ainsi radicalisée. A la causalité sociologique qui est circulaire, ou à la rigueur, indécidable mais de toute façon divisée, on oppose la causalité propre aux hommes, oui, une causalité humaine antérieure à toute anthropologie; causalité des individus comme cause (de) la science et qui est irréversible ou «unilatérale». Une société est constitutive, ou prétend l'être, de la réalité des sujets, elle fonde les individus ou, au mieux, est aussi co-fondée par eux — c'est là le schéma philosophique le plus général, celui de la détermination réciproque. En revanche une communauté n'est pas constitutive, elle ne fonde pas les individus comme sujets, car les sujets sont inconstituables, elle est fondée de manière irréversible par eux et sur l'autonomie radicale de leur force (de) pensée. Les individus sont déjà «sujets» — sujets pleins ou «individuals» — avant leur identification à une Apparence objective, avant leur scission par celle-ci. Tandis qu'une société est au mieux une décision indécidable, une communauté est fondée non pas sur de l'indécidable mais

sur du non-constituable. C'est pourquoi toute communauté est toujours réduite aux acquêts.

Ainsi la Décision philosophique fonde tout au plus une société et toutes les sociétés sont «de philosophie», il est inutile d'en projeter de nouvelles. Les sociétés de philosophie ne furent jamais de réelles communautés. Seule la science peut fonder une communauté, et imposer à la philosophie le fondement et les valeurs communautaires. Une «communauté» de chercheurs à base philosophique se caractérise comme suit :

a) elle assujettit la «force (de) pensée» des chercheurs à l'*Apparence objective*, à un capital de décisions accumulées et sédimentées qui leur dicte leurs tâches, qui les protège et les rémunère, qui prélève sur eux une plus-value produite par le travail de la recherche, qui les voue enfin à une recherche historisante (par exemple à l'Histoire de la Philosophie);

b) elle se consacre à l'exploitation de l'expérience sous toutes ses formes, par exemple la science, l'art, etc., à sa transformation et à la production d'une plus-value de décision, c'est-à-dire d'histoire, de tradition ou d'apparence objective. Une société de chercheurs et de philosophes est une «entreprise» à tous les sens de ce mot. Elle travaille pour un capital de pensée accumulée et qui, comme capital, forme un indécidable objectif. Elle se le partage aussi, mais comme ce capital est indécidable, il est rare. L'économie de la Décision philosophique ou celle du PRS est celle de la rareté et de la guerre. Les sujets sont invités à se partager un indivisible : tous sont gagnants, tous sont perdants. Il y a une rareté de la recherche, en régime philosophique ou de suffisance, parce que la suffisance du Tout ou du Principe est immédiatement aussi, dès qu'il doit être partagé, lui l'impartageable, une insuffisance. La Décision philosophique, et pas seulement dans la recherche, implique la guerre comme son essence; la société philosophique est bien un consensus mais consensus pour la guerre; c'est bien un sens commun mais irréel et transcendant aux hommes et qui ne se veut commun qu'à travers la lutte, le partage, la rareté. Le sens commun supérieur des philosophes est définitivement rare et conflictuel. Que — sous ces conditions — la recherche soit de plus en plus assimilable à une guerre, qu'elle soit la guerre, l'économie, la guerre économique, la politique, la guerre politique, continuées par d'autres moyens, n'est vraiment pas une surprise.

4) Une communauté à base philosophique n'est pas une communauté réellement démocratique. Il n'y a pas de démocratie de la recherche en régime philosophique. Comment devient-on en effet sujet de la philosophie et donc du PRS? sujet *à* la philosophie et *à* la recherche? Par une

impasse, il fallait s'y attendre, c'est même tout ce que la suffisance de la recherche attend du sujet. La causalité spécifique du PRS sur l'homme qu'elle constitue comme sujet, c'est la loi de l'Apparence objective et c'est la loi d'une division. Aussi, pour qui prétend s'y identifier et fonder sur elle une communauté, la recherche est-elle à la fois impérative et impossible. Le sujet est contraint par une pulsion illimitée plus forte que tout devoir et que toute rationalité. Mais il est aussi interdit à la recherche ou interdit *de* recherche (comme on est interdit de séjour, de résidence, d'être) avec plus ou moins d'inhibition, selon le type de philosophie qui effectue le Principe. A la limite de déchéance de son fonctionnement, le PRS spécifie que le chercheur cherche sans trouver ou trouve sans chercher. De même qu'il faut toujours associer le besoin et l'interdit de philosophie, il faut penser ensemble le besoin de recherche et son inhibition. Le chercheur installe et déploie sa recherche dans un espace qui est la garantie de son ouverture illimitée, le grand large où il doit s'engouffrer. Mais en même temps, il le reçoit comme ce qui le protège de l'ultime débordement et des excès, de ce qui le maintient dans une dernière référence. Il oscille de la communauté-pour-les-chercheurs à la communauté-sans-chercheurs.

On dira toutefois que l'interdit a été progressivement levé, qu'il a été différencié, dispersé, rendu positif, qu'il a perdu de sa hauteur comme c'est le cas dans la forme technopolitique du savoir, des jeux de pouvoir-savoir. Tout cela est vrai, mais il n'en subsiste pas moins : le propre d'une «communauté» à base philosophique, c'est de se constituer à partir d'individus barrés comme tels ou divisés, et l'on entend par barre ou division la transcendance elle-même qui fait la Décision philosophique... Le sujet barré ne commence pas du tout avec l'inconscient, il commence avec le *méta-* de la métaphysique, avec la transcendance qui est au cœur de la Différence ontologique. Le sujet philosophique, celui dont on parle en général, est le sujet divisé *par excellence*. C'est pourquoi Platon a bien raison d'énoncer l'interdit majeur qui fonde le sujet de la philosophie : «*il est impossible que les multitudes soient philosophes*» (*La République*, VI, 494 a). Or cet interdit originaire qui pèse sur les multitudes ou les foules, et qui touche donc de près le problème de la communauté des chercheurs, il n'a pas du tout été levé par la pensée contemporaine et par son PRS. La philosophie est devenue celle des multiplicités, des dispersions, des disséminations, et vous passez pour un métaphysicien grossier lorsque vous persistez à parler de *La* science. Il n'empêche : les multiplicités dont il s'agit sont simplement celles des sujets barrés, multiples uniquement par leur division, *à cause* d'elle, re-barrés une nouvelle fois; la division a été démultipliée et affinée, elle n'a pas été détruite. Le chercheur se dit au pluriel *et pourtant «jamais les multitudes ne seront dignes de la recherche»*. Il vaut mieux savoir cela, et pas seulement lorsqu'on est candidat à un centre de recherche. Car vous ne pouvez accéder au statut de chercheur qu'en assumant l'interdiction de recherche qui vous est faite. Cet interdit n'élimine pas seulement certains pour d'autres, il élimine tout le monde, il traverse tous les sujets et les met en rapport avec une instance anti-heuristique. C'est que l'Apparence objective n'a pas été réellement détruite, au contraire, par le PRS. Et elle dit à la fois que la recherche suffit à tout, doit être satisfaite et qu'elle doit rester insatisfaite parce que le sujet que vous êtes est toujours inégal à la tâche.

La naissance de la communauté dans l'esprit de la science

Peut-on fonder sur la philosophie une communauté authentique de chercheurs et surtout de philosophes ? Il faut répondre : non.

Nous cherchons une genèse radicale, non vicieuse, de la communauté des chercheurs. Si elle est conçue comme un mode du cercle philosophique, elle se présupposera elle-même circulairement et réfléchira dans son fonctionnement tous les rapports de pouvoir et de hiérarchie conflictuelle qui sont l'essence de la philosophie, elle réfléchira l'interdit que véhicule la Décision philosophique, une interdiction-à-la-communauté facilement imaginable. L'essence de la communauté authentique, celle des individus, n'est peut-être pas réductible à un rapport ou à une relation, même originaires. Si toute relation en effet est réciproque, hiérarchique et accompagnée d'une Apparence objective, d'un socius autoritaire, si elle est sociale ou n'est pas, alors *il n'y a pas de rapport communautaire* — soutenir le contraire est une contradiction ou du moins une amphibologie.

Une solution très contemporaine consiste à vouloir dissoudre toute communauté globale ou spécifique dans une pluralité de communautés partielles ou moléculaires, connectées seulement et de manière aléatoire par leur plus grande distance relative. Mais le principe de telles communautés est le suivant : un individu représente un socius virtuel pour un autre. C'est là toujours, et même à l'état pur, l'éternelle amphibologie de la philosophie, la confusion de l'individu radical ou réel avec une relation. Allons-nous alors nous contenter de lui ajouter un supplément de rupture, d'interruption du cercle socio-centrique ? Le rapport communautaire primitif, nous dira-t-on, s'ouvre ou se déconstruit en effet de lui-même sur le butoir, angle ou coin d'une altérité à l'efficace de laquelle il reste suspendu. On nous objectera que le rapport social n'est pas aussi clos et originaire que nous l'avons décrit, aussi fermé sur lui-même, qu'il est déjà entamé, que ce sociocentrisme est déjà débordé et délimité — par qui ? par les philosophes justement qui peuvent seuls dériver le prétendu lien social originaire, par exemple en remarquant les effets d'obligation irréversible qui font l'efficience de ce lien. C'est là la dernière tentative du Principe de philosophie suffisante pour conserver son autorité : le site commun reposerait dans une défaillance plus originaire encore, le sens commun s'ouvrirait sur un incommunicable de droit et non-intériorisable par le sociocentrisme.

Toutefois entamer, délimiter, marginaliser le narcissisme sociocentrique ne le détruit pas réellement, mais se borne à lui faire sa part. Or la critique comme partage conserve l'autorité du Principe de philosophie suffisante, la croyance que le sociocentrisme, même comme illusion, appartiendrait malgré tout au réel. Une telle «communauté» simplement ouverte reste vicieuse ou du moins fait corps avec la circularité. Elle est dépouillée de son essence et oscille entre l'anonymat de l'Autre et l'anonymat du socius universel. Car l'Autre dès qu'il est mesuré à l'individu radical, c'est-à-dire au «propre» — oui : au propre — est encore anonyme ou se confond avec la série anonyme des noms «propres» qui lui servent de masques. La philosophie est par définition im-propre et incapable d'offrir à l'homme une communauté taillée sur mesure, mais ne lui offre que des relations tantôt trop grandes, tantôt trop petites, c'est-à-dire encore inadaptées. L'individu est plus que le refoulé de la philosophie : il est son halluciné, elle ne peut qu'halluciner l'homme.

Si le concept philosophique et bientôt techno-politique de la communauté consomme l'oubli de son essence, nous devons chercher celle-ci, exhiber sa réalité phénoménale et la distinguer de celle de la société. Et pour élucider l'essence de la communauté, il faut pouvoir répondre à ces questions : qu'est-ce qui unit la recherche au chercheur ? Comment le chercheur peut-il recevoir la recherche et être affecté par elle ? et quel sujet peut en être affecté et sur quel mode agit cette affection ?

A de telles questions, la philosophie répond sous des formes très diverses, mais d'une manière invariante par une certaine circularité ou détermination réciproque du chercheur et de la recherche, cercle identique au caractère divisé du sujet de la philosophie. On se doute que l'on désire ici briser cette circularité et mettre entre le chercheur, désormais éprouvé comme mode de la cause (de) la science, et la recherche une détermination d'un autre type et qu'il n'est pas question de seulement ouvrir ou distendre ce cercle. Aussi jugera-t-on que la question suivante : «Y a-t-il un rapport social originaire et fondateur des chercheurs comme tels ?» est une mauvaise position, déjà philosophique, du problème. Nous suggérons un changement de base réelle : une communauté en général, celle aussi des chercheurs, doit être fondée sur le savoir lui-même — non sur le savoir constitué et réprésenté, mais sur la science dans ce qu'elle a de réel et donc d'inconstituable, sur son sujet ou la cause (de) pensée plutôt que sur le rapport social ou philosophique toujours inadéquat.

Le problème n'est plus en effet celui de la possibilité de la recherche, mais celui de sa *réalité*, c'est-à-dire du contenu phénoménal ou vécu ultime qui définit le chercheur *avant* qu'il ne soit spécifié par son objet; le contenu de réalité ou d'expérience transcendantale que l'homme investit, sans l'aliéner d'ailleurs, dans la recherche. Nous devons chercher les données phénoménales c'est-à-dire *réelles*, de la communauté et cesser d'en projeter une image unitaire à partir des formes sociales; cesser d'élaborer inductivement son concept à partir de ses «réalisations» extérieures, transcendantes ou historico-mondaines, qui ne sont que des sociétés ou des modes de la *polis*. La cause humaine, celui (de) la science, est un vécu radical, une donnée immanente ou absolue, c'est-à-dire dépourvue de transcendance et de mondanité. Cela veut dire qu'elle n'a pas à se réaliser socialement, qu'elle ne transcende pas vers l'unité supérieure de la *polis* comme fait le sujet de la philosophie. Pas davantage elle n'a à s'engager dans un devenir-révolutionnaire illimité pour devenir ce qu'elle est. Son type de réalité est une immanence qui reste en deçà du couplage de l'être et du devenir, c'est-à-dire de leur scission ou différence. L'essence du «sujet» (de) la science est ce que nous appelons une Identité-sans-identification, un *Un* antérieur à la division opérée par la transcendance ou la décision qui font la recherche et dont celle-ci, comme *Apparence objective*, croit pouvoir affecter le sujet. Affection plus hallucinatoire que réelle puisque, par définition, on ne peut affecter de l'extérieur l'Un qui est à la rigueur affection non-thétique-(de)-soi.

Le chercheur détermine donc la recherche qui ne le détermine pas en retour : qu'est-ce que cela veut dire? Tandis que le sujet de la philosophie formule son essence en disant : je cherche donc je suis mort, formule qui n'est pas très différente de celle-ci qu'elle accomplit : je cherche donc je suis — car si je *dois* chercher, c'est que mon être est divisé et entamé par la recherche — le sujet (de) la science formule la sienne en disant : je suis, *donc* (je cherche), et ici le *donc* est enfin pris au sérieux et indique une causalité irréversible. Il permet de redonner sa réalité humaine radicale — on ne dit surtout pas anthropologique — au chercheur; de le libérer de ses déterminations techno-politiques et sociologiques, de fonder une communauté qui ne soit pas décalquée des rapports sociaux en général. Il y a en effet une causalité humaine propre au sujet (de) la science et antérieure aux formes philosophiques et technologiques de causalité. Causalité non circulaire, irréversible ou encore *unilatéralisante*. Elle permet enfin de reconnaître que *la recherche est faite pour le chercheur*, plutôt que le chercheur pour la recherche.

Telle que l'on comprend ici la science, elle seule peut donc fonder un nouveau sens commun plus démocratique, moins autoritaire que le philosophique.

La philosophie fait système avec le sens commun de plusieurs manières. La principale ou l'invariante est celle-ci : elle produit un concept du sens commun qu'elle distingue du sens commun effectif qu'elle vise au-delà de son concept et qui est le «sens commun»... commun — par défaut de sens. Par cette opération elle se condamne soit à créer de toutes pièces, par un délire idéaliste, quelque chose qu'elle appelle le «sens commun», soit à reconnaître quelque chose de tel en dehors d'elle sans doute, mais à le réfléchir en elle, à le transformer et le vicier. Pour la philosophie, le sens commun est un mirage infini. Elle s'y mire comme dans la bêtise qui la menace ou comme dans la réconciliation qui la fascine : elle ne s'en dépêtre que pour s'y empêtrer. Mais on ne peut dire qu'il y ait là un sens commun réel, c'est-à-dire vécu par le sujet (de) la science ou positif. Seule la science fournit une expérience incontestable du sens commun et représente la réconciliation, l'identité plutôt, avant leur division philosophique, de l'esprit de radicalité transcendantale et de l'exigence de l'ordinaire. Ce que nous appelons «l'homme ordinaire» — plutôt que commun — c'est la cause radicale (de) la science, ce n'est pas l'assujetti de la philosophie ou l'un de ses modes anthropologiques.

Avant de fonder une société anonyme d'exploitation de l'expérience au nom du capital de la philosophie et de la recherche réunies, les hommes s'éprouvent comme des forces de pensée *individuelles*(*-ales*). Et s'ils veulent former une authentique communauté, les philosophes, auxquels on se limitera désormais, doivent se reconnaître d'abord comme cause (de) la science, c'est-à-dire comme hommes et multitudes, plutôt que comme sujets de la philosophie. Autrement dit philosophie et recherche doivent être de simples objets de science plutôt que sujets de soi-même, sauf à retomber dans leur insuffisante suffisance.

Paix aux philosophes!

L'élucidation de l'essence humaine «individuelle» ou ordinaire de la communauté, permet de poser d'une nouvelle manière le problème de la démocratie et de la paix dans une communauté de chercheurs et surtout dans le cas typique d'une communauté de chercheurs en philosophie. C'est le problème d'une paix perpétuelle entre les philosophes, mais est-ce encore un problème philosophique ?

Dans la société des philosophes, ce qui peut régner c'est tout au plus une paix larvée, larvée autant que la guerre avec laquelle elle fait système. Une Décision philosophique, c'est là un invariant, combine toujours, de manière plus ou moins explicite, une opération de renversement et une opération de déplacement et d'emplacement. Ce sont là les deux bords ou les deux effets de l'Apparence philosophique objective. Au renversement, correspond la terreur ; la terreur est un constituant transcendantal invariant de toute philosophie et du Principe de philosophie suffisante. Au déplacement-emplacement, correspond un nouvel ordre — le nouvel ordre philosophique, c'est-à-dire une paix impériale. L'essence de la Décision la plus essentielle est le renversement et le rétablissement, la redistribution des hiérarchies ou des différences, une nouvelle économie de la violence — une paix forcée. On les forcera à être paisibles — telle est la menace que la philosophie fait régner sur les philosophes. Autrement dit la paix de type philosophique est coupée en deux, divisée comme toute chose par la pensée unitaire. Il y a une paix par surenchère de domination ou surcroît de guerre ; seul un supplément de guerre générale peut faire régner une paix locale, seule une guerre locale peut faire régner une paix générale ; et il y a une paix par renoncement à la guerre, par nihilisme, abandon et nivellement. De ces deux manières la paix philosophique est l'existence même de la guerre, et la guerre est l'essence de la paix philosophique. Ici encore une communauté de philosophes, ça n'existe pas, c'est une société, elle est fondée sur une dette illimitée qu'elle contracte à l'égard de la violence avant même de faire contracter les hommes entre eux. Les philosophes n'aiment pas la paix, ils ont seulement la haine de la guerre.

On demande maintenant si la science, dans sa posture la plus générale, est cette guerre faite à la guerre au bout de laquelle les philosophes font miroiter au sujet une Réconciliation ou même une Conciliation, une Résolution des discordes ou même une Solution absolue des différends, solutions qui serait bien entendu une Dis-solution encore impensée ? Tant pis pour ce que les philosophes appellent avec commisération le pacifisme — on soutiendra que la paix non-divisée, la paix qui n'est pas obtenue par division au sens où l'on divise pour régner et faire la paix, que la phénoménalité pleine, oui : le vécu de la paix, est le corrélat de la science. Pourquoi ?

Etant donné la manière dont on a défini l'essence de la science, en deçà de ses appropriations philosophiques, politiques et sociales, elle implique un grand principe : *elle exige de manière immanente l'équivalence de toutes les décisions philosophiques au sein de leur commune contingence, et donc détruit à la racine, c'est-à-dire pour le seul homme, le Principe de philosophie suffisante*. Les luttes interphilosophiques peuvent continuer, le polémologos peut se déployer, les Décisions peuvent s'interpréter, se commenter, se renverser et se déplacer, et même se déconstruire l'une l'autre — ce polémocentrisme de la philosophie est maintenant une hallucination, du moins dans sa prétention à définir l'essence du réel et de l'homme. L'équivalence des Décisions philosophiques n'en est pas une empirique et historique; ce n'est pas une thèse philosophique supplémentaire et un moyen vicieux pour rétablir une domination philosophique, celle d'une nouvelle Décision. C'est une exigence transcendantale — plus qu'une exigence et une possibilité, une réalité, le seul rapport réel qu'il y ait entre une communauté à base scientifique et la philosophie qu'elle prendrait désormais pour simple objet. La science, étant transcendantale en un sens radical, permet d'opérer une Déduction transcendantale de la philosophie, déduction du rapport désormais à sens unique de la philosophie (comme objet de science) à la cause (de) la science et à sa communauté. Non seulement elle rend les Décisions philosophiques absolument contingentes pour l'homme qui n'y a jamais aliéné son essence, mais elle les laisse être comme nouvel objet d'une théorie de la Décision philosophique.

Une communauté de chercheurs en philosophie ne peut donc être démocratique et paisible — ce qui paraît encore un idéal sauf à être philosophe suffisant — que si elle renonce à se fonder sur le Principe de philosophie suffisante pour se considérer comme sujet (de) la science, et si elle se contente alors de traiter la philosophie comme le simple objet d'une nouvelle science et, aussi, de nouvelles pratiques élaborées sur ce fondement. Il ne s'agirait plus d'interroger une nouvelle fois la philosophie, son origine historique, son envergure destinale, et la remettre une nouvelle fois sur son propre métier. C'est là toujours obéir à sa suffisance et confondre l'amour de la pensée avec l'amour de la servitude — oui, il y a une servitude philosophique et plus que «métaphysique». Le problème n'est plus de questionner ou d'écouter la réponse et de se mettre à l'Autre, il est de changer de pensée. Pas de simple *manière* de penser; mais de changer la *base réelle de notre rapport à la philosophie*; de regarder celle-ci dans l'optique d'une science radicale et d'inventer enfin librement, sans l'autorité ou l'autoréférence philosophique, de nouvelles pratiques, de nouvelles écritures pour ce matériau quelconque, la philosophie. La philosophie est l'un des continents scientifiques les plus difficiles à constituer — peut-être le plus difficile étant donné la résistance du PPS. Mais la constituer comme continent scientifique est une tâche inévitable prescrite par l'essence même de la science.

Le procédé pour y parvenir ne serait donc plus celui de l'ouverture, dépassement et même différence. Il ne serait plus celui de la mise en rapport de la philosophie avec ses dehors multiformes, avec ses appareils, ses institutions, avec ses entours politiques, juridiques, informatiques et technologiques. A-t-on réellement détruit la volonté métaphysique lorsqu'on l'a divisée en deux ou selon un rapport inégal au deux lui-même ? lorsqu'on veut ensemble la métaphysique et l'au-delà de la volonté métaphysique ? Cette double volonté, cette volonté doublée multiplie les conflits et menace la société de l'intérieur et de l'extérieur sans pouvoir constituer par là une communauté. La double responsabilité du philosophe contemporain — responsable de la totalité des choses et responsable de leur reste — est le souci qui fait système avec la guerre intestine. On craindrait fort pour une communauté de philosophes qui feraient l'économie d'un détour par la pensée de la science ou la posture scientifique à l'égard du réel. Elle se condamnerait à la fois à connaître de graves conflits internes et, pour survivre et prévenir ceux-ci, à emprunter les solutions dont nous avons tant d'exemples, c'est-à-dire à se rabattre sur les compromis opportunistes d'un intérêt commun bien compris ; ou encore sur le «profil bas» de la conscience institutionnelle, et à confier à cette norme institutionnelle, c'est-à-dire à la gestion, ce qui fut, cruelle, un «destin».

Il y a, d'une manière générale, deux sources de la pensée, de la recherche et de la communauté — il y a une dualité plutôt qu'une unité scindée en cours. La philosophie n'est que l'une des deux, et c'est précisément celle qui est unitaire, l'essence de la philosophie est une *volonté d'unité* plus profonde qu'une volonté de puissance et qui explique celle-ci. La science, en revanche, est une expérience «dualitaire», pour créer ce mot symétrique, ce qui veut dire entre autres choses qu'elle laisse être la philosophie qui, elle, ne laisse pas être la science mais prétend dicter son essence.

Telle est la maxime du chercheur solitaire : il faut préférer la science à la philosophie, quand ce ne serait, bien entendu, que pour philosopher autrement.

Les figures de l'humain : la communauté en passion
Michel MEYER

I. La malédiction platonicienne

Quand le *mythos* s'effondre, et qu'il apparaît alors aux yeux des Grecs pour ce qu'il est encore aux nôtres — de belles fables, une mythologie — la compréhension du monde et des hommes que le *mythos* offrait devint problématique. Comment savoir ce qui est juste et vrai sans les histoires exemplaires qui tranchaient les alternatives dans un sens ou dans un autre? La possibilité d'avoir désormais des points de vues multiples et des solutions opposées sur nombre de questions est alors inévitable. La pratique discursive qui va surgir pour traiter cette contradictoirité s'appellera la *rhétorique*. Au règne des solutions naturelles va se substituer celui des solutions conventionnelles : ce sera l'opposition du *nomos* et de la *physis*, l'avènement de la Loi comme procédure de résolution des conflits et des différends entre les hommes.

Un tel état de choses est instable car il repose sur l'acceptation de la convention, laquelle est forcément relative : elle ne s'impose pas naturellement mais par artifice. Les solutions préconisées sont factices, elles déplacent le problème qu'elles prétendaient résoudre, livrant l'homme à l'illusion du répondre plutôt qu'elles ne lui permettent réellement de le faire. Dans cette vente des points de vue opposés, parce qu'opposables, les sophistes ont pu s'insinuer sans difficulté. La rhétorique devient alors ce faux art de répondre, dont l'authentique penseur saura se détourner dans la quête d'un véritable fondement, dont le but sera précisément de résoudre les questions en servant, en guise de réponse première, un hors-question initial incontournable, *apodictique* dira-t-on plus tard. Si Socrate qui, à l'inverse des sophistes, ne répondait pas, a pu être pris pour l'un d'entre eux, cela tient à ce que lui aussi demeurait dans la problématicité dont la rhétorique ne pouvait se départir.

Le *logos* a alors succédé au *mythos* comme exigence d'éradication de cette problématicité, s'imposant comme la réponse à la question de l'élimination de tout questionnement; ce qui est, soit dit en passant, un point de départ contradictoire. Autant dire que le *logos*, dont Platon fut le premier maître, s'est construit comme mise en œuvre naturelle de l'apodicticité; celle-ci étant définie comme élimination des alternatives. La nécessité est ce dont le contraire est impossible, donc la rhétorique échappe au *logos*, puisqu'elle traite des contraires. La rhétorique s'identifie alors à la sophistique puisqu'elle met en œuvre des problèmes qui n'en sont pas, si ce n'est illusoirement. Qu'est-ce alors qu'une question, si ce n'est précisément ce qui s'élimine, grâce à des propositions dont elle est une forme, celle que prend notre incertitude? S'il y a des problèmes qui se posent, ce sont donc des témoignages de notre ignorance et non la structure même d'un *logos* qui les a éliminés *a priori* (tout en y renvoyant comme à une exigence indicible et souterraine). Question et question rhétorique au sens où nous l'entendons aujourd'hui s'identifieront désormais.

Mais Platon ne pourra éliminer cette problématicité et affirmer par là la norme apodictique du *logos* comme critère universel d'affirmation. Certes, pour répondre à la question socratique «Qu'est-ce que X?», donc pour dire quoi que ce soit (sur X, sur n'importe quoi), il faut, dit Platon, que X soit. Dès lors, questionner X, c'est questionner sur son être, comme répondre revient à dire ce qu'est X. Une question sensible renvoie à son véritable objet, l'essence ou l'Idée, qui dit ce que X est. Et si X est ce qu'il est, donc X, il ne peut pas être lui-même; l'essence est fondement, fondement nécessaire, en même temps que la carte d'identité de ce X. Comme l'être de X est à la fois l'objet réel de la question et de la réponse, on comprend que la différence entre la question et la réponse apparaisse inessentielle en regard de l'être qui la sous-tend et en ce sens l'abolit.

Platon semble bien avoir gagné son pari par sa métaphysique des Idées : le *logos*, qui est langage et raison fondée est apodictique. Toute la difficulté est cependant qu'il faut déjà connaître X sous un certain rapport, savoir que son essence recherchée n'est pas celle de Y ou Z.

Comment échapper à la contingence et à la multiplicité de ce qui se présente comme sensation et comme sensible ?

II. La naissance du propositionnalisme : la scission de la rhétorique et de la poétique (Aristote)

Aristote sait ainsi que l'on ne saurait échapper au constat que l'être est multiple, et qu'il se dit donc de multiples façons. A côté de l'essence, qui énonce l'apodicticité, il y a toutes les autres catégories, qui expriment aussi ce qui est, mais comme étant contingent, possible. Si la logique est ce discours de la vérité nécessaire, il y a à côté le discours de ce qui peut simplement être. Puisqu'on ne peut ni les amalgamer, ni nier l'un ou l'autre, il faudra bien en faire les théories respectives. La syllogistique est née, mais aussi la rhétorique et la poétique qui vont acquérir une autonomie propre, à théoriser, mais non pas à valoriser. Car la norme du *logos* demeure l'apodicticité, au nom de laquelle Aristote critique Platon ; c'est dire qu'il ne cherche pas à lui substituer un autre idéal de rationalité ou de discursivité. Mais, la contingence une fois réintroduite dans le *logos*, comment éviter de retomber sur le problématique ? Et c'est ici que l'on assiste au coup de génie d'Aristote : l'invention de la théorie de la proposition, à la place de la dialectique des Idées. L'être est multiple, dit Aristote : Une phrase plutôt contradictoire, car l'être semble bien posséder une propriété qui l'identifie, la multiplicité, comme s'il en était *le* support, un au-delà du multiple. L'être est-il alors un ou multiple ? Ce qui est est un et multiple sous deux angles différents : comme *sujet*, ce qui est est et ne peut pas ne pas être, Socrate est Socrate et il ne peut pas ne pas l'être. Mais comme prédicat, ce qui est est contingent — Socrate est chauve. Il est fort possible que le sujet soit autre, donc devienne, Socrate chevelu est chauve, car il ne doit pas être l'un plutôt que l'autre. La proposition va permettre d'énoncer des prédicats opposables, possibles. Et pour être vraiment sûr que l'on n'aura pas d'alternatives conçues comme problèmes, on dira que deux prédicats contradictoires ne forment jamais qu'*une* proposition, même si dans des temps différents, la proposition vraie est l'opposée parce que c'est le prédicat qui avait été éliminé qui maintenant se réalise. Socrate est chevelu, il ne peut être chauve, même si rien n'empêche, qu'un jour, Socrate soit chauve, et ne soit donc pas chevelu. Le principe de contradiction est plus qu'un principe de sens ici — ce qu'il est et que personne ne contestera — il fonctionne comme régulateur de la contingence, interdisant de voir dans le possible une quelconque figure de la problématicité. La présence du sujet, donc la structure propositionnelle sujet-prédicat, «A est B», garantit que toute prédication opposable se réduise à une affirmation grâce à son rôle d'identification du sujet. L'identité de Socrate, ce qu'il est, nous est donnée entre autres par sa calvitie. Il est chauve, grec, assis en ce lieu et en ce moment, etc. et il est ce que tous ces prédicats en affirment! Il ne peut pas ne pas être autre que lui-même, donc les prédicats opposés à ceux-ci sont exclus. Mais ils sont pourtant possibles, sinon dans la réalité même, du moins en principe. Ce sont en quelque sorte des fictions par rapport à cette réalité, mais des fictions vraisemblables, des possibles qui sont empruntés au réel comme par écart.

La *rhétorique*, dit Aristote, porte sur ce qui est mais qui aurait pu ne pas être (le passé; *exemple* : la rhétorique judiciaire, où l'on suppose que, par exemple, le crime commis aurait pu être évité, l'assassin est donc *responsable*); sur ce qui est, mais qui pourrait ne pas être (le présent; *exemple* : le genre épidictique, qui exprime le blâme ou l'approbation); sur ce qui est mais pourrait ne jamais se produire (le futur; c'est l'affaire de la délibération, de l'action, comme de la politique).

Quand à la *poétique*, elle est le complément, au sens mathématique du terme, de la *rhétorique* : au lieu de dire ce qui est, mais qui ne doit pas être, elle dit ce qui n'est pas, mais pourrait (ou aurait pu) être. Elle représente l'autre face du possible, de la contingence.

En séparant ainsi la poétique de la rhétorique, au nom d'une certaine conception du *logos* centrée sur l'apodicticité, dont la contingence serait l'envers propositionnel, Aristote expulse la rhétorique hors d'elle-même pour deux mille ans. Qu'est-ce alors que cette rhétorique, qui va devoir se battre contre la logique pour exister (Perelman), tout en excluant la fiction avant de s'y réduire totalement? Réduite à l'argumentation, la rhétorique n'est que l'enfant handicapé du *logos*, qui ne cesse de proclamer contre l'inférence logique qui elle aussi infère, et pour se démarquer de la poétique, d'affirmer qu'elle respecte bien les normes du *logos* propositionnel bien qu'elle ne dise pas le vrai. Mais qui va croire que cette rhétorique-là, propositionnelle et en infériorité par rapport aux normes du propositionnalisme, va pouvoir sortir de son fauteuil roulant et se mettre à courir parce qu'elle proclame simplement qu'elle le peut? Pour paraphraser l'un des maîtres de la poétique contemporaine, G. Genette, s'il y a une véritable *rhétorique restreinte*[1], cette bien celle issue du cadre propositionnaliste tissé par Aristote.

III. La rhétorique et les passions : de la typologie des auditoires à la représentation de l'humain

Les rhétoriciens aiment les passions, mais ils en parlent de moins en moins. Pourtant, Aristote leur consacre le deuxième livre de sa *Rhétorique*. Quel peut bien être le lien qui existe entre la contingence propositionnelle et la théorie des passions? Pour nous, aujourd'hui, le rapport est loin d'être évident, surtout si l'on fait de la rhétorique une théorie de l'argumentation pure, donc simplement de l'inférence et du raisonnement, linguistique (Ducrot) ou philosophique (Perelman). La raison de cette perte est sans doute due à notre idéologie universaliste héritée des Lumières. Chacun est l'autre, et nous sommes tous des sujets purs, des universels de la raison et de la nature humaine. L'individu n'est que la mise en pratique de cette universalité, et si, d'ailleurs, il s'en écarte, le mal est inévitable.

Avec une telle image de l'humanité de l'homme, il est difficile de comprendre le passionnel chez les Grecs, car, chez Aristote par exemple, l'humain se définit moins par l'identité que par la différence. Les hommes sont différents, et sans cesse, ils doivent veiller à ce que leurs différences ne les emportent au-delà du *juste milieu*, là où les extrêmes excluent les points de vue opposés, donc les Autres. Il est impossible de vivre en communauté (la *Polis*), si l'exclusive, ou l'exclusion, se voit privilégiée par rapport à l'inclusion communautaire, si la contingence humaine se fait passer pour une nécessité, celle qui prétend le contraire impossible. L'humain, c'est précisément cette différence qui va jusqu'aux opposés, fussent-ils à bannir comme contraire à la juste moralité et à la saine vie politique, c'est-à-dire communautaire. Pour que cette vie soit possible, il faut que les hommes puissent arguer de leur différences, pour régler leurs différends, et par conséquent, qu'ils fassent accepter la distance qui les oppose les uns aux autres afin de faire saisir ce qui doit être intégré dans la discussion pour qu'elle aboutisse. Il faut qu'ils puissent acter cette distance, pour s'en indigner ou s'en réjouir, et de façon plus générale, la mobiliser s'il faut la vaincre pour convaincre. La passion exprime la différence, elle est moi-même pour l'autre. La passion, dit Aristote, à la fin du chapitre premier du deuxième livre de la *Rhétorique*, est «ce qui, en nous modifiant, produit des différences dans nos jugements»[2]. En clair, la passion est le lieu de rencontre du sujet humain et du sujet traité dans le discours qu'il adresse à autrui ou à lui-même. Ce qui est intéressant dans les passions chez Aristote, dont la classification peut sembler quelque peu artificielle[3] est qu'elles présupposent toutes une différence à laquelle les protagonistes passionnés réagissent dans un sens ou dans l'autre. La passion peut nous emporter au-delà du juste milieu si, précisément, elle nous pousse aux extrêmes qui sont les différences parfois sans retour. Mais elle peut aussi permettre la stabilisation en réfléchissant une image de nous-mêmes qui nous ramène au juste milieu, entre A et non-A, là où l'exclusive est exclue. Les passions font donc à la fois partie de l'éthique, et elles s'en échappent, à moins d'entendre simplement par l'*ethos*, comme le firent les Grecs, l'expression du caractère.

La passion exprime la différence entre les sujets, la manière dont ils se voient à travers l'autre, et donc, comment ils y réagissent. D'où l'idée de passivité. Et aussi celle du spectacle que l'homme donne de lui-même à l'autre, la forme grecque de la distance entre conscience de l'autre et conscience de soi, conscience irréfléchie et conscience réflexive, un espace qui sera plus tard celui de la représentation mais qui est déjà, ici, celui du théâtre.

Comment l'humain se déploie-t-il selon la différence? La réponse du Stagirite est claire : selon le plus, le moins et l'égal[4]. La mesure est à la fois norme, celle de l'égal, et une référence qui situe les autres valeurs, une unité. Les passions deviennent des indices du plus ou moins.

Elles peuvent d'ailleurs inciter les sujets à retrouver la mesure : la colère fait prendre conscience de l'outrage, par exemple, et s'adresse comme une accusation d'une différence marquée, considérée comme injuste. «La cause du plaisir qu'éprouvent ceux qui outragent, c'est qu'ils croient se donner un avantage de plus sur ceux auxquels ils font du tort. Voilà pourquoi les jeunes gens et les gens riches sont portés à l'insolence. Ils pensent que leurs insultes leur procurent une supériorité»[5]. Chaque fois, le problème se pose en termes de différence imposée et rejetée, de supériorité subie mais ressentie, etc. La haine augmente ou crée la distance, l'amour l'abolit, l'envie la présuppose même si elle veut l'abolir, la pitié s'adresse à l'inférieur comme la crainte révèle un pouvoir supérieur. Ces deux dernières passions jouent un rôle fondamental dans la *Poétique* d'Aristote. La représentation des passions crée une mise à distance, et dépassionne l'action mise en œuvre. L'identité, la *mimesis*, se supplémente d'une différence, celle qui permet de prendre ses distances avec les destins extrêmes. Une telle prise de distance, Aristote l'appelle *Katharsis*. Dans la comédie, la différence se manifeste par un rapport d'infériorité : le laid et le ridicule y sont dépeints[6]. Dans la tragédie, c'est l'inverse, on regarde vers le haut; la pitié nous rapproche du héros, et la crainte de sa destinée nous en éloigne. Le héros tragique n'est pas simplement supérieur, il incarne la démesure, l'*hybris*, qui exclut les autres hommes, par un destin sans pareil, exemplaire mais inassumable. Si la crainte renvoie à la possibilité d'une action vis-à-vis de laquelle on veut maintenir la distance, la pitié nous renvoie aussi à notre identité propre, en regard du destin tragique qui pourrait être le nôtre, mais qui ne l'est pas [7].

Aristote fait de la *mimesis* une *poiesis*, une action humaine qui, de part ce qu'elle est, imite la nature, à cette différence que la nature tend vers sa fin par elle-même [8]. L'action humaine y ressemble, mais moyen et fin sont extérieurs l'un à l'autre, d'où la contingence de l'action, la nécessité de délibérer et le souci de faire *bien*. L'homme a besoin de la poétique pour le guider, positivement si l'exemple est bon. D'où le rôle essentiel que joue la métaphorisation comme figure de proue, puisqu'elle fait ressortir un trait frappant afin de l'amplifier.

IV. D'Aristote à Descartes

Si l'on y regarde de près, le système aristotélicien ne peut qu'être miné par la division de la rhétorique et de la poétique. En effet, la prédication contingente ne peut avoir qu'un rôle ambigu au sein du *logos*. Elle incarne une manière d'assumer la problématicité sans avoir à la dire telle, ce qui revient à la déplacer par une version propositionnelle qui ne peut lui donner d'autre statut que subalterne. Rhétorique, poétique et dialectique argumentative sont distinctes comme autant de modalités pour dire ce qui est, un être dont la nature est de ne pas pouvoir ne pas être, et par rapport auquel tout discours non apodictique est donc voué à demeurer un faux-semblant. L'obsession ontologique, on s'en souvient, est destinée à l'éradication de la problématicité initiale. L'être de X, quel que soit ce X, est ce que doit dire tout discours, c'est ce qui fait que X est X, et non autre chose. Toute alternative étant exclue, le discours devient la négation de celle-ci. Comme l'interrogation, qui définit le champ rhétorique, porte en réalité elle aussi sur l'être, le questionnement est non seulement au service de la proposition, de la «réponse», mais n'en est qu'une modalité, des alternatives n'en sont pas réellement, et toute question renvoie finalement à une proposition préexistante qui la définit et la rend possible. Comment une question, qui comme telle met en œuvre une alternative, pourrait-elle l'exclure à la fois, sans passer pour illusoirement interrogative? Bref comment la rhétorique pourrait-elle être autre chose que pure sophistique? Platon revient hanter Aristote. Celui-ci se défendra en soutenant qu'il a réussi à propositionnaliser la contingence : l'alternative se réduit à un choix propositionnel, et la norme demeure l'apodicticité. Est-ce bien sûr? L'être est multiple : voilà une contradiction qu'est censée résoudre la complémentarité du sujet (nécessaire) et du prédicat (qui peut être contingent). Si l'on dit «X est A», par exemple, rien ne permet d'affirmer que A est l'essence, et par conséquent, ce qui identifie X est multiple. Mais comment donner un sens à cette ontologie où l'être est à la fois un et multiple? Comment comprendre — si l'on accepte d'oublier l'ontologie, «science introuvable»[9] — que l'identité du sujet, ce qui fait que *nécessairement* Socrate *est* Socrate, s'énonce par des prédicats contingents, qui tous sont opposables? Socrate est Socrate et ne peut pas ne pas l'être? S'il est chauve, et c'est bien ce qu'il est, il ne peut pas ne pas l'être. Pourtant, si Socrate est chauve, nécessairement il ne peut être chevelu, sans que cela implique pourtant qu'il soit nécessairement chauve. Quelle est alors cette apodicticité, purement formelle, que garantit *a priori* le principe de contradiction? En d'autres termes, le *logos* ne semble pas échapper à une apodicticité factice, fictive, dont, il est vrai, la science se chargera de vérifier localement (par des ontologies partielles, régionales comme l'on dit) quel est le choix qui doit être privilégié. Mais cela ne change rien à l'impossibilité ontologique : dire l'être est contradictoire, et loin d'évacuer l'alternative par la propositionnalisation de l'interrogativité, on retrouve celle-ci dans l'idée de prédication contingente, laquelle renvoie toujours à un sujet qui nécessairement est et n'est que par rapport à cette prédication qui énonce ce qu'il est comme sujet. L'être est multiple, mais s'il *est* cela, *il* est un. Acceptons d'oublier l'ontologie, c'est-à-dire la réflexion sur l'être pour simplement parler de ceci ou de cela qui est, on retombe sur le déplacement de la difficulté qu'on croyait pouvoir fuir en renonçant à l'ontologie. Car la proposition reproduit en elle cette difficulté.

Peut-on faire du propositionnalisme sans ontologie? Tel est bien le sens du défi cartésien, ce qui en fait et le côté rupteur et son insertion dans la tradition. Tout le paradoxe de l'aristotélisme est d'avoir l'ambition d'apodicticité et d'accepter une contingence qui se réduit à la nécessité du sujet propositionnel. Contingence et nécessité vont se détruire l'une l'autre, dans une ontologie qui ne peut plus distinguer l'un et le multiple qu'elle prétend dissocier.

Pour Descartes, le *Cogito* est la première proposition, elle affirme que je suis un sujet pensant, sans aucun doute possible. Sujet et prédicat se retrouvent ainsi dans l'apodicticité de l'affirmation propositionnelle de la conscience par elle-même. Apodicticité, propositionnalisme, élimination de toute alternative assimilée au doute, sont ainsi fondés par la réflexivité du sujet pensant s'affirmant comme conscience de soi. Telle est la nouvelle figure de l'humain qui émerge, et l'ontologie a disparu. L'être avait beau être un comme tel, il était aussi multiple, faisant apparaître pour certain ce qui en fait ne cessait d'être opposable.

Pourtant, Descartes va retomber sur le problème inhérent au propositionnalisme. La conscience, comme conscience, comme conscience de soi, est certes apodictique et pleine des idées qu'elle réfléchit depuis toujours, de façon innée, dont elle est le sujet instaurateur. Il n'empêche que l'on n'est pas *toujours* conscient de soi, quand on a le regard porté sur les choses. La contingence empirique agit sur nous et nous ne pouvons pas ne pas la subir en quelque façon. On est absorbé par le monde, ou par les objets, fussent-ils conceptuels comme en mathématiques, la conscience ne se réfléchit pas en train de faire ceci ou cela, mais tout simplement le fait, sans détourner son attention sur elle-même. Conscience et conscience de soi ne coïncident donc pas. Va-t-on dire que la conscience est inconsciente d'elle-même ? Comment expliquer qu'à côté de ce sujet, actif parce qu'il décide de ce qu'il admettra comme valeur ou comme vérité, il y a un sujet dont la conscience est irréfléchie ? Descartes va-t-il alors admettre l'empirisme, c'est-à-dire une conscience essentiellement nourrie de l'extérieur ? Ce serait contradictoire avec sa conception de la conscience qui s'approvisionne à sa propre réflexivité, puisant en elle les idées justes qu'elle a non de l'extérieur mais de façon innée. Le *Traité des passions* n'a d'autre but que de concilier l'inconciliable. On y parle de l'âme, et non de la conscience, mise en mouvement par l'action du corps, à l'égard duquel elle est donc passive. La contingence, propre à l'existence des corps matériels, est évacuée de l'ordre propositionnel, et du même coup, toute esthétique comme toute rhétorique. Platon a gagné contre Aristote par l'entremise de Descartes. La passion révèle la différence entre la conscience externe, sensible, et la conscience réfléchie, intellectuelle. Si, pour Descartes, la passion originelle est l'admiration devant ce qui arrive comme simplement contingent — c'est-à-dire comme étant l'expression de la rupture d'apodicticité, le constat d'altérité — pour Spinoza par contre, la passion étant la marque de la corporéité de l'homme, de son imperfection par rapport au divin de ce qu'il manque à l'homme pour être pure conscience de soi, la passion originaire devient le désir, marque de cette corporéité, preuve qu'il est l'expression d'une vie en extériorité, immergée dans le sensible. Remarquons que, pour Descartes, la temporalité, et de façon plus générale la distance à l'objet, se retrouvent modulées dans la volonté d'avoir et d'être, ou au contraire, dans le regret, la haine, et la tristesse quand la différence voulue a été malgré tout abolie. Pour Locke, qui pense pouvoir identifier la conscience à la conscience de soi, à condition de la rendre vide, nourrie progressivement par le sensible, aucun écart entre les deux types de conscience n'étant pensable, les passions sont forcément inexistantes. A moins que la conscience ne soit plus que passion, puisque tout émane de la conscience sensible, une conséquence que Hume tirera mieux que tout autre empiriste. La conscience de soi comme telle est un leurre, puisque rien n'existe pour nous qui ne soit de l'ordre de la sensation. Mais qui est ce *nous*? Jamais Hume ne résoudra l'impossibilité pour l'empirisme d'une identité personnelle, d'un sujet non empirique, support des sensations empiriques. Le *Moi* n'est pour lui qu'un réceptacle variable à souhait, où par le biais d'une conscience réflexive réduite à l'imagination par rapport au vécu immédiat et sensible, il n'est plus que passionnalité multiforme. Pas d'identité du sujet, donc pas de rapport entre les hommes, ni d'éthique qui puisse échapper au relativisme des impératifs sensibles. Kant rétablira l'identité du sujet en trois temps, où plutôt en trois *Critiques*, recoupant ainsi les trois sections du *Traité de la nature humaine* de Hume. La conscience transcendantale est alors l'unité retrouvée de la conscience de soi, l'entendement, et de la conscience externe, sensible. Comment penser ces deux facultés identiques alors qu'elles ne le sont pas, puisque la conscience d'objet n'est pas la conscience de soi, le soi étant un autre «objet». Kant dit bien que l'on ne peut amalgamer ces deux types de consciences sans tomber dans l'illusion (les célèbres *paralogismes transcendantaux*). Comment la sensibilité va-t-elle donner naissance à une conscience réfléchissante, bien qu'absorbée dans le réel externe, singulier en l'occurrence? Telle est la question de la *Critique du jugement*, qui répond au problème de la conscience irréfléchie par la théorie du jugement esthétique. Celle-ci est au fond une théorie de la *conscience* sensible. Les passions se résorbent de façon indifférenciée comme sensibilité. Il n'est plus besoin d'en faire le discours, puisque la réceptivité tombe cette fois à l'intérieur du jugement. Ces passions, en tant qu'elles forment l'hétérogène de la conscience comme c'était le cas chez Descartes, n'ont plus à être théorisées en propre et les passions, en tant qu'elles représentent ce qui échappe à l'action de la conscience du sujet, cèdent alors la place à l'esthétique. On retrouve malgré tout chez Kant l'idée de la différence par l'intermédiaire des concepts du beau et du sublime, où se marque ce qui est indiscutablement supérieur. Le plaisir est ce sentiment de fusion immédiate, irréfléchie, de la conscience et de son objet, sans écart entre conscience de soi et conscience externe. La fusion sensible relève de l'imagination, car la différence demeure entre la conscience de soi et la sensibilité. Le jugement esthétique opère seulement *comme si* cette fusion se réalisait dans le rapport à la singulairté externe. Par l'harmonie de la conscience avec elle-même, qui se réfléchit une dans la passivité esthétique, l'esprit contemple sa propre unité, d'où le plaisir qu'elle a de se réfléchir esthétiquement, pour s'affirmer subjectivité pure dans ce rapport de réflexion à soi, pourtant enracinée dans une relation singulière à l'objet. Le goût du sublime inspire sans doute terreur et admiration rappelant ce que Aristote pensait du destin tragique et Descartes de la passion en général. Mais par là, surtout, ressurgit l'interrogativité dans ce qu'elle a de transcendant pour l'esprit qui se conçoit par le biais du propositionnalisme : rupture issue de la conscience entre ce qui la dépasse et qui à la fois s'impose à elle.

Regardons le chemin parcouru. La Rhétorique, en traitant de la contingence, s'est portée sur l'humain et ses passions, comme reflet des différences accidentelles. Comme tout discours sur la contingence au sein de l'ordre propositionnel qui, par nature, la réduit, les passions vont se résorber dans l'identité du sujet, mais elles vont aussi s'y présenter comme radicalement hétérogènes. Le discours sur les passions, chez Descartes par exemple, devient domestication de la différence, repérage de l'identité derrière ce qui semble nous distancer le plus de sous-mêmes (comme *Cogito*, substance pensante pure). Le statut d'un tel discours est forcément ambigu, puisqu'on ne sait s'il recouvre une nouvelle identité de la conscience dans le discours sur ce qui tombe en dehors d'elle comme réflexivité apodictique, ou si, au contraire, on a là un discours sur ce qui ne peut qu'échapper à la discursivité, et à l'activité pensante du sujet.

Ce qui est également frappant dans cette «rhétorique subjective» est que les passions, qui représentaient une figuration de l'humain dans sa diversité possible, tombe maintenant à l'intérieur de *la* subjectivité, comme son hétérogénéité radicale. Le composant rhétorique est voué à l'effacement, et va devoir céder la place à une passionnalité qui définit un certain rapport de l'homme à lui-même, à son corps, ou au corps social, mais ceci par dérivation. La relation des hommes entre eux découle de cette passionnalité interne à chaque homme, d'où la mécanique de l'affrontement passionnel chez Hobbes, dont on ne rappellera jamais assez que le *Léviathan* s'enracine dans un exposé préliminaire de la rhétorique des passions. Celles-ci, au fond, définissent l'homme dans ce qu'il ne maîtrise pas, et qui le font être objet, et non sujet, *Cogito*. Elles expriment plus la différence que l'identité, elles sont donc source d'opposition, et non d'unité. Qu'il faille courber les passions pour réussir le *Contrat social*, pour simplement le conclure, est une idée que l'on retrouvera d'ailleurs dans la morale de Kant. Mais les passions y auront disparu. Car ce qui se passe entre Descartes et Kant est que la théorie du corps, et de la matérialité des corps, s'est entretemps intégrée à celle de la subjectivité, sous le coup de l'empirisme, et la conscience sensible va alors faire partie d'une sorte de *Cogito* élargi. L'esthétique sera cette théorie de la sensibilité. L'identité et la différence vont ainsi s'insérer à l'intérieur de la conscience et de sa faculté de juger (on ne parle plus d'*âme*, comme Descartes, puisqu'on peut tenir un langage unifié par la scission de la conscience en diverses facultés ; ce que Kant appelle philosophie *transcendantale*). Le beau et le sublime, chez Kant, représentent des stades gradués dans ce que peut éprouver la conscience absorbée par l'objet. La passion, qui n'a de sens que dans le sujet scindé (âme et corps, par exemple), est devenue esthétique, conscience passive, du fait que l'objet sensible peut ainsi l'élever et l'envoûter. La conscience réfléchissante réalise une sorte d'unité (fictive) de la conscience avec son objet, et aussi avec elle-même comme réflexion de cette absorption sensible.

Pourtant, si Descartes ne permet pas véritablement à une rhétorique de subsister, comme champ propre, thématiquement du moins, le simple fait qu'il y ait une certaine opacité dans le sujet par l'action du corps sur l'âme, suffit à montrer qu'il y a une zone d'aliénation de la conscience où celle-ci, paradoxalement, n'est pas conscience de soi, ce qu'elle est pourtant. Par ce creux, par cette aliénation, un discours passionnel peut naître comme autant de mises en figure de l'humain. Cette rhétorique comme théorie des figures passionnelles est d'ailleurs l'objet d'un livre, aujourd'hui un peu oublié, *De l'art de parler* (1675) du Père Lamy. Qu'est-ce que cette rhétorique cartésienne, si l'on peut s'exprimer ainsi, sinon la manière dont l'âme n'est pas conscience tout en l'étant, dont elle n'est pas elle-même, en tant qu'elle *se* masque et à la fois *se* dit? Les figures expriment les différentes façons dont le sujet échappe à lui-même, sa différence ; et leur mise en discours reflète l'union de l'âme et du corps, ce qui fait que le discours peut flatter les oreilles, procurant du plaisir à un esprit absorbé dans le sensible. D'où l'idée de discours-ornement, qui plaît, qui charme mais qui se relittéralise par la maîtrise que la conscience va retrouver en réfléchissant ce qui est de l'ordre du sensible. Descartes, comme tel, ne pouvait penser cette identité. Kant, en le faisant, n'a besoin ni des figures de rhétorique, puisque le sujet est d'emblée uni à lui-même, avec ses différences *en lui*, ni des passions, puisque c'est l'hétérogène même. Une théorie des tropes postule un sujet non originaire, toujours en décalage par rapport à soi, une conscience qui n'est pas nécessairement conscience de soi, mais qui est plongée dans la conscience qui est celle du rapport à l'objet qu'il n'est pas et qui le ravit. Un tel sujet est celui que nous connaissons aujourd'hui, mais ce n'est ni celui de Descartes, avec l'apodicticité du *Cogito*, et les passions qui sont en dehors, ni celui de Kant, où tout tombe en dedans, même si la différence des facultés dans la conscience pose d'insolubles contradictions. Avec une figurativité accrue, détachée du sujet, on assiste à l'éclatement de ce dernier, et aussi à une prise de conscience renouvelée des figures, qui vont ainsi se démultiplier de façon sinon arbitraire, du moins anarchique, plaçant la rhétorique des figures à mi-chemin de l'esthétique, de la linguistique et de la rhétorique telle qu'on la concevait dans l'Antiquité ; c'est-à-dire la reléguant finalement nulle part, au sein de cet ordre propositionnel qui ne peut lui réserver d'autre sort réel [10].

Mais pour en revenir au sujet, supprimez l'écart entre le sujet pensant et son insertion sensible, et vous aurez Hume, pour qui le *moi* n'a d'autre consistance que celle du flux passionnel. Mais il n'y aura point non plus de dissociation entre le sujet et lui-même, ce qui fait des passions les corrélats des tropes, de la figurativité. D'autre part, si l'on procède comme Kant, en faisant tomber la différence sensible du sujet à l'intérieur de cette super-conscience qu'est en quelque sorte la faculté de juger, il n'y a d'autre passion possible que celle du réflexif implicite à l'absorption sensible, et il n'y a sûrement pas d'espace pour la figurativité. Le sujet reste un, il demeure le point de référence, le littéral réducteur du symbolisme de l'imagination. Le figurativité postule précisément l'impossibilité d'identifier la conscience réfléchissante et la conscience d'objet. D'ailleurs, c'est ce mouvement de distanciation qui va se produire dans le romantisme et qui va aboutir à une rhétorique tropologique, de plus en plus, centrée non sur le sujet, fragmenté, mais sur le langage, ou plus exactement le propositionnel dont la tropologie va constituer une des fissures majeures et premières.

La passion, c'est l'identité fracturée du sujet, ce qui en lui n'est pas véritablement lui. Et c'est aussi l'indicible du propositionnalisme, lorsque, d'ontologie, il se mue en subjectivisme radical. Les figures sont alors des décalages impossibles, puisque les décalages tombent en dehors du sujet comme tel. Plus tard, avec la réflexivité kantienne, la figurativité n'est plus que figure de la conscience.

Mais, après Kant, la fragmentation de la conscience va s'imposer de plus en plus, pour culminer dans cette «crise du sujet» à laquelle on associe habituellement Marx, Nietzsche et Freud.

V. La rhétorique comme tropologie et le retour de l'humain

Avec l'idée de sujet, la figurativité devient l'expression indirecte de l'humain. Celui-ci n'en est pas l'auteur, mais, en un certain sens l'objet. Ce dédoublement du sujet, à la fois auteur et objet de son langage, est ce que devait devenir la conscience, une fois admise l'impossibilité de faire coïncider la conscience sensible et la conscience de soi, dans une réflexivité immédiate. La figurativité est cette synthèse des passions, de la conscience externe irréfléchie mais sentie, et du langage où néanmoins le sujet se réfléchit de façon non thématique, c'est-à-dire au travers d'autre chose qui le fait cependant éprouver ce qu'il est. La rhétorique, en étant la mise en place de cette figurativité, retrouve l'humain, par les passions qu'elle exprime et qui ne sont plus projetées à sa périphérie, mais aussi la rhétorique reprend l'esthétique au sens où Kant entendait celle-ci, puisque la différence du sujet, de lui-même par rapport à soi comme des sujets entre eux, redevient possible, comme figuration.

Car il faut bien se rendre compte que l'hypothèse de l'unité de la conscience est apparue de plus en plus intenable. La conscience est à la fois conscience de soi et conscience d'autre chose, et par là, elle s'énonce telle qu'elle est malgré la différence. Elle est à la fois auto-référente et référée à un objet externe, elle se dit en ne se disant pas. Elle est ce qu'elle est en étant conscience d'autre chose ; elle s'exprime en représentant ce qu'elle n'est pas, mais elle s'y retrouve quand même, de façon figurée. Si l'on a pu croire dans un premier temps qu'elle était son propre littéral en se figurant, en s'imaginant l'objet qu'elle n'est pas, la fiction de l'identité ne pouvait se maintenir dès lors, qu'après Kant, on a cherché à penser précisément cette identité de la conscience avec elle-même. Ce qui a débouché sur la dialectique de Hegel, mais aussi, sur l'évidence que la conscience ne pouvait retrouver son identité littérale derrière les diverses manières dont elle se figurait les objets externes. Il en est résulté l'idée que les figures, loin de faire retomber la conscience sur la littéralité dont elle serait l'auteur, n'avaient pas de traduction propre qui permettrait de les abolir. La figurativité, en se réfléchissant, se détache alors de plus en plus de la subjectivité dont elle avait été une modalité, et celle-ci, la source. La figure se réfléchissant, le langage en vient à se penser, comme structuré tropologiquement, précisément.

La tropologie va devenir l'une des premières réflexions sur le langage de l'époque moderne, puisque ce n'est plus *à partir* du sujet que les tropes vont se laisser expliquer. Il y a alors le sujet qui parle et celui dont, indirectement, il est question dans ce qui est dit, sorte d'objet indirect du discours, le signifié d'une passion exprimée ou d'une émotion qui se traduit. Le figuratif ne se laisse plus recouvrir par un littéral *a priori*, mais le fossé entre littéral et figure se creuse, au point que la figurativité devient le lieu de la réflexion, à la place du sujet. La figurativité est l'objet même du langage, celui-ci est devenu en quelque sorte autonome par rapport au sujet, lequel se trouve simplement indiqué, signifié indirectement. Le sujet sera scindé en conscient, en vouloir-dire, et en un inconscient, ou sujet parlé, objet transitif du discours. Il subit un discours dont il n'est plus le maître, et partant, il en est le sujet passif; par rapport à une conscience activement et intentionnellement littérale par rapport à ses contenus, il est, en tant que sujet passif, sinon en passion, inconscient. Avec la figurativité qui s'impose telle, le sens se déréférentialise, et se dissocie de la signification, laquelle sera ce qui n'est pas dit mais se trouve simplement suggéré, évoqué, etc. dans ce qui est dit. La figurativité s'écarte du littéral qu'elle ne traduit pas, de telle sorte que la question de leur différence va se poser de plus en plus en termes de passage. Le rapport du littéral et du figuré va apparaître de plus en plus comme une inférence où la figurativité se réfléchissant telle de plus en plus, se livrera comme d'autant plus comme énigmatique. L'inférence qui est sollicitée sera réponse et la figurativité, problématicité, faisant du couple littéral-figuré une relation d'interrogation, où l'auditoire sera d'autant plus soumis à la question que le sens ne sera plus donné mais à chercher. La rhétorique des tropes rejoindra enfin celle des conflits, ou argumentation, où l'inférence, loin de se définir en contrebas ou en déficit par rapport à la logique (Aristote, Perelman), est également prise de position sur une question et décision quant à des alternatives [11].

VI. Passions du questionnement et questionnement des passions

L'esthétique a ainsi pris la place de la théorie des passions, pourtant remise à l'honneur à l'âge classique. L'esthétique est devenue cette théorie de la contingence propositionnelle qui tombe en dehors de la norme d'apodicticité définie par le *Cogito*, et qui pourtant doit s'intégrer au *logos* depuis Aristote. Les passions expriment la contingence qui échappe à ce sujet fermé sur soi par la nécessité de la réflexion, confirmée comme *Cogito*; tandis que l'esthétique est ce qui devient cette théorie des passions, en tant qu'avatar de la vieille rhétorique, lorsque le sujet peut pleinement réfléchir la contingence à titre de sensibilité. Mais, pas plus que la passion, l'imagination esthétique comme forme post-cartésienne de la problématicité, de la contingence, au sein d'un propositionnalisme qui ne peut penser cette problématicité à laquelle il répond en la niant, ne pourra articuler la nécessité universaliste et la particularité sensible sans que ne soit condamnée à terme l'idée du sujet qui s'y trouve présupposée.

La remise en question du fondement qu'est la conscience originaire bouclée en elle-même dans la réflexion pure, va révéler la problématicité niée qui sous-tend le *logos*, faisant de la contingence l'expression propositionnelle détournée de cette énigmaticité dont le langage est le traitement. Faute de fondement apodictique qui résolve toute question en la supprimant du même coup, la problématicité qui sous-tend le *logos* va apparaître au creux du propositionnalisme. Mais ce serait une erreur de ne voir dans l'interrogativité fondamentale de l'esprit humain qu'une faille ou même une apparition datée parce que récemment constatée. En effet, on peut repérer la présence dérivée de la problématicité constitutive du *logos* aux plus beaux jours du propositionnalisme. L'apodicticité elle-même n'est en dernière analyse qu'un monde de résolution, et par la suppression des questions qu'elle requiert, elle y renvoie malgré elle. Ce qui se passe, comme l'évolution retracée dans les pages qui précèdent le met en relief, est que la figurativité accrue représente une réflexion plus grande de l'énigmaticité, qui devient, à la limite, son propre objet. La réponse s'exprime alors comme telle, posant littéralement la question de ce dont elle peut bien être la réponse, de quelle expression elle serait alors la figure. Cela signifie que, plus ce dont il est question est dit littéralement dans la réponse, moins elle fait question, puisque ce qui y est résolu est représenté tel. La littéralité abolit l'interrogativité en la résolvant sans avoir à la dire. La réponse littérale dit son sens sans dire qu'elle le dit : Napoléon est le vainqueur d'Austerlitz énonce un fait sur Austerlitz, sur Napoléon, sur une bataille, etc., mais il le fait sans dire : «je réponds à la question de savoir qui a vaincu à Austerlitz, *où* est cette ville, *ce qu'*est livrer une bataille et la gagner, etc.» Dès lors qu'un problème de sens à propos de ces termes surgit, ce qui était dit comme résolu devient problématique, et la réponse devra alors être formulée de telle sorte que les interrogatifs exprimant la question posée vont s'insérer dans des clauses relatives traduisant la question résolue comme résolue, en référence explicite au terme questionné cette fois, et non plus implicitement. «Napoléon, qui est le mari de Joséphine (‹Ah, oui, vous savez bien!›), a gagné Austerlitz», par exemple, ce qui est une autre manière de dire que «Le mari de Joséphine a gagné Austerlitz». La référentialité ici est associée à la signification, non pas parce que Frege l'a dit (il n'a d'ailleurs pas dit pourquoi, ni vraiment à quelles conditions), parce que les interrogatifs résolus sont référentiels et qu'au lieu d'être implicites, ils font apparaître explicitement la réponse pour ce qu'elle est. C'est la même réponse (d'où la substituabilité de ces jugements dont l'un énonce le sens de l'autre), mais cette fois référée à une question comme telle.

La délittéralisation signifie que le sens cesse de plus en plus d'être un énoncé substituable terme à terme, c'est-à-dire référentiellement. La différence est ici déréférentialisation, donc exigence d'interprétation par la question du sens qui se trouve figurée dans ce qui est dit, une question que la littéralité abolit dans la substitualité. Dès lors, la signification de A n'est plus un B réductible par mise en évidence d'interrogatifs au sein de A qui donnera B, mais A demeure objet de problématicité à laquelle il faudra répondre en *inférant* ce que A veut dire mais, littéralement, ne dit pas. La figurativité, par le questionnement qu'elle renferme si on veut bien ne pas la réduire à du propositionnel, est bien l'expression d'une distanciation à l'égard du monde référentiel, objectif, un écart toujours partiel qui fait que le nouveau est l'ancien et aussi bien ne l'est pas, un *trope* en quelque sorte, c'est-à-dire une manière d'assumer l'historicité, la résorption constante du changement croissant dans l'identité inverse. Le trope est ce qui préserve la différence question-réponse au fur et à mesure que la réponse énonce l'interrogativité, abolissant aussi la différence dans une identité qui ne peut donc être que purement figurative, non littérale donc.

Plus la textualité demande sa signification au sein d'une distance croissante entre sujets qui partagent le texte, plus l'humain se manifeste dans ce rapport de différence et d'identité entre les sujets, qui auront ainsi à argumenter, c'est-à-dire à négocier leurs différences pour vivre en communauté, fût-ce la communauté de la parole. Persuader quelqu'un n'est ne fin de compte que transformer une différence en une identité, et en cela, l'argumentation fait bien partie de la rhétorique, où sans cesse se joue le rapport de l'identique avec ce qui ne l'est pas, en tant que ce rapport est délimité par l'unité du problématique renvoyant à la différenciation, qui est solution. Les valeurs, les lieux communs, sont autant de moyens de trancher ces problèmes et de permettre les inférences qui vont déboucher sur les solutions, fussent-elles destinées à être remises en question à peine proposées.

Dès lors que l'on ne ramène plus la poétique à une ontologie du possible, dissociée à ce titre de la rhétorique, les interdépendances s'imposent davantage. L'expression des passions, et de la subjectivité en général, la sélection de traits d'objets qui excluent les autres créant l'accentuation, l'objectivation positive ou négative, avec valeurs à l'appui pour délimiter cette positivité, tombent, comme l'argumentation qui déploient les valeurs, les identités et les différences, à l'intérieur de la rhétorique. Celle-ci n'a plus à se défendre face à la norme propositionnaliste d'apodicticité : cette norme est morte. Avec l'acceptation de la problématicité, un nouveau type de *logos* naît, pour lequel l'opposition, le débat, y compris dans les inférences à faire, inférences définies d'ailleurs de façon autre par les problèmes à résoudre, ont droit de cité à côté du mode contraignant du répondre, un mode parmi d'autres. Les différences, les plus et les moins, forment le matériau de la négociation entre individus, comme les passions en sont la voix, sinon même ce qui les caractérise comme individus. Et l'esthétique est cette dimension qui nous donne l'identité là où il y a la différence, suspendant quand besoin est le jugement critique qui ferait conclure à l'invraisemblance, à l'irréel. Elle nous place aussi dans la différence : quand le réel ne nous offre aucune alternative, l'esthétique la crée. En un mot, l'esthétique ne se distingue plus vraiment de cette rhétorique nouvelle fondée sur la mise en œuvre généralisée de la problématicité à laquelle l'humain ne saurait échapper.

NOTES

[1] G. GENETTE, «La rhétorique restreinte», *Communications*, 16, 1970, pp. 158-171.
[2] *Rhétorique*, 1378a 20 (Tr. fr. Ruelle; Ed. Garnier, 1882).
[3] Dans l'*Ethique à Nicomaque* (II, 5), on a le désir, la colère, la crainte, la témérité, la haine, l'émulation, et la pitié, qui ont ceci de commun qu'elles procurent peine ou plaisir.
[4] *Op. cit.*, II, 6.
[5] *Rhétorique*, 1378b 25.
[6] *Poétique*, 1449a 30.
[7] *Rhétorique*, II, 8 : «La pitié sera le chagrin que (...) nous présumons qu'il peut nous atteindre nous-mêmes, ou quelqu'un des nôtres, et cela quand le malheur paraît être près de nous» (1385b 10-17).
[8] D'où l'art est une *technè* en ce qu'il s'agit de produire les moyens pour atteindre la fin choisie; à l'image de l'action humaine.
[9] P. AUBENQUE, *Le problème de l'être chez Aristote* (P.U.F., 1966, 2ᵉ éd.).
[10] «La figure est donc constamment définie comme un discours dont on perçoit la forme même. Mais alors qu'auparavant la figure n'était qu'une manière parmi mille d'analyser le discours, maintenant ce concept autotélique devient on ne peut plus approprié — puisque les discours tout entiers commencent à être appréciés en eux-mêmes — le rôle des figures ne cessera donc de croître dans les rhétoriques de l'époque et l'on sait qu'il arrivera un jour où la rhétorique ne sera plus qu'une énumération de figures» (T. TODOROV, *Théories du symbole*, Ed. du Seuil, Paris, 1977).
[11] J'ai appelé problématologie la théorie du questionnement. Celle-ci se veut non seulement conception du langage et de la littérature, mais plus largement, du *logos*, de la raison. Outre l'ouvrage *De la problématologie* (Mardaga, Bruxelles, 1986), certains autres textes peuvent illustrer cette conception, comme par exemple, «Pour une rhétorique de la raison» (dans ce volume, chapitre 6, pp. 153-165) ou «Le jugement» (*Revue Européenne des Sciences Sociales*, 1987).

Communiquer par *aisthèsis*
Herman PARRET

L'esthétique n'a jamais servi vraiment de Philosophie Première (*Prootè Philosophia*) comme la métaphysique, l'épistémologie et l'éthique. Toutefois, depuis que Baumgarten a fondé en 1750 l'esthétique comme un domaine d'investigation philosophique ayant son objet propre et délimitable, et surtout depuis que Kant, brillamment critique, a proposé en 1790 une conception de l'originalité du jugement esthétique, on a pu noter certains mouvements menant à une *esthétisation* de la problématique philosophique. Schiller, mû par l'enthousiasme de la spéculation romantique, a «esthétisé» ainsi le monument kantien dans sa globalité. Cette esthétisation a pu aboutir dans certains cas à un esthéticisme quasi nihiliste. On assiste aujourd'hui à une nouvelle vague d'esthétisation, celle du postmodernisme. C'est, tout naturellement, d'abord l'*éthique* qui devient «fille de l'esthétique»[1]. Le *goût* se transforme ainsi en une catégorie esthético-*éthique* qui remplit allègrement le vide laissé par le naturalisme, l'historicisme et le positivisme en matière d'éthique.

On lit dans le *Tractatus* : «Ethics and aesthetics are one and the same» (mais le texte allemand n'affirme pas l'identité avec la même force : «Ethik und Aesthetik sind Eins»)[2]. Cet aphorisme de Wittgenstein fascine apparemment tout un courant en philosophie anglo-saxonne contemporaine. Richard Rorty, protagoniste de l'esthétisation de l'éthique, se fait l'avocat d'une recherche esthétique de nouvelles expériences et d'une vie «d'une curiosité perpétuelle»[3], en absence de tout «centre structurant» et de tout «récit légitimant». Rorty plaide pour la «privatisation» de la morale à partir du *goût* faustien pour l'auto-réalisation en toute beauté. On ne peut pas ne pas penser à la philosophie *dandy* qui, au XIXe siècle, a eu ses théoriciens, comme Brummell et Baudelaire, hautement prisés par Rorty et Lyotard. La vie elle-même doit être sentie et perçue comme une œuvre d'art, disait Oscar Wilde, autre dandy notable[4]. Le *goût* postmoderniste, et son «hystérie du sublime», est, en effet, iconoclaste à l'égard de tout projet dont la teneur serait globalisante et dialectisante. L'esthétisation repose alors sur l'hypostase du plaisir individuel et sur le refus total de tout *fondement* des pratiques qui, pour exciter le sentiment du sublime, doivent se disséminer, s'éparpiller, se fracturer comme les étincelles d'un feu d'artifice, figure de l'œuvre d'art que devrait être la vie «postmoderne».

Cet article voudrait démontrer que l'esthétisation de la vie n'implique pas nécessairement la privatisation, l'individualisme et le repli sur soi-même. Cette esthétisation générant une véritable éthique de l'être-ensemble, ne domestique en rien les expériences de l'hétérogène et de la fracturation — elle les intègre dans la structure même de l'être-ensemble. Comment penser l'*être-ensemble*, non plus comme un jeu d'échecs ou comme une Informatique Généralisée — le paradigme dominant a pourtant tendance à le faire — mais *modo aesthetico*?

On ne peut nier que le postmodernisme «esthétisant» accuse toute quête des fondements, et il faudra prendre position à l'égard de cette accusation la première section de cet article : comment orienter la quête des fondements et comment circonscrire sa crise? Le corps de l'article obéira à la logique suivante. Dans une première partie, l'idée d'une *communauté argumentative* et *consensuelle*, chère aux philosophes de Francfort, sera circonscrite et discutée, puis dans une seconde section c'est l'idée plus globalisante de la *communauté affective* qui demandera notre attention et nous mènera à nouveau aux positions kantiennes de la *Critique de la Faculté de Juger*. Une troisième section sera consacrée à la mise en relation de l'*Affekt* et de l'*aisthèsis* en faisant appel à la synesthésie et à l'inter-corps (Merleau-Ponty).

1. QUETE ET CRISE DES FONDEMENTS

La philosophie, depuis toujours, s'est interrogée sur les fondements de la *connaissance*. Les controverses ont concerné essentiellement la connaissance *objective* (en géométrie, en mécanique, dans les systèmes formels) et le statut de la *raison* théorique responsable de la production de cette connaissance objective. C'est ainsi que Descartes et Husserl, chacun à sa manière, ont démontré qu'il y a des données indubitables et des certitudes servant de garants ultimes de cette connaissance objective. Toutefois, les scientifiques eux-mêmes, Gödel par exemple, ont mis en doute ce fondement ultime, et les logiciens ont pris très au sérieux le paradoxe des énoncés sui-référentiels interdisant tout calcul fondateur de la valeur de vérité. Wittgenstein s'oppose à cette mise en question de tout fondement : il soutient dans *On Certainty* que l'on ne peut même pas rendre compte du doute ultime sans présupposer en même temps en principe une certitude *indubitable* : «quiconque voudrait douter de tout n'en viendrait même pas à douter. Le jeu du doute présuppose lui-même la certitude» et «celui qui n'est certain d'aucun fait ne peut même pas être certain de la signification de ses mots»[5]. La constatation de Wittgenstein concerne évidemment les pratiques quotidiennes et le langage ordinaire, et non plus l'acquisition de la connaissance objective, à propos de laquelle toute la problématique des fondements a pris naissance. Dans *On Certainty* Wittgenstein prévoit une fondation suffisante qui ne concerne plus l'évidence *cognitive* mais déjà la validité *intersubjective* des séquences discursives.

La «question d'une fondation ultime de la raison» — titre d'un article remarquable de Apel[6] — a dominé la philosophie des sciences entière depuis que Karl Popper et Hans Albert, dans son *Traktat über kritische Vernunft*[7], ont critiqué toute tentative d'honorer la prétention à une fondation philosophique ultime de la connaissance, à cause de la logique intrinsèque du soi-disant «trilemme de Münchhausen». Selon Albert, la quête des fondements contraint à un choix entre les trois possibilités suivantes : 1. la *régression infinie* (reculer toujours plus loin dans la recherche des raisons, ce qui est impraticable); 2. le *cercle logique* (si on a recours dans la déduction du fondement ultime à des assertions qui ont besoin de ce fondement); et 3. l'*arrêt du processus* par décision arbitraire en déclarant que tel énoncé a sa raison en lui-même. C'est ce que fait Descartes, selon Albert, avec son postulat de l'*évidence*.

Apel s'oppose à cette mise en crise de la quête des fondements, même pour la sphère de la raison théorique, et précisément parce que toute connaissance objective est soumise elle aussi à des conditions *pragmatiques*, c'est-à-dire des conditions de possibilité d'un savoir *intersubjectivement valide*. Il faut donc persister à formuler des fondements de la connaissance malgré les «sceptiques» (comme Popper et Albert) qui réduisent toute épistémologie à une pure description des pratiques scientifiques *et* contre les solipsistes (la philosophie cartésiano-husserlienne) qui ne donnent droit qu'à des mécanismes soi-disant *cognitifs* et parfaitement incommunicables. Apel, par conséquent, a donc recours à une *pragmatique* qui, dans un premier mouvement, est d'inspiration peircienne : pas de connaissance objective ou de raison théorique en dehors d'une communauté d'*interprétation* et d'*argumentation*. Refus donc de l'idée d'une *crise* généralisée des fondements, refus également dans ce domaine de tout scepticisme et de tout solipsisme, qu'il soit méthodologique ou épistémologique, recours à Wittgenstein et à Peirce comme sources d'inspiration d'une *pragmatique* (de l'argumentation et de l'interprétation) qui construit le réseau des conditions de possibilité de la validité intersubjective des jeux de langage, surtout de celui de la connaissance objective.

Marquons d'emblée deux caractéristiques de la façon dont on peut concevoir pertinemment la quête des fondements. Il n'y a, de toute évidence, aucune possibilité de neutraliser l'idée fondatrice de *communauté*. Toutefois, cette nécessité ne découle pas d'une quête des fondements de la *connaissance* mais d'une quête des fondements de la *valeur*. Ce n'est pas la connaissance objective ni la raison théorique mais l'existence de multiples *axiologies* ou systèmes de valeur qui gouverne les raisons et les passions de l'intersubjectivité quotidienne. Les exercices théorique *et pratique* de la raison sont nécessairement *valorisés*, et l'interaction discursive, surtout en tant que pratique intersubjectivante, témoigne d'une valorisation constante au cours des mécanismes de production aussi bien que d'interprétation[8]. Il est évident que les philosophes de Francfort se mesurent en premier lieu à des prises de position en épistémologie (philosophie des sciences) et qu'ils considèrent l'activité discursive essentiellement comme une médiation de l'acquisition des connaissances — cette tendance se situe d'ailleurs tout à fait dans la perspective de Peirce. La quête des fondements devrait concerner l'ensemble des axiologies, c'est-à-dire l'ensemble des *pratiques valorisées* de la vie quotidienne. Un second aspect distingue *formellement* mon projet de celui de Habermans et Apel. La quête de fondements se réalise en deux mouvements : la *justification* et la *légitimation*. Qu'est-ce qui donne *valeur à la valeur*? On *justifie* la valeur d'une pratique humaine, d'une relation intersubjective, d'une production discursive, en faisant appel à des catégories *éthiques* que l'on ne parvient à *légitimer* ensuite que par des catégories *esthétiques*. Ainsi, c'est la catégorie esthétique du *sensus communis* qui me sert de *valorisation légitimante* de toute pratique intersubjectivante dans la vie quotidienne. On ne saurait oublier que la mise entre parenthèses de la Troisième Critique de Kant par les philosophes de Francfort est déjà un signe de l'incomplétude du projet. Leur quête de fondements est avant tout un effort de justification *éthique* de la connaissance objective médiatisée par le discours[9]. Le fondement ne transcende jamais les besoins de la *justification* par l'éthique, et l'idée de communauté que ce projet présuppose reste fondamentalement ethico-anthropologique. Toutefois, de notre point de vue, c'est la *légitimation* par l'esthétique qui couronne toute quête des fondements.

2. LA COMMUNAUTE ARGUMENTATIVE ET CONSENSUELLE

L'a priori discursif et l'hypothèque hegelienne

Rappelons que la connaissance, pour Habermas et Apel, n'est possible qu'à partir d'une certaine rationalité de la *communication*, et que la communication n'est possible qu'à partir de l'usage humain du discours. Les conditions *pragmatiques* de la raison théorique concernent la validité intersubjective d'*énoncés argumentatifs*. Un premier point fort de la pragmatique de Apel consiste à démontrer que l'*éthique* est constitutive de la rationalité même de la communication. Cette rationalité de la communication repose directement sur l'*éthique de la discussion* et de l'*argumentation*[10]. S'engager sur le terrain de la discussion est déjà reconnaître des *normes* de la raison argumentative. Et refuser le principe de l'argumentation est se mettre d'emblée en dehors de la communauté des êtres raisonnables. Habermas et Apel développent de ce point de vue une critique constante de l'éthique de Kant qu'ils qualifient de «purement déontologique», «formaliste» et «monologique» puisque «l'éthique kantienne met *a priori* l'individu isolé en position de devoir découvrir en pensée lesquelles, parmi ses maximes d'action, sont les plus aptes à servir de base à une loi universelle, valable pour tous les hommes»[11]. L'universalisation des normes, pour Habermans, est visée non pas par un impératif catégorique mais par un principe procédural de discussions pratiques et de chaînes argumentatives.

Cet impact *direct* de l'éthique de la discussion sur la rationalité de la communication a comme conséquence la condamnation de la soi-disant *rationalité stratégique* que Apel définit très dysphoriquement comme la «rationalité minimale abstraite qu'implique l'application réciproque réfléchie de la rationalité *instrumentale* à l'interaction humaine et à la communication»[12]. L'éthique de la communication et de la discussion se situe en dehors de la rationalité stratégique, qui, selon Apel, caractérise nécessairement l'auto-affirmation et l'autoréalisation des individus. Elle ne devrait être actualisée pour l'homme qu'appliquée à des *règles res-*

treintes au jeu. En effet, les stratégies ne sont acceptables qu'à l'intérieur du *jeu* dont les règles sont connues et acceptées par les joueurs. Il n'y a aucune possibilité de qualifier les stratégies comme dérivant d'une «raisonnabilité» élargie, euphorisante et «intelligente», celle, par exemple, de la *mètis*, Antiloque et la sage-femme d'Aristote. On verra dans un instant pourquoi toute mise en valeur d'une relation polémologique ou toute raisonnabilité stratégique est condamnée par les philosophes de Francfort. Il faut, selon eux, bien séparer la rationalité *consensuelle* et *communicationnelle* témoignant d'une éthique de la *responsabilité*, de la rationalité stratégique. La rationalité de la communication ou de l'argumentation n'est pas *téléologique* (au sens de la théorie des jeux) : ce n'est pas une rationalité qui fonctionne à partir d'une *fin* — c'est bien plutôt une rationalité *autoréflexive*. Cette autoréflexivité sauvegarde la rationalité de toute tentation stratégique et elle est condition sine qua non de l'*éthique* de la discussion et du *consensus* que la discussion peut établir.

C'est bien cette autoréflexivité de la rationalité mise en lumière par Apel qui transforme la pragmatique en *métapragmatique* ou en *pragmatique transcendantale* (terme que Habermas n'utilise jamais puisque la rationalité consensuelle, pour Habermas, ne se réclame que d'une pragmatique *universelle*). Apel soutient que la rationalité «fait sa propre pragmatique» par autoréflexivité effective, et ceci en tant que condition de possibilité même de la communication (discussion, argumentation)[13]. Et il ne peut y avoir de contradiction interne à la rationalité, comme c'est le cas dans les théories qui généralisent la rationalité *stratégique* (Grice sert toujours d'exemple d'une approche qui ne parvient pas à dépasser cette limitation). On ne comprend rien à la position de Apel si l'on n'accepte pas l'importance de son «principe méthodologique», appelé *principe de l'auto-intégration de la rationalité*[14]. Apel ajoute à la défense de la rationalité de l'interaction communicationnelle et consensuelle que Habermas déploie contre les défenseurs de la rationalité téléologique ou stratégique, une composante supplémentaire : le postulat d'*auto-intégration (Selbsteinholung)* qui dit que «toute théorie de la rationalité doit être compatible, c'est-à-dire consistante, avec la reconstruction de sa propre *rationalité* présupposée *de discours argumentatif*»[15]. Par conséquent, c'est une précondition de la rationalité de l'argumentation de ne pas tomber dans une autocontradiction pragmatico-transcendantale. Tout comme il condamne l'éthique kantienne, Apel va défendre sa «méthodologie» transcendantale. Ce n'est qu'en acceptant la possibilité même de l'autoréflexion transcendantale de la rationalité discursive (argumentative, communicationnelle) de la théorie elle-même que l'on peut échapper à la réduction de la rationalité *éthique* à une rationalité *stratégique*, réduction qui domine l'histoire de la philosophie de Hobbes à Rawls. On voit donc quelle idée de *communauté* surgit de cette philosophie : c'est la communauté des sujets dont la rationalité dépend, d'une part, de l'*a priori de la communication* (argumentation, discussion) et, d'autre part, de l'*autoréflexivité* de cette rationalité. Le supplément transcendantalisant a comme avantage de libérer le *consensus* de tout danger conventionaliste ; mais il introduit en même temps la lourde hypothèque hegelienne dont il faut maintenant dire quelques mots.

Sauver l'occasion et l'hétérogène

Passant à la critique des positions de Apel, on pourrait dire, d'une part, qu'elles se situent en plein *logocentrisme* et, ce qui est bien plus grave, qu'elles nous font sombrer dans un *hegelianisme* incontrôlable d'autre part. La fondation ultime dépend de l'autoréflexivité de la rationalité qui ne peut se déployer que dans la sphère d'une discursivité médiatisatrice. D'abord un mot sur l'aspect totalisant et hegelien de l'entreprise. Le concept de *réflexivité* chez Apel est hegelien et pas du tout kantien. On verra par la suite comment le jugement *réfléchissant* est défini et exploité par Kant — il n'a rien à voir avec l'autoréflexivité dont nous parle Apel. Le jugement réfléchissant, chez Kant, est un jugement d'«occasion» *(kairos)* où l'imagination productrice «présentifie» *(Darstellung)* un «objet» sous forme d'un *sentiment* immédiat, singulier, désintéressé, non conceptualisable. Chez Apel, tout comme chez Hegel, c'est dans la dialectique argumentative et donc par négation conceptuelle que la raison exerce l'autoréflexion. Dans la conception kantienne, le jugement (appréciation, évaluation) réfléchissant *précède* la possibilité même de toute argumentation (communication, discussion) : il se déploie, on va le voir, dans une sphère d'*Affekt* qui *précède* toute activité communicationnelle et discursive. La réflexivité, selon Apel et à la suite de Hegel, «accompagne» et fonctionne en dialectique avec l'a priori discursivo-communicationnel. En outre, elle est radicalement indépendante du *kairos affectif*. L'autoréflexivité, dans cette perspective, nous éloigne totalement de l'hétérogène, du conflictuel, de l'*Eris* (la Lutte), de l'indécidable, de tout ce qui, dans la sphère de l'*Affekt*, est *indomptable* puisque non conceptualisable, immédiat et singulier.

Un mot encore sur l'enchâssement *logocentriste* de la pragmatique transcendantale. La rationalité y passe nécessairement par la discursivité (communication, discussion, argumentation en fonction du consensus). Deux commentaires sont à faire à ce propos. D'abord, l'être-ensemble ne présuppose pas nécessairement des «compétences communicationnelles», comme le prouvent précisément certaines expériences de *fusion*. C'est le paradigme dominant qui nous force à identifier l'être-ensemble à la communicabilité discursive. Et ensuite l'hypostase, chez Apel tout comme chez Habermas, de l'argumentation transparente en vue du consensus fait oublier une propriété fondamentale de toute discursivité dont les philosophes de Francfort ne parlent jamais : la déictique, la monstration, la *corporéité* même du langage, c'est-à-dire l'implantation *spatio-temporelle* de l'acte de discourir. Le temps-espace fonctionne, dans un certain sens, comme le «dehors» de la sphère de la transparence argumentative qui garde toute sa neutralité à l'égard des mécanismes spatio-temporels de l'énonciation (dans la production comme dans l'interprétation). Il est vrai que le pragmaticisme interprétatif d'inspiration peircienne marque l'origine même du projet de Apel, mais l'interprétation n'y est jamais abordée dans ses aspects énonciatifs. L'accentuation de la valeur communicationnelle des énoncés fait oublier trop vite que l'énonciation est ancrée dans la présence minimale d'un temps-espace qui devrait faire obstacle à la réflexivité transparente de la rationalité argumentative. Pour toutes ces raisons, on conclut que l'idée même de la communauté argumentative et consensuelle, que les philosophes de Francfort ont proposée comme le fondement ultime et en tant que justification éthico-anthropologique, doit être dépassée et amendée[16], et on se tourne dès à présent vers un autre type de fondement ultime, celui de la *légitimation esthétique*.

3. LA COMMUNAUTE AFFECTIVE

Le beau et son sublime : la communauté et sa crise

Cette légitimation esthétique est une quête des fondements mais elle consacre en même temps la *crise* de cette quête. La Troisième Critique comporte une Analytique du Beau *et* une Analytique du Sublime. Le *goût* se caractérise par sa *réceptivité*, sa *communicabilité* et sa *réflexivité*, au sens que l'on vient de définir par opposition à Apel. Sa réceptivité se rapporte à une donation non conceptualisable, et sa communicabilité découle de l'universalité du jugement de goût. Cette réceptivité est un sentiment pur : la transitivité de la donation est immédiate et il est impossible d'argumenter et de dialectiser le goût. Il n'y a rien d'affirmatif ou d'apodictique dans cette donation puisque la transitivité *précède* la constitution d'un *sujet* comme lieu d'appropriation d'un donné. En ce qui concerne la communicabilité d'un jugement de goût, il y a adhésion universelle puisque la modalité du jugement de goût est celle de la nécessité. Il faut se rappeler que la spécificité de ce jugement de goût dépend essentiellement de la productivité de l'*imagination*.

L'Analytique du Beau nous démontre la structure du jugement de goût. Le jugement esthétique du Sublime révèle une structure quasi opposée : le sentiment du sublime surgit quand l'imagination est en déroute (on a pu parler à ce propos de l'«imagination abîmée»). On assiste alors à l'éclipse de la communicabilité, au retrait de la donation, au déclin de la réceptivité[17]. La relation du beau au sublime est analogique à la relation du fondement à sa crise. Essayons de saisir la nature de cette relation. Lyotard situe le sentiment du beau dans la sphère de l'*esthésie* tandis que le sentiment du sublime appartient à la sphère de l'*an-esthésie* ou du refoulement de l'esthésie. Il faudrait comprendre cette double figuration comme parallèle à deux types de fonctionnement de l'imagination. Pour nous appuyer encore sur une analyse de Lyotard, qui introduit suggestivement le terme de «plasma spatio-temporel»[18], on pourrait dire en effet que l'imagination conçoit les formes délivrées par ce plasma spatio-temporel ou bien comme *constitutives*, ce qui excite le sentiment du beau, ou bien comme *défaillantes*, excitant ainsi le sentiment du sublime. Cette défaillance est due, dans le cas du sublime, au conflit dramatique des facultés, l'entendement et l'imagination, et à l'impuissance de l'imagination devant la donation originaire. Et tout comme le caractère de la réceptivité est profondément différent selon qu'il s'agit du beau ou du sublime, leur communicabilité, elle aussi, sera bien différente : la communauté affective est solidaire devant le beau, elle est en crise devant le sublime. Comment penser cette *crise* menaçante, ce bouleversement écrasant la possibilité même de tout fondement par jugement de goût? L'Analytique du Sublime nous montre comment la communauté affective peut basculer dans le néant : si l'on y regarde de près, il ne semble pas y avoir de *sensus communis* pour soutenir le sentiment du sublime qui se constitue ainsi en moment essentiel de la *crise* communautaire[19].

Le chœur communautaire

Mais qu'en est-il de ce *sensus communis* qui, depuis les Stoïciens et Ciceron à travers Vico et la philosophie écossaise jusqu'à Moore et Bergson, a dominé maintes réflexions épistémologiques et éthiques[20]? Ce n'est qu'au XVIIIe siècle que le *sens commun* sera incorporé dans une théorie du jugement. Le *judicium* est traditionnellement considéré comme la vertu *intellectuelle* de base, mais les moralistes anglais constatent que les jugements moraux et esthétiques sont marqués par le *(bon) goût (taste)* plutôt que par l'intellect. La question est discutée *in extenso* par les *Aufklärers*. Tetens, dont Kant connaissait parfaitement l'œuvre, introduit, dans ses *Philosophische Versuche über die menschliche Natur und ihre Entwicklung* de 1777, le *sensus communis* comme un «judicium sans réflexion»[21]; en fait, le jugement «de sens commun» n'est pas trop apprécié par les *Aufklärers* qui le considèrent comme mineur. Il est intéressant de noter que dans cette préhistoire directe de la théorie kantienne du goût, se situe également Baumgarten qui écrit en 1750, dans son Traité d'Esthétique, que le jugement esthétique est un *judicium sensitivum*, appelé également jugement «de goût», en ce que ce jugement n'y reconnaît que l'*individuel sensible* «en tant que perfection ou imperfection». L'idée d'un lien entre le jugement de (bon) goût et la *sensibilité (aisthèsis)*, que Baumgarten met en lumière, est enracinée dans la tradition aristotélicienne. Mais Kant est également conscient d'une autre tradition, celle de l'humanisme, de Vico à Shafterbury, où le *sensus communis*, en tant que *Gemeinsinn* ou «sens de la communauté», est dit être à l'origine de la solidarité civique et morale saine. Kant exclut d'emblée, on s'en doute, le *sensus communis* en tant que «sentiment moral», mais les deux autres composantes — lien avec la *sensibilité*, composante aristotélicienne, et *Gemeinsinn* ou sens de la *communauté*, composante humaniste — sont reprises dans leur difficile équilibre. S'ajoute à cette complexité une connotation supplémentaire : le *sensus communis* a également la fonction de *Bildung* ou d'«éducation sociale». Le (bon) goût doit être appris comme une faculté de différenciation subtile opérant dans une communauté qui sanctionne mais qui ne *détermine* pas (et en cela le goût est différent de la «mode»). On dit donc en résumant que, dans Kant, s'achève une multitude de traditions et commence un nouvel épisode dans l'histoire du concept de *sensus communis* : le *sensus communis* est introduit dans une *critique du jugement esthétique* et va y déterminer la qualité transcendantale du goût. C'est le *sensus communis* qui sera déclaré responsable de l'universalité du goût en tant que résultat du jeu libre des facultés, essentiellement l'entendement et l'imagination, et en tant que libéré de n'importe quelle condition «privée» comme l'émotion ou la motivation personnelles de celui qui juge «avec goût». Signalons, pour éviter la confusion, que tout ce qui concerne la *culture du bon goût*, le bon goût comme phénomène de société, est traité par Kant dans le section *Méthodologie du Goût* : on sait que, chez Kant, la méthodologie n'est qu'un appendice sans aucun impact sur la déduction transcendantale.

On constate que, dans la logique de cette déduction, Kant introduit le fameux Paragraphe 40 (*Vom Geschmack als einer Art von sensus commu-*

nis — Du goût comme espèce de *sensus communis*) après avoir discuté, au Paragraphe 39, le problème de la *communicabilité* d'une sensation *(Von der Mittelbarkeit einer Empfindung)*. Une interprétation adéquate de ces textes célèbres repose sur l'intuition suivante : la communicabilité *(Mittelbarkeit)* ne fait que manifester la *Einstimmigkeit*, l'*euphonie*, qui est accord des *Stimme* (voix) en même temps qu'accord des *Stimmungen* (sentiments). Il y a communicabilité quand il y a euphonie, et non pas l'inverse : la *Mittelbarkeit* présuppose la *Einstimmigkeit*. C'est l'isotopie musicale, exploitée avec cohérence par Kant lui-même, qui devrait nous faire saisir ce qu'il en est de la *communauté affective* où règne cette euphonie. C'est à partir de cette mise en relation de la *Mittelbarkeit* et de la *Einstimmigkeit* qu'il faut comprendre dans toute leur profondeur des séquences kantiennes comme : «Le goût est la faculté de juger *a priori* de la communicabilité des sentiments»; «le goût par la faculté de juger... est ce qui rend *universellement communicable* le sentiment... sans la médiation de concept»; «sous l'expression de *sensus communis*, il faut entendre l'idée d'un *sens commun à tous*, c'est-à-dire l'idée d'une faculté de juger qui, dans sa réflexion, tient compte en pensée du mode de représentation *de tous les êtres humains* afin d'étayer *pour ainsi dire (gleichsam)* la raison humaine dans son entier...»[22].

Ces textes montrent une grande inquiétude de Kant à l'égard des paradoxes de l'intersubjectivité dont on ne relève en ce lieu que quelques aspects[23]. Fichte gémit en 1796, six ans après la parution de la Troisième Critique, que Kant ne s'est jamais expliqué de manière satisfaisante sur la question de savoir comment il m'est possible d'admettre en dehors de moi un être raisonnable : «Dans la *Critique de la Faculté de Juger*, note Fichte, où (Kant) parle des lois de la *réflexion* de notre entendement, il s'était approché de ce problème»[24]. Philonenko remarque, tout comme Cassirer dans son commentaire de la Troisième Critique, que l'acte esthétique est celui en lequel se révèle par excellence l'*intersubjectivité*. Kant, dans la *Critique de la Raison Pure*, établit la possibilité d'une communication dans la connaissance, mais elle y est indirecte puisqu'elle s'appuie sur la médiation du concept et de l'objet. Dans la *Critique de la Raison Pratique*, Kant établit la possibilité de la communication de l'homme à l'homme en tant qu'êtres de raison, mais la relation reste indirecte puisqu'elle est médiatisée par la loi morale. Ce n'est que dans la *Critique de la Faculté de Juger* qu'il envisage une communication directe de l'homme avec l'homme sans passer par le détour du concept ou de la loi. Philonenko n'hésite pas à voir la Troisième Critique comme une «critique de l'intersubjectivité». Cette interprétation nous semble aller dans la bonne direction, mais elle se révèle dangereuse aussi longtemps que l'on se tient à une conception monolithique de l'intersubjectivité. Kant ne pense pas la communauté affective — celle dont l'euphonie témoigne de *sensus communis* — comme une communauté de *sujets* : la réduction de la communauté affective à de la co-subjectivité ou à de l'inter-subjectivité nous confronte tout de suite avec des paradoxes insurmontables dont Kant est parfaitement conscient. Le jugement de bon goût est un jugement réfléchissant qui n'implique aucune individualité : l'individu n'est responsable que des jugements subjectifs ou jugements «d'agrément». «Cette table est ronde» est un jugement objectif; «ce vin m'est agréable», un jugement subjectif; «cette fleur est belle», un jugement réfléchissant. Un autre aspect du paradoxe consiste dans le fait que, au moment où je semble me replier le plus sur ma singularité en énonçant un jugement de goût, je me sens universel et je n'ai même pas besoin de l'approbation des autres sujets. En outre, la communauté du *Mitmenschsein*, là où il y a *Einstimmigkeit*, n'est pas une communauté de sujets *empiriques*. C'est la communauté humaine *de droit* qui — et voici le paradoxe le plus inquiétant — n'existe que dans et par la *jouissance (Lust im Gemeinschaft)*. Il y a non-coïncidence entre la communauté affective et une quelconque société donnée, tout comme il y a non-coïncidence entre le *Mitmenschsein* euphonique et une quelconque co-subjectivité entre sujets. La communauté affective est, en fait, un être-ensemble de non-sujets.

Euphonie, polyphonie, symphonie

Ce sont précisément les quatre «moments logiques» de la définition du beau qui montrent comment on peut comprendre ces paradoxes. La maxime de QUALITE dit : est beau ce qui est l'objet d'un sentiment de satisfaction *désintéressée* (Kant veut dire : ne correspondant pas à l'intérêt de la raison théorique ou pratique); la QUANTITE : est beau ce qui est représenté *sans concept* comme un objet de satisfaction universelle; la RELATION : est beau ce qui est la forme de la *finalité* d'un objet, en tant qu'elle est perçue *sans la représentation d'une fin*; la MODALITE : est beau ce qui est reconnu sans concept comme étant l'objet d'une satisfaction *nécessaire*. Le désintéressement, l'impossibilité d'une conceptualisation, la non-représentabilité de la finalité, la nécessité de la satisfaction, voilà les quatre moments «logiques» du sentiment du beau installant l'être-ensemble *modo aesthetico*. Le *Mitmenschsein* de la communauté affective est pleinement *euphorique* : les voix et les sentiments s'accordent. Il y a plusieurs aspects constitutifs de la *Einstimmigkeit*[25]. D'abord, l'accord des voix et des sentiments dans le libre jeu des facultés. La synthèse entre les facultés est spontanée, immédiate et généreuse. Mais surtout, l'imagination ne se sent en rien entravée[26] : c'est en rendant possible le jugement esthétique que la faculté de l'imagination exerce en toute expansion la *Darstellung*, la «présentification», sans pour autant être «abîmée», comme c'est le cas pour le sentiment du sublime, moment précisément de la *crise* de la *Einstimmigkeit*[27]. Toutefois, il n'y a pas seulement la «fiance» (fiançailles) des facultés — beau mot de Lyotard — mais également l'autre euphonie, celle des voix/sentiments du chœur communautaire. Les sujets désubjectivés — sujets d'«occasion» *(kairos)*, dirions-nous — sont *affectés* (Kant utilise le terme de *ansinnen*, être *enjoint*) ou «touchés», au sens esthésique qui sera introduit dans un instant, et c'est dans et par l'*Affekt* qu'ils s'accordent. L'*Affekt*, en ce lieu, n'a évidemment rien de psychologique ou d'anthropologique. L'absence du psychologique est même une condition sine qua non pour qu'il y ait de l'affectivité[28]. S'il n'y a plus aucun contenu psychologique, le *sensus* sentimental pur «se sent». Ce *sensus* sentimental, ou *sensus communis*, c'est l'auto-affection par le temps pur, «précédant» toute hétéro-affection. L'*Affekt*, l'être-enjoint, qui installe le chœur communautaire, est en fin de compte l'auto-affection par le temps pur. La *Einstimmigkeit*, la proportion des voix, l'accord des timbres, l'euphonie des sentiments, est «comme une espèce» (Kant emploie très fréquemment l'expression *gleichsam* ou *einer Art von*) de mélodie pure, ose-t-on dire. Comment penser «musicalement» l'énigme de l'*auto-affection*? C'est bien en ce lieu de l'argumentation que l'on peut invoquer la *synesthésie* et l'*inter-corps*.

4. SOCIALISER LE SENSIBLE, SENSIBILISER LE SOCIAL

Prenons un nouvel élan à partir du *sensus communis*, la sensibilité commune à tous. On a déjà pu distinguer les deux versants de cette idée : la composante soi-disant aristotélicienne du *sensus* en tant que *aisthèsis*, sensibilité, d'une part, et la composante «humaniste» (de Vico à Shaftesbury) du *communis* en termes de *sociabilité*. Pour que l'idée soit homogène, il faut disposer d'une technique permettant de «socialiser» l'*aisthèsis* et en même temps de «sensibiliser» le *social*. L'idée de *sensus communis* portera toujours les traces de cette double origine. Toutefois, la dialectisation des deux versants s'impose. Le *sensus communis* est le *sensus* d'une communauté, on l'a dit et redit, qui n'est pas argumentative ou consensuelle : elle est *affective*. L'affectivité, chez Kant, repose sur trois piliers : la *communicabilité* (à travers l'universalité du jugement de goût), la *réceptivité* (à l'égard d'une donation originaire), et la *réflexivité* qui la distingue de manière essentielle de n'importe quelle affectivité psychologique ou anthropologique. Cette réflexivité — à l'instar de Hegel et de Apel — n'exige pas comme condition sine qua non de toute affectivité l'auto-intégration mais bien plutôt l'*auto-affection*. Cette autoaffection est l'affection par le temps pur comme forme même de la subjectivité, vidée de tout contenu psychologique et lieu du libre jeu des facultés. Le *sensus communis* est constitué par une tensitivité entre le sensible et le social — cette tensitivité est à double directionalité, et elle se résout par un double mouvement : la socialisation du sensible, la sensibilisation du social. Par conséquent, on peut dire que, d'une part, le *sensus communis est* une synesthésie (c'est le mouvement de la socialisation du sensible) et, d'autre part, il *est* inter-corps (c'est le mouvement de la sensibilisation du social). Ce n'est que par et dans ce double mouvement que l'on réussit à résoudre la tensitivité entre le social et le sensible, et à penser la *fusion*, mode sur lequel se réalise la communauté affective. L'euphonie des voix et des sentiments dépend de leur *fusion*. Cette fusion est mélodique puisque essentiellement *temporalisée*. La communauté consensuelle est une communauté de *jonction*, tandis que la communauté affective une communauté de *fusion*. Pour les philosophes de Francfort, la communauté est toute harmonie — pour Kant, elle est toute mélodie.

La syn-esthésie

La socialisation du sensible, on le voit chez Aristote là précisément où il discute l'*aisthèsis koinè*, la «sensation commune», dans les *Parva Naturalia*[29]. Le Stagirite y distingue deux types de «sensations communes». Il y a le cas de deux sensibles, objet d'un même sens, qui se mêlent : c'est le phénomène du *mélange des corps (miksis sommatoon)*, dont les exemples sont le vin mêlé, le miel mélangé, et aussi les couleurs placées les unes à côté des autres. Dans ce cas, le temps reste *insensible (chronos anaisthèton)*. L'autre type de mélange est bien plus intéressant : c'est quand deux sensibles sont l'objet de sens différents (par exemple, le blanc et l'aigu); alors le temps est perçu, et les deux sensibles se trouvent en *accord (symphonia)*[30]. On peut considérer que ce mélange «symphonique» provoque une véritable sensation *synesthésique*. Et voici donc une préfiguration bien évidente de l'idée kantienne de *sensus communis* : le *sensus communis* en tant qu'*aisthèsis koinè* ou de *synesthésie*. La synesthésie nous fait «sentir» le temps : elle est symphonique, donc euphonique, et polyphonique, certes. La *Einstimmung* des sentiments (Kant) et la *synesthésie* des sensations (Aristote) témoignent d'une structuration analogique. «Socialiser» la sensibilité, c'est bien l'effet de la *Einstimmung* tout comme de l'*aisthèsis koinè*. Le fait que cette socialisation du sensible soit soumise à la condition nécessaire qu'est la temporalité, n'étonnera plus personne. La communauté affective, dans sa dépendance du *sensus communis*, est fondamentalement temporalisée, ce que, on l'a dit et redit, la communauté argumentative-consensuelle n'est pas du tout. Il n'est pas étonnant que certains commentateurs des écrits aristotéliciens sur l'*aisthèsis* aient pu parler d'une «psychologie politico-éthique» [31] — il n'y a pas de gouffre, en effet, entre la psychologie de l'*aisthèsis* et la politique de la *communauté* chez Aristote. Pourquoi, par conséquent, ne pas «esthétiser» la politique à partir de l'idée de la temporalité essentielle de la communauté affective?

L'inter-corps

Qu'on nous permette, en guise de transition, de citer quelques phrases de cette Bible de la synesthésie que sont *Les cinq sens* de Michel Serres: «Le corps sait dire je tout seul.... La synesthésie dit je toute seule. Elle sait que je suis dedans, elle sait que je délivre. Le sens interne clame, appelle, annonce, hurle parfois le je. Le *sens commun* est la chose du monde qui partage au mieux le *corps*» [32]. *Les cinq sens* se constituant en éloge de la synesthésie, plaide également pour la sensibilisation du social, insistant sur la corporéité de la sociabilité. La communauté affective, qui ne peut exister que sur le mode de la *fusion*, est un *inter-corps*. Cet inter-corps «se sent» dans l'auto-affection essentiellement temporalisée qu'est la synesthésie. Pour citer encore Serres: «Sans repli, sans contact de soi-même sur soi, il n'y aurait pas vraiment de sens interne, pas de corps propre, moins de synesthésie, pas vraiment de schéma corporel... Quand je touche ma main de mes lèvres, je sens l'âme qui passe comme une balle de part et d'autre du contact, l'âme s'ébroue tout autour de la contingence» [33].

C'est Merleau-Ponty qui, dans *Le visible et l'invisible* (surtout dans les notes de travail qui concluent ce livre monumental et trop vite oublié), a élaboré une phénoménologie de l'inter-corps qui se présente comme une véritable philosophie de la fusion. «Le sentir qu'on sent, le voir qu'on voit, n'est pas pensée de voir ou de sentir, mais vision, sentir, expérience muette d'un sens muet — Le redoublement quasi ‹réflexif›, la *réflexivité* du corps, le fait qu'il se touche touchant, se voit voyant, ne consiste pas à surprendre une activité de liaison derrière le lié, à se réinstaller dans cette activité constituante», nous dit Merleau-Ponty *modo aesthetico* en s'opposant avec force à tout effort de totalisation hegelienne [34]. C'est dans l'expérience de la poignée de main — du baiser, également — que l'idée de la communauté fusionnelle trouve sa figure idéale. Là où «toucher, c'est se toucher» surgit la communauté de fusion. Le social idéal est, par conséquent, le fruit de l'être-ensemble dans l'expérience fusionnelle. Le *sensus communis* tel que Kant en parle dans sa Troisième Critique, est la sensibilité, universalisable et communicable, de cette communauté affective que l'on ne peut penser que sur le mode de la fusion. Syn-esthésie et inter-corps : Aristote et Merleau-Ponty, un même projet de socialisation du sensible et/ou de sensibilisation du social.

L'esthétisation du politique

«Nous voyons que toute cité est une sorte de *communauté*», tels sont les premiers mots de la *Politique*[35]. La *koinoonia* donne naissance à des rapports juridiques, mais également à des liens de *solidarité*, des «amitiés» *(philiai)*. Cette communauté n'est pas une association : la *Gemeinschaft* n'est pas la *Gesellschaft*[36]. Pour qu'il y ait communauté, il faut qu'il y ait quelque chose de *commun* entre les membres de cette communauté[37]. Le *politique* est l'entrelacement du *social* et du *sensible* — le politique est le dynamisme du *sensus communis* (où le social est sensibilisé et le sensible socialisé). S'il est vrai, comme Aristote le soutient, qu'il faut de l'amitié *et* de la justice pour qu'il y ait une communauté, il se pourrait que l'amitié — l'être-ensemble par solidarité — serve de fondement à la justice. Se révèle-t-il insoutenable et frivole de *légitimer* le politique par l'esthétique plutôt que par l'éthique? C'est pourtant ce que Hannah Arendt propose : la critique kantienne du jugement esthétique ou jugement de goût serait alors l'achèvement voire le couronnement de la pensée politique d'Aristote[38]. Les «fiançailles» d'Aristote et de Kant pourrait nous aider à penser convenablement — avec savoir et saveur — ce qu'il en est de «l'au-delà de la pragmatique» : l'*esthétique de la communication* valorisant, dans la *polis*, la solidarité dans l'affect.

NOTES

[1] Voir R. SHUSTERMAN, «Postmodern Aestheticism : A New Moral Philosophy?», dans *Theory, Culture and Society*, 5 (1988), 337-355.
[2] L. WITTGENSTEIN, *Tractatus Logico-Philosophicus*, London, 1963, Proposition 6.421.
[3] R. RORTY, «Freud and Moral Reflection», in J.H. Smith and W. Kerrigan (eds.), *Pragmatism's Freud : The Moral Disposition of Psychoanalysis*, Baltimore, J. Hopkins University Press, 1986, 11-12.
[4] O. WILDE, *The Works of Oscar Wilde*, London, Collins, 987.
[5] L. WITTGENSTEIN, *On Certainty*, Paragraphes 115 et 114.
[6] K.O. APEL, «La question d'une fondation ultime de la raison», dans *Critique*, 413 (1981), 895-928.
[7] H. ALBERT, *Traktat über kritische Vernunft*, Tübingen, 1968.
[8] Voir H. PARRET, «L'axiologisation de la pragmatique», dans *Archivio di Filosofia*, LV (1987), 1-3, 13-38.
[9] Voir surtout un article fondamental de K.O. APEL, «L'éthique à l'âge de la science. L'a priori de la communauté communicationnelle et les fondements de l'éthique» (1967), Presses Universitaires de Lille, 1987.
[10] Voir surtout un article récent de K.O. APEL, «L'éthique de la discussion : sa portée, ses limites», dans *Encyclopédie Philosophique Universelle*, Tome I : *L'univers philosophique*, Paris, P.U.F., 154-165.
[11] K.O. APEL, *art. cit.*, 160.
[12] *Art. cit.*, 162.
[13] K.O. APEL, «La question d'une fondation ultime de la raison», art. cit., 918-923.
[14] Pour l'exposé le plus complet et en même temps le plus récent, voir l'article de K.O. APEL, «La rationalité de la communication humaine dans la perspective de la pragmatique transcendantale», dans *Critique*, 493-4 (1988), 579-603.
[15] *Art. cit.*, 583.
[16] F. Jacques a formulé, de son côté, certaines critiques à l'égard des «Allemands» : voir *L'espace logique de l'interlocution*, Paris, P.U.F., 1985, 374-382.
[17] Pour une excellente analyse, voir l'article récent de J.F. LYOTARD, «Argumentation et présentation : la crise des fondements», dans *L'Encyclopédie philosophique universelle*, Tome I : *L'univers philosophique*, Paris, P.U.F., 1989, 738-750.
[18] *Art. cit.*, 747.
[19] Voir, pour la même opinion, J.F. LYOTARD, *art. cit.*, 747.
[20] Voir l'excellent recueil de F. VAN HOLTHOON et D. OLSON (eds.), *Common Sense. The Foundations for Social Science*, New York/London, Lanham, 1987, contenant des esquisses historiques et systématiques à propos de l'idée du *sens commun*.
[21] Voir pour une esquisse de ces sources du concept kantien de *sensus communis*, H.G. GADAMER, *Wahrheit und Methode*, Tübingen, Mohr, 1960, 7-39.
[22] Extraits du Paragraphe 40 de la *Critique de la Faculté de Juger* (traduction Ladmiral de la Pléiade, Tome III, 1072 et 1075).
[23] Voir G. LEBRUN, *Kant et la fin de la métaphysique*, Paris, Colin, 1970, tout le chapitre XIII.
[24] Cité d'après A. PHILONENKO, *Introduction* à la traduction de la *Critique de la Faculté de Juger*, Paris, Vrin, 1965, 10.
[25] Kant parle d'une *allgemeine Stimme* à postuler à partir du jugement de goût, au Paragraphe 8 de la Troisième Critique (traduction Ladmiral, Pléiade, Tome III, 973).
[26] Voir J. SALLIS, *Spacings - of Reason and Imagination*, University of Chicago Press, 1987. Sur le jeu libre des facultés dans le jugement esthétique, voir également le merveil-

leux petit livre de G. DELEUZE, *La philosophie critique de Kant*, Paris, P.U.F., 1963, Chapitre III.

[27] Sur la *Darstellung* dans la Troisième Critique de Kant, voir l'excellent article de J. BEAUFRET, «Kant et la notion de *Darstellung*», dans son *Dialogue avec Heidegger*, Paris, Editions de Minuit, 1973, 77-109.

[28] Voir le remarquable article de J.F. LYOTARD, «Sensus communis», dans *Les cahiers du Collège International de Philosophie*, 3 (1987), 67-88, où cette isotopie musicale est développée.

[29] Aristote, *De la sensation et des sensibles*, 439b22-24, par exemple.

[30] Sur les problèmes de l'esthésie chez Aristote, voir D.K. MODRAK, *Aristotle. The Power of Perception*, Chicago University Press, 1987; W. WELSCH, *Aisthèsis. Grundzüge und Perspektiven der aristotelischen Sinneslehre*, Stuttgart, Klett-Cotta, 1987; et M. WEDIN, *Mind and Imagination in Aristotle*, Yale University Press, 1988.

[31] Voir W.W. FORTENBAUGH, *Aristotle on Emotion*, New York, Barnes and Noble, 1975, 23-44.

[32] M. SERRES, *Les cinq sens*, Paris, Grasset, 1985.

[33] *Op. cit.*, 23.

[34] M. MERLEAU-PONTY, *Le visible et l'invisible*, Paris, Gallimard, 1964, 303.

[35] ARISTOTE, *La politique*, 1252a.

[36] Voir, par exemple, sur cette distinction, R.G. MULGAN, *Aristotle's Political Theory*, Oxford, Clarendon Press, 1977, Chapter II, et l'article de Pierre-Jean Labarrière dans ce volume.

[37] ARISTOTE, *Op. cit.*, 1328a25-27.

[38] H. ARENDT, *Lectures on Kant's Political Philosophy*, The University of Chicago Press, 1982, entre autres 65-77. Pour des commentaires concernant cette position, voir J.M. FERRY, *Habermas. L'éthique de la communication*, Paris, P.U.F., 1987, 110-113.

L'enjeu d'une pragmatique de la communication : l'expérience philosophique de la vérité

Jacques POULAIN

Le phénomène de la pragmatique est apparu comme la naissance et le développement d'une nouvelle discipline : «la science de l'origine, des usages et des effets du langage», comme la définit C. Morris[1]. Cette discipline ne surgit pas au hasard au sein des sociétés industrielles avancées : elle est la forme de réflexion propre à un homme qui s'expérimente lui-même et expérimente autrui par le langage. Elle caractérise la réflexion d'un être qui transfère systématiquement sur lui-même et ses partenaires sociaux la visée d'expérimentation qu'il avait tout d'abord projetée vers le monde externe, le monde dit de la nature. Mais cette expérimentation mutuelle des partenaires sociaux ne remplit pas les attentes qui la font naître, elle contraint donc à une révolution mentale et théorique radicale et complète : elle oblige l'homme qui s'expérimente à se reconnaître être l'inverse de ce qu'il cherche à être, l'inverse de ce que sa réflexion pragmatique l'incite à faire de lui-même. Il cherche à assurer la maîtrise et le contrôle de cette expérimentation en se donnant la connaissance des lois de communication qui la règle, il cherche à devenir un être de transformation permanente qui contrôle d'un bout à l'autre les transformations qu'il opère sur lui-même et ses semblables, qui cherche à contrôler l'incontrôlable même : ses affects. La logique de cette expérimentation et de la pragmatique le contraint à reconnaître qu'il est un être *théorique* et à se plier à la loi de cette reconnaissance : elle le contraint par les échecs d'expérimentation qu'elle lui fait réfléchir, *à faire de la réflexion philosophique* la seule forme de régulation possible de ses transformations en lui faisant constater qu'il a toujours déjà été cela et qu'il ne peut être que cela. La pragmatique se contraint ainsi elle-même à proposer une sorte de *mutation théorique* : la fixation du vivant humain considéré comme espèce, à la seule théorie vraie de lui-même qu'il puisse se faire reconnaître qu'il est à tous les niveaux de la vie sociale et psychique. Tel est l'enjeu de la pragmatique qui me semble se dégager depuis quelques années de son évolution interne et des métamorphoses des diverses sous-disciplines qui la constituent. La théorie et la fixation au vrai qui s'expérimente en tout acte de communication s'avèrent autant conditions de vie que conditions de connaissance.

La dynamique de l'expérimentation communicationnelle : la dissolution des liens théoriques et sociaux

Au départ, la tâche de la pragmatique pouvait apparaître très facile : il lui semblait qu'il suffisait de décrire la façon dont l'homme s'expérimentait par la parole ainsi que les résultats de cette expérimentation. Purement descriptive, elle apparaissait comme la discipline qui donnerait à l'homme puissance sur lui-même en prévoyant pour lui les effets nécessaires de ses paroles et en lui permettant ainsi de contrôler les effets de transformations que ses partenaires sociaux voulaient opérer sur lui. En contrôlant scientifiquement le monde verbal, il contrôlerait le monde social et le monde psychique produit par l'expérimentation communicationnelle comme il avait appris à contrôler le monde externe par l'expérimentation scientifique : en enregistrant les résultats de cette expérimentation sous forme de lois et en en tirant les conséquences instrumentales efficaces dans la technologie. Cette maîtrise semblait à portée de main. Il semblait facile de décrire les usages et les effets du langage : il suffirait de voir qu'on fait nécessairement abstraction du vrai de ce qu'on dit lorsqu'on expérimente l'usage des énonciations pour produire des effets. La rhétorique était depuis longtemps distincte de la logique, justement parce qu'elle s'occupait des actes de parole et des figures de discours où l'on faisait abstraction de la vérité de ce qui y était dit : on savait par elle que le commandement, la promesse, le conseil et la prière permettaient d'obtenir leurs effets abstraction faite de leur vérité. La vérité était censée demeurer la propriété spécifique des énoncés qu'on affirme ou qu'on prouve. Distincte de la syntaxe logique, science des relations entre les signes, exprimant les lois nécessaires des combinaisons de possibilités de vérité, et de la sémantique logique, science des modèles logiques d'interprétation du réel, elle aurait rapidement terminé sa tâche : ces usages d'énonciations et ces effets de langage s'avèrent réductibles à quatre, il suffirait de les décrire avant d'en montrer les combinaisons possibles. C'est ainsi que Morris distingue l'usage informationnel, l'usage appréciatif, l'usage incitatif et l'usage systématique.

Dans l'usage informationnel, on cherche à faire agir quelqu'un comme si une situation déterminée présentait certaines caractéristiques. Son effet propre : l'effet de conviction, est atteint si l'on parvient à faire agir l'allocutaire en fonction de ces caractéristiques. Dans l'usage appréciatif, on utilise les signes pour produire chez autrui un comportement préférentiel à l'égard de certains objets, de certains besoins, de certaines réponses. Son efficacité est assurée si l'on fixe réellement son partenaire à ce que l'on veut rendre attrayant à ses yeux et si on le fait se détourner du reste. L'usage incitatif des signes vises à déterminer comment l'interprète des signes doit agir vis-à-vis de quelque chose. L'effet propre de cet usage est la persuasion : plus une énonciation est persuasive, plus elle provoque les réponses et les actions de l'allocutaire qu'elle cherche à déclencher. Enfin l'usage systématique du langage s'attache à mettre de l'ordre dans les comportements articulés par la parole ainsi que dans les effets psychiques et sociaux qui sont provoqués par là. En général l'usage systématique du langage vise à organiser un comportement que d'autres signes tentent de provoquer. L'effet en serait d'assurer la rectitude et la cohérence des pensées, des sentiments et des conduites[2].

Tel serait le contenu de la sagesse pragmatique : il s'agit, dans le sillage de la bonne volonté humaniste de G. Mead[3], *d'assurer, ce faisant, l'harmonisation sociale la plus parfaite*. Cette sagesse est aussi facile à comprendre qu'elle est candide : il suffit de traduire les catégories de la rhétorique dans le vocabulaire behavioriste du stimulus, de la réponse et de l'action consommatoire. Est convaincante l'énonciation qui permet de fixer l'allocutaire à la perception des stimuli telle qu'on prétend les percevoir soi-même, est efficace l'énonciation qui le fixe à l'action consommatoire qu'on veut l'amener à rechercher, est persuasive, l'énonciation qui déclenche chez l'interlocuteur la réaction, le comportement moteur qu'en escompte l'énonciateur. Par l'usage systématique, énonciateur et allocutaire se feraient reconnaître que le monde commun qu'ils se sont fait ainsi expérimenter est bien le plus désirable possible, celui qui tient compte de toutes les réalités pertinentes et où toutes les actions sont adaptées à la réalité de façon à ne pouvoir être qu'efficaces : de façon à pouvoir produire les effets désirables pour chacun et à ne pouvoir produire qu'eux.

Par là serait dégagé *le rapport dynamique* propre à la communication : un acte de communication se produit si et seulement *si l'énonciateur identifie son allocutaire à ce qu'il lui dit et à ce qu'il veut lui faire faire en lui parlant.* Expérimenter autrui par la parole, c'est essayer de l'identifier à ce qu'on lui dit du seul fait qu'on le lui dise. L'économie de cette expérimentation communicationnelle des partenaires sociaux serait tout à fait simple, basée sur le principe de plaisir comme l'ont proclamé les moralistes : elle orienterait chacun *vers une maximisation des gratifications* en lui demandant *le moins d'effort possible*. L'idéal de la vie semble être de se faire accéder au maximum de gratifications possibles avec l'action qui coûte le moins possible, l'action verbale.

Cette sagesse est mûe par les meilleures intentions qui se puissent : par le vœu d'assurer à chacun son bonheur de la façon la plus facile et la plus assurée possible. Elle fait faire l'expérience de son échec là où elle situe la réalité de l'homme : dans ses effets. Du seul fait qu'on soumette à un principe d'incertitude l'expérimentation communicationnelle en faisant abstraction de la vérité de ce qu'on dit, la réalité sociale et psychique qu'on produit se transforme en jeu de forces et en champ de désorientation cognitive, affective et régulative. Puisque l'allocutaire n'est, dans l'usage appréciatif, que l'effet d'identification à une préférence, à une action consommatoire qu'on produit sur lui en la lui faisant désirer, puisqu'on ne peut savoir si l'on produit cet effet avant de le produire, on ne peut préjuger, avant de lui faire désirer quelque chose *qu'il soit celui qui désire cette chose*.

Le système juridique, devenue la base de la société civile, bourgeoise ou capitaliste depuis la fin du XVIIIe siècle, préjugeait pourtant de la nature de l'homme : l'homme y était l'ensemble des besoins que la société le reconnaissait être et qu'elle promettait de satisfaire. Les besoins auxquels on y identifiait l'homme en lui reconnaissant le droit de les satisfaire, disparaissent donc comme *a priori* de base définissant tout être humain dès lors que cette identification aux besoins se trouve soumise à expérimentation. Mais on ne lui reconnaissait de droits qu'en lui faisant reconnaître des obligations à remplir. Il avait le droit d'accéder à la satisfaction de ses besoins, 1) si et seulement s'il remplissait les rôles sociaux dans lesquels lui-même et la société l'avaient reconnu en lui reconnaissant la compétence et l'obligation de les remplir,

2) si et seulement s'il obéissait aux lois présumées assurer la survie du groupe et garantir à chacun la libre disposition de ses actes, de ses pensées et des gratifications recherchées. Cette liberté reposait sur la conscience qu'était présumé avoir chacun, comme être pensant, de savoir ce qu'il devait faire et de pouvoir n'agir qu'en fonction de ce savoir, de sa conscience morale. Ce savoir est présumé disparu dans l'usage inci-

tatif des signes : l'allocutaire n'est censé savoir ce qu'il doit faire qu'à condition que l'énonciateur parvienne à l'identifier à l'action qu'il entend lui faire faire. Mais si l'allocutaire ne se comporte pas comme l'énonciateur l'attendait de sa part, alors il est manifeste que cet énonciateur ne savait pas ce que devait faire celui qui refuse ainsi de faire ce qu'il lui ordonne ou conseille de faire. Pas plus qu'ils n'étaient présumés savoir ce qu'ils désiraient avant de se reconnaître dans les actions consommatoires et les désirs suggérés par l'énonciateur, pas plus ils ne sont présumés savoir ce qu'ils doivent faire tant que l'usage incitatif ou prescriptif des signes n'a pas réussi. Les interlocuteurs sont identifiés à deux inconscients qui tentent de s'inculquer l'un à l'autre des devoirs qu'ils doivent se proposer mutuellement comme tels sans savoir avant que leurs partenaires n'acceptent ces devoirs, si ce sont des devoirs pour eux ou non. Mais puisque l'énonciateur doit les proposer comme devoirs pour essayer la valeur incitative de ses énonciations, il doit prétendre savoir qu'il énonce des devoirs réels et que ces énonciations sont nécessairement efficaces d'un point de vue dynamique. Il doit prétendre à un savoir juridique et moral en sachant qu'il ne l'a pas : d'inconscient, il doit devenir menteur pour mener à bien son expérimentation des partenaires sociaux.

Le résultat de cette expérimentation est le suivant : certitudes juridiques et morales se trouvent peu à peu évacuées au fur et à mesure de cette expérimentation, l'expérimentation communicationnelle a l'air d'un pur jeu de forces, d'un jeu dit politique. Elle renforce un maximum de dépendance des allocutaires à l'égard des énonciateurs. Ceux qui ont la parole dans la société *se déchargent au maximum de leurs propres rôles*, par la parole, c'est-à-dire avec le minimum d'effort pour en charger allègrement leurs partenaires sociaux. Par là dominants et dominés se rendent de plus en plus conscients de l'arbitraire pur qui détermine besoins, droits et obligations. Ce serait là le seul effet dynamique important de cette expérimentation. Son corollaire serait d'une part, une incertitude complète et généralisée sur ce qu'est l'homme comme vivant culturalisé, socialisé, et d'autre part, une fuite généralisée, dans la pratique, à l'égard des rôles et des obligations que les contextes sociaux leur impose par l'intermédiaire de la communication.

La façon dont est produite, vécue et pensée l'expérimentation psychosociale rejaillit sur l'expérimentation scientifique qui servait de paradigme à l'expérimentation communicationnelle des interlocuteurs les uns par les autres : s'y trouve projeté l'horizon d'incertitude et de désorientation qui permet à la liberté des descripteurs du monde, des scientifiques, de s'épanouir dans toutes les hypothèses imaginables, abstraitement possibles. Dès la fin du XVIIIe siècle, ni la pensée pure, ni la perception pure, ni la conscience de leurs différents rapports nécessaires ne semblent plus capables de se régler elles-mêmes ou l'une l'autre. L'imaginaire théorique déborde le donné empirique il balaie la certitude de pouvoir y fonder les limitations régulatrices de la pensée. D'autre part, la réalité sensible déborde de toutes parts, comme forêt de problèmes nouveaux, de «points critiques», de «cas surprises» toutes les théories possibles. Alors que l'expérimentation verbale du monde externe était reconnue seule à devoir produire et systématiser des vérités, le discours scientifique qu'elle produit semble le fruit d'un heureux hasard, d'une heureuse rencontre entre un jeu de forces psychique, mené dans l'imaginaire théorique du scientifique et le jeu de forces expérimental imposé au monde externe par manipulation technique pour faire jaillir les phénomènes prévisibles à partir des hypothèses ou les faire s'infirmer, en se faisant faire l'expérience de ne pouvoir les faire se produire.

Les résultats de l'expérimentation communicationnelle, qu'elle soit sociale ou scientifique, induisent donc une révolution mentale et théorique de l'homme vis-à-vis de ses actions :

1) dans cet espace d'incertitude, *le vrai s'identifie à la production verbale efficace de la réalité de l'effet*, il ne peut plus être la propriété d'une conscience subjective réfléchissante qui voudrait s'abstraire de ce rapport ;

2) *et au niveau pratique*, le rapport à l'action caractéristique de la modernité s'absolutise et change : l'action n'est plus un moyen pour une fin déjà déterminée et dont on est certain qu'on doive l'atteindre. «Il s'agit toujours de moins en moins, reconnaît Gehlen, dans *L'homme à l'âge technologique*[4], de trouver les moyens techniques pour accéder à des buts déjà définissables ou de découvrir les meilleures méthodes de connaissance pour des domaines d'objets pré-donnés ou de maîtriser artificiellement des contenus du monde déjà connus. L'enjeu est inverse : il s'agit d'essayer et de faire varier dans tous les sens possibles les moyens de figurations, les moyens de pensée et les procédures disponibles, de mettre en jeu tout ce qu'on peut, pour voire ce qui en sort». Le rapport à soi conditionné par l'expérimentation d'autrui change également : si les partenaires sociaux n'ont de réalité *que dans l'effet qu'ils produisent chez leurs allocutaires*, la situation de communication ne prédétermine plus d'avance la perception d'autrui et un rapport social moteur déterminé à son égard en fonction de valeurs opposées constantes comme l'autorité, l'amitié, la reconnaissance de compétences ou de connaissances. La situation de parole s'y expérimente au contraire à chaque fois à partir d'un degré zéro du partenaire comme si l'on n'avait fait

aucune expérience de lui antérieurement. On expérimente autrui en faisant à chaque fois table rase de tout ce qu'on en connaît, on renouvelle à tout instant sa propre virginité d'expérience à son égard et on le considère lui-même comme vierge de stimuli et d'affects possibles pour produire chez soi et chez l'interlocuteur toutes les réalités intersubjectives, tous les liens sociaux possibles. L'allocutaire n'a de réalité que s'il rentre de gré ou de force dans le circuit de stimulations spécifiques qu'on expérimente sur lui par la parole. L'allocutaire n'existe comme interlocuteur que si précisément il ne communique pas, que s'il ne peut rendre déterminant ce qu'il dit pour l'énonciateur. L'interlocuteur *n'existe pas* comme source distincte de communication, comme régulateur possible de paroles, de perceptions, de pensées et d'actions, comme source substituable à l'énonciateur. De même celui-ci n'acquiert de réalité, à ses yeux et aux yeux de la société, que s'il produit l'effet de langage cherché.

Cette dissolution dynamique de la vie théorique, pratique, mentale, sociale et réflexive s'est manifestée peu à peu par diverses crises : la crise de l'éclatement des sciences à la fin du dix-neuvième siècle et la crise de leurs diverses fondations au début du vingtième, la crise des institutions européennes traditionnelles du droit, de la morale et de la politique dans les deux guerres mondiales et les périodes qui les préparaient, la crise du jeu de forces économico-politique dominant, étalée des années trente aux années soixante-dix. Ces crises ont dû être intégrées par les individus et les groupes dans un état de *tension psychique* de plus en plus grande et insupportable : le psychisme individuel s'est fait la caisse de résonance de conflits sociaux, de problèmes cognitifs et moraux dont l'insolubilité était de principe, tenait à la façon dont ils étaient produits, réfléchis et traités. Ces conflits et ces problèmes ne pouvaient plus être que psychologisés : sentis comme des affects sociaux, cognitifs et pratiques qui demandent qu'on se détermine par réaction, mais en pleine conscience de l'échec prévisible. Le seul moyen de défense qui reste au psychisme pour éviter la désintégration totale, est de se blinder, de se rendre peu à peu indifférent aux affects, aux réactions, aux échecs, à toute réalité. Les résultats de cette psychologisation sont bien connus : la primitivisation des relations sociales et intersubjectives, réduites aux circuits de consommation, de sexualité et d'agressivité, la perte du sens de la réalité, solidaire de l'expérimentation de toute réalité dans l'imaginaire, et enfin, le refuge dans des attitudes hyper-rigides pour maîtriser malgré tout, par la planification sociale ou la programmation logico-mathématique, les processus de pensée accompagnant ces explosions affectives, motrices et cognitives.

En général, ces résultats, à la fois collectifs et individuels, peuvent être reconstruits comme les effets d'une scission entre l'appareil récepteur de perception et l'appareil moteur d'action, cette scission passe à travers la parole et la pensée, elle s'inscrit en elles dans la mesure où celles-ci sont des phénomènes moteurs aussi bien que des phénomènes de réception physique d'eux-mêmes et de ce qu'ils permettent d'objectiver. Le cas paradigmatique de cette scission est le syndrôme autistique : la vie mentale, perceptive et motrice s'y divise :

1) en perception qui s'indifférencie progressivement, et

2) en mouvements de décharge moteurs involontaires qui se reproduisent périodiquement. Cette division est produite par l'incapacité de l'enfant autistique à s'identifier au langage, par son refus de parler. Les résultats de l'expérimentation verbale au niveau des groupes et des individus tendent à former un syndrôme autistique, qui a plus ou moins d'ampleur, qui se met à couvrir plus ou moins de zones de l'expérience.

La motivation des pragmatiques du langage

Comme la communication est le lieu où se conduit cette expérimentation et où ces crises éclatent, elle semble être le lieu où ces crises exigent une solution, elle paraît être le moyen qu'il suffit de maîtriser pour rétablir un contrôle des effets sociaux psychiques et scientifiques. Comme la compréhension du sens communiqué semble identique chez l'énonciateur et l'allocutaire et que ni l'un, ni l'autre, lorsqu'ils se comprennent ne peuvent penser que l'autre comprend autre chose que ce qu'il lui dit lorsqu'il lui parle et pense être compris, il semble qu'il suffise de produire les effets pragmatiques de transformation dynamique d'autrui et de soi de la même façon qu'on produit la compréhension de ce qu'on lui dit : en le faisant *adhérer* à ses paroles et par elles, aux perceptions, aux actions motrices et aux actions consommatoires que celles-ci objectivent. Le langage apparaît, comme instrument sémantique, comme instrument de transmission de sens, le modèle déjà réalisé au niveau sémantique, de ce qu'on cherche à faire au niveau pragmatique : identifier l'allocutaire de façon cognitive, affective, régulatrice et gratificatoire à ce qu'on lui fait faire en lui parlant, sur le modèle de la façon dont on l'identifie au sens de ce qu'on lui dit en le lui faisant comprendre. Les pragmatiques du langage cherchent de différentes façons à montrer comment on peut y parvenir. Elles s'insèrent ainsi dans l'expérimentation communicationnelle les uns des autres pour orienter cette orientation et en rendre le *contrôle* aux interlocuteurs. Elles le font en décrivant les règles d'usage des signes qui permettent, à leurs yeux, d'exclure *infailliblement* les effets malheureux de cette expérimentation.

C'est ainsi qu'elles font face aux crises et transforment toutes les questions de la philosophie. La pragmatique scientifique reprend à son compte la question : «que puis-je connaître?» en cherchant à rétablir la maîtrise de l'usage cognitif des signes. Les personnages déterminants sont ici Peirce, Wittgenstein et Kripke[5]. Les théories des *speech-acts*[6] cherchent à rétablir la validité menacée des relations intersubjectives, elles montrent que les interlocuteurs répondent déjà à la question : «que dois-je faire?» dès qu'ils disent quelque chose. Pour pouvoir se faire comprendre, ils ne peuvent pas ne pas instaurer une relation d'obligation mutuelle, déterminante, entre eux et leurs partenaires. De même, au niveau des relations socio-politiques, il semble qu'il suffise de reconnaître et d'institutionnaliser le droit social de chacun à la parole politique, le droit à être *en personne et non par délégation, une instance politique déterminante*, le droit à dire ce qu'il reconnaît comme besoin général, propre à tout homme et à faire reconnaître l'existence de ce besoin sous forme de loi valide pour tous[7]. L'orientation socio-politique pourrait à nouveau être ainsi réglée par le jugement social et rationnel déjà présent dans toute communication. Il semble enfin qu'on ne puisse répondre à la question anthropologique «qu'est-ce que l'homme?» qu'en exhibant dans l'usage de la parole, la condition de vie de l'homme. Dès les années trente, A. Gehlen montre en l'homme ce vivant dépourvu d'instincts autres qu'intra-spécifiques (nutritionnels, sexuels et agressifs), ce vivant qui doit construire ses relations avec l'environnement en connectant son appareil moteur à son appareil récepteur de sensations. Le langage y apparaît comme le seul et unique moyen dont il puisse disposer pour isoler un seul et unique stimulus parmi tous ceux qui l'assaillent et corréler à cet unique stimulus la seule conduite qui lui soit adaptée[8].

Dans ces différents cas, l'homme trouve dans le langage, le moyen d'expérimentation qui rend toute expérimentation possible, mais aussi le moyen de contrôle qui rend possible tout contrôle. Peirce y voit un ensemble de constantes l'interprétation du monde qui corrèlent peu à peu des habitudes communes à des croyances communes de façon à construire à la longue une vision scientifique commune et universelle du monde. Pour Austin, Searle et Grice, la façon dont les énonciateurs se font adhérer eux-mêmes et font adhérer leurs allocutaires à ce qu'ils y disent, prédétermine déjà leurs effets et leurs actes : leurs paroles ne leur laissent pas le choix de remplir ou non leurs engagements, ni au moment même où ils prennent ces engagements, ni par la suite. Apel et Habermas essaient d'établir que *cette adhérence judiciaire et motrice aux paroles, attendue par chacun de la part de ses allocutaires*, est conditionnée et légitimée par une reconnaissance publique de besoins et d'intérêts communs à tous. Chacun n'a le droit d'attendre des autres que les services qui répondent à ces besoins généralisables et il faut en tenir compte au niveau de la législation elle-même si l'on ne veut pas produire arbitrairement une surcharge sociale, imposer à autrui une surcharge de devoirs. Seule une discussion publique portant sur les besoins et les lois socio-politiques peut *réadapter* l'homme aux nouveaux besoins qui ont surgi au cours de l'évolution scientifique et technique. Il faut donc l'institutionnaliser pour donner ainsi à la société la possibilité et le droit d'abandonner les lois qui correspondent à des besoins, primaires ou dérivés, dans lesquels ses membres ne peuvent plus se reconnaître.

La question qui se pose à propos de ces pragmatiques, la question qu'elles affrontent dans leur formation, leur formulation et leur transmission leur vient du contexte d'expérimentation généralisée des hommes par la communication, de ce contexte qui les a fait naître : ces théories permettent-elles d'établir leurs effets de contrôle des situations de communication sans retomber dans les mêmes difficultés que celles qui grèvent déjà la communication courante, scientifique, juridique, morale ou politique? *Inconsciente* elles-mêmes de leurs effets et donc *ignorantes* de la nature des hommes qu'elles inventent en les décrivant comme êtres de parole, ne sont-elles pas *impuissantes* à changer un iota au contexte d'expérimentation contemporaine et à ses effets? ne sont-elles pas impuissantes parce qu'elles sont aussi *mensogères* que l'est nécessairement tout individu qui prétend dire ce qu'est la réalité et ce qu'elle doit être alors qu'il l'expérimente et ne s'identifie d'avance qu'aux effets de transformation du réel qu'il produira sans pouvoir ni les prévoir, ni les prédire avec nécessité? *Ignorantes, impuissantes et mensongères*, ces pragmatiques le sont en effet. Elles le sont dans la mesure où elles répètent des prétentions à la vérité, héritées des épistémologies, des théories et des systèmes juridiques, moraux et politiques du passé. Mais parce qu'elles le font en exhibant les modes de pensée par lesquels on essaie de se dédouaner, de se distancier des situations insolubles, et qu'elles reflètent ainsi ces modes de pensée de façon plus cohérente qu'on ne désire habituellement le faire, on peut montrer en quoi elles sont fausses et faire voir la façon dont elles se contraignent elles-mêmes à l'impuissance. On peut donc également montrer en quoi les modes de pensée quotidiens, scientifiques, juridiques, moraux et socio-politiques sont faux et comment cette fausseté met chacun en position d'échec et mat dès qu'il cherche à être cohérent.

D'autre part, puisque chacune de ces pragmatiques et de ces pratiques verbales exhibe à sa façon que le langage est condition de connaissance, d'orientation dans l'action et de fixation dynamique à des gratifications dont on est censé avoir universellement besoin, parce qu'elles y révèlent une condition *sine qua non* de connaissance et de vie, elles forcent pour les réfuter à montrer comment chacun fait toujours nécessairement l'inverse de ce qu'il s'imagine faire en participant à l'expérimentation communicationnelle. Contrairement à ses velléités d'expérimentateur, *chacun s'identifie nécessairement à la vérité de ce qu'il dit et de ce qu'il pense et il y identifie nécessairement son allocutaire*. Parce que l'évolution de ces théories se prétend soumise à cette loi du vrai, il faut montrer comment cette réfutation est nécessairement une auto-réfutation qui force actuellement chaque pragmatique à lever *l'hypothèque* posée par toute pragmatique sur *la vérité de l'échange communicationnel*. Il faut enfin rappeler que cette identification au vrai vaut également pour toute pensée, toute perception, toute action et tout affect dans la mesure où la communication conditionne nécessairement leur production et où tous ces phénomènes sont d'essence communicationnelle.

1) L'argument épistémologique de la pragmatique scientifique

La valeur de la pragmatique de Peirce réside dans l'élaboration du projet pragmatique et son insertion dans une théorie de la vérité : une théorie de la vérité scientifique. L'homme peut connaître parce qu'il est signe : dans la mesure où il peut contrôler l'usage cognitif des signes, alors il peut se fixer aux croyances vraies et communes concernant ce qu'il a besoin de percevoir et de connaître et il peut en dériver les habitudes collectives et individuelles nécessaires à sa vie, des habitudes qui ne peuvent s'implanter qu'appuyées sur les certitudes de l'expérience scientifique. Les constantes présentes dans l'usage des symboles et que Peirce appelle les *interprétants logiques* règlent déjà l'adaptation des signes à la perception, l'adaptation pratique de l'homme au contexte. Il suffit de mener à son terme la connaissance de ce qu'on a besoin de connaître pour vivre, en se laissant guider par les connaissances inscrites dans ces constantes logiques pour qu'en dérive nécessairement, par surcroît et comme bénéfice secondaire, une adaptation de la vie sociale. En décrivant les lois de communication qui règlent la recherche menée par la communauté des scientifiques, la sémiotique rend possible l'accès à longue échéance à une société qui ne se fasse connaître que ce qu'elle a besoin de connaître, en ne faisant percevoir et faire à chacun que ce qu'il a besoin de connaître et de faire : l'essence des réalités ultimes, indécomposables du monde.

Dans l'expérimentation communicationnelle courante, tout énonciateur qui expérimente la valeur valorisante et appréciative de ses énonciations devait préjuger sans le savoir qu'autrui désirait ce que lui-même comme énonciateur cherchait à lui faire désirer. De même ici, Peirce doit prendre les désirs de la science pour des réalités. Il doit se faire pré-savoir que la réalité est composée d'essences immuables qu'on ne peut pas manquer si l'on utilise les signes comme il faut : en forgeant des hypothèses sur l'essence du réel et en expérimentant la validité de ces hypothèses. Comme les philosophes médiévaux et les épistémologues de la Modernité, il doit postuler que le monde est pensable, que ce monde lui-même est déjà logique et «signe», il doit savoir dès maintenant que les constantes d'usage inhérents aux signes correspondront un jour nécessairement aux constantes du réel. Puisqu'il ne peut légitimer ce savoir, il doit croire qu'il le sait sans pouvoir *savoir* qu'il le sait : il doit être inconscient, ignorant de l'invalidité de ce savoir. Mais la foi pragmatique dans l'intelligibilité du monde doit se présenter comme savoir : Peirce doit dire «il y a des interprétants logiques derniers du monde». Puisqu'on ne peut les nommer, puisqu'on ne les connaît pas, dans cet énoncé, on ment nécessairement.

C'est pourtant au nom de ce pré-savoir qu'on s'insère dans l'expérimentation communicationnelle du monde pour *juger* des résultats des autres. La question décisive posée par tout épistémologue ou pragmaticien au scientifique est toujours : «peux-tu nous démontrer que la réalité est ce que tu dis qu'elle est et qu'elle existe parce qu'elle est comme tu dis qu'elle est ? peux-tu justifier qu'elle est, pour cette raison, la réalité ultime ?». Puisque le scientifique est conscient d'ignorer encore beaucoup de choses, puisqu'il ne peut identifier son discours avec le discours ultime de la science achevée, avec la réalité ultime correspondant à ce discours ultime, il doit reconnaître qu'il dit savoir ce qu'il sait ne pas savoir lui aussi. Le pragmaticien fait donc taire nécessairement tout scientifique en lui faisant reconnaître qu'il ne sait pas si son savoir scientifique est bien le savoir ultime de la réalité alors qu'il doit le présenter comme tel. Il le réduit au silence : c'est ce que découvrira Wittgenstein en découvrant du même coup que le pragmaticien lui aussi doit se réduire au silence car il doit se rendre conscient de sa propre incertitude sous peine de mentir et de devenir incohérent. Aussi réduit-il au silence, d'avance, Kripke, le pragmaticien qui prétendra connaître, dans les années soixante dix, non seulement qu'il y a des rapports *dynamiques* essentiels dans le monde externe, mais aussi que ceux-ci, qui rendent possible toute science en étant ses objets ultimes, ne font que développer un rapport logique : *l'identité des objets à eux-mêmes*.

Cette situation paradoxale tient à ce que l'expérimentation instrumentale de la vérité factuelle des énoncés scientifiques et l'expérimentation logico-mathématique de la cohérence de l'ensemble qu'ils forment, se basent toutes deux sur la mise entre parenthèses de leur valeur effective de vérité. Ce n'est pas celui qui la produit qui peut connaître cette valeur, mais le réel interrogé. Finalement, seul le monde parle, puisqu'il est la seule instance de vérité : la pragmatique scientifique nous fait retomber en enfance, dans notre enfance animiste où nous faisions parler les choses. La connaissance du langage qui considère celui-ci comme un instrument d'expérimentation de sa propre vérité s'exprime dans le préjugé *logiciste*. Wittgenstein le formule ainsi : «ce que nous savons quand nous comprenons un proposition, c'est ce qui a lieu si elle est vraie et ce qui a lieu si elle est fausse. Mais nous ne savons pas si elle est vraie ou fausse»[9]. Ce préjugé ne fait que reproduire le préjugé classique qui a toujours permis de distinguer logique et rhétorique : ce préjugé est faux.

Ce qui fonde les énonciateurs d'affirmation, les scientifiques, les épistémogues et les pragmaticiens à affirmer la vérité de leurs propositions descriptives tient à leurs conditions de production : *à la conscience de ne pouvoir produire une proposition sans la penser vraie*. Cette conscience tient à la façon dont l'acte de se référer à un objet et l'acte d'en prédiquer une propriété se conditionnent l'un l'autre :

1) on ne peut isoler une réalité sans la penser conforme à ce qu'on en prédique et,

2) on ne peut prédiquer une propriété à un objet ou reconnaître une relation nécessaire entre plusieurs objets sans isoler cet ou ces objets *et reconnaître du même coup aux propriétés qu'on décrit, une réalité aussi réelle que celle des objets*. Si l'on ne fait pas penser vrai ce qu'on dit à son allocutaire en lui faisant faire simultanément ces deux mouvements, les deux mouvements qu'on a fait soi-même pour pouvoir penser la proposition descriptive, alors la communication ne se produit pas. C'est cette expérience de la communication où l'énonciation se révèle être *simultanément théorie du réel décrit et théorie d'elle-même : conscience de sa vérité* qu'épistémologues et pragmaticiens dénient à leurs interlocuteurs et se dénient à eux-mêmes. C'est au nom de cette dénégation qu'ils rendent les autres muets et se rendent muets eux-mêmes.

2) La pratique des actes de parole, leurs théories et leurs répercussions dynamiques

Il ne semble pas qu'on puisse en dire autant des théoriciens des actes de parole : ils semblent ne faire faire aux énonciateurs que ce que ceux-ci font en parlant et en disant qu'ils le font. L'énonciation y apparaît isolée, dans son sens même, comme opération de transformation mutuelle des interlocuteurs, comme la seule action qui se produise au moment où elle se dit et du seul fait qu'elle se dise. Pour Austin, qui fait revivre l'idéologie ritualiste juridiste en théorie du langage, elle se produit comme énonciation performative (de conseil, d'ordre, de promesse) qui ne produit que l'acte qu'elle désigne auto-référentiellement, l'acte illocutoire. L'effet d'identification de l'allocutaire à la réception de cet acte y est produit nécessairement : l'énonciateur ne semble pas pouvoir douter de le produire. Il apparaît être l'objet d'une pratique pure : il n'y a pas de réalité d'acte différente de l'acte d'énonciation de promesse, de conseil, de verdict et dont l'absence le réduirait à une pure tentative d'agir (comme l'inexistence du fait décrit réduit la proposition qui le décrit à une tentative de description, à une description fausse). Il ne peut être non plus réduit à une affirmation sur lui-même : ordonner, n'est pas ordonner d'affirmer. Cet acte de promesse, d'ordre, de conseil ou de verdict semble à la fois produire une expérimentation d'autrui et de soi, mais il s'agit d'une expérimentation nécessairement réussie puisqu'elle ne peut pas ne pas atteindre son but : sa production. N'est-ce pas précisément ce qu'elle fait et la seule chose qu'elle fasse ?

Mais, infaillible quant à la production de son occurrence verbale, il est plus qu'une tentative d'agir performativement si et seulement s'il produit l'effet nécessaire qu'il est censé produire : la reconnaissance, par tous les partenaires impliqués de l'occurrence de l'acte illocutoire dans l'énonciation illocutoire, *l'identification mutuelle* (et non unilatérale) des interlocuteurs à cette action. L'énonciation performative elle aussi, peut réussir ou non, l'énonciateur peut s'y identifier ou non, respecter les règles de son usage ou abuser de l'emploi du performatif. On retrouve en plein cœur du rite performatif, dont l'invocation suffit à sa réalisation, la forme d'expérimentation de l'effet qu'il cherche à produire et la visée d'anticipation de son succès caractérisant l'énonciation produite et réglée d'un point de vue pragmatique. Le succès de l'opération est garanti s'il existe la procédure invoquée, si ceux qui l'invoquent sont les personnes appropriées, si la procédure est exécutée correctement et complètement dans les circonstances appropriées. Ce qui veut dire également que l'effet illocutoire de production de l'acte illocutoire et d'identification de l'allocutaire à lui est indépendant de l'accord de cet allocutaire si la procédure invoquée ne fait pas rentrer cet accord en ligne de compte. Si elle le fait rentrer en ligne de compte, il n'est pas libre d'avoir ou non à donner son accord : il doit se reconnaître disposé mentalement de façon objective à le donner et disposé par les conventions objectives qui règlent l'usage des performatifs. Mais l'énonciateur peut, de son côté, ne pas être celui qu'il s'y fait être en le disant : il suffit qu'il ne remplisse pas les conditions garantissant l'exécution heureuse des performatifs en n'ayant pas les pensées, les sentiments, les intentions et les croyances qu'il est présumé être ou en n'exécutant pas les actions qu'il s'engage à réaliser en énonçant ce qu'il énonce.

Mais si les interlocuteurs ne sont pas nécessairement les agents illocutoires qu'ils s'y font être, s'ils peuvent ne donner à leurs énonciations que sens et référence mais non force d'acte illocutoire puisqu'ils peuvent en désadhérer, être sincères, c'est qu'ils sont nécessairement quelque chose d'autre que ce qu'ils font, quelque chose d'autre que l'acte de magie performative ou illocutoire avec quoi ils ont à mettre en accord leurs paroles. Ce quelque chose d'autre est en fait *l'acte de jugement* par lequel ils choisissent parmi tous les performatifs possibles celui qu'il est approprié d'émettre et par lequel ils se permettent de, ou s'obligent à, réaliser l'acte illocutoire. Si ce jugement est en accord avec les conventions réglant l'invocation de la procédure, si l'énonciateur est la réalité de ce jugement en se reconnaissant sincère, disposé comme il convient pour pouvoir se reconnaître dans ce jugement d'appropriation, alors l'acte illocutoire désigné par son énonciation performative arrive nécessairement, que son énonciateur le veuille ou non. L'interlocuteur n'existe pas comme tel, son accord ou son désaccord est d'avance invalide, il n'a pas force illocutoire. Toute énonciation performative couverte par une convention institutionnelle est un verdict porté sur la situation, la valeur d'acte de l'énonciation et son effet sur l'allocutaire : un verdict porté par un juge qui identifie nécessairement son acte d'énonciation à l'acte illocutoire qu'il désigne, du seul fait qu'il juge approprié de le faire. Par là l'énonciation performative se révèle différente de ce que le théoricien Austin dit qu'elle est : sa réalité n'est pas dans la production magique d'un acte qui existerait du seul fait qu'on le désigne, mais dans l'acte de jugement par lequel l'énonciateur se reconnaît et reconnaît son allocutaire avoir besoin de sa production. Mais qu'est-ce que ce jugement d'appropriation mutuelle de la parole au contexte et du contexte à la parole ? L'énonciateur ne peut savoir d'avance ce que veut dire approprié, opportun que s'il est couvert par une institution qui l'habilite à juger approprié de le prononcer et d'agir en conséquence. Ce jugement n'est un jugement qu'en se *préjugeant* être un *réflexe de pensée infaillible* provoqué par la perception du contexte, exprimé dans une interprétation de ce contexte et dicté par les conventions verbales et institutionnelles qui incitent dynamiquement et nécessairement à sa production. Soit le *réflexe Thatcher* : la perception de la disparition d'une condition de survie «essentielle» au peuple anglo-saxon, la propriété des Iles Malouines, déclenche nécessairement la déclaration de guerre à l'agresseur, au voleur de ces Iles. Cette déclaration de guerre est en effet le seul acte illocutoire nécessaire, sinon suffisant, à la récupération de cette condition essentielle de survie pour le peuple qu'elle représente. Dans cet exemple où l'absurdité du rite éclate de façon flagrante, il est évident que ce sont les conventions auxquelles l'énonciateur se reconnaît identifié qui jugent pour lui et que ce dernier se dispense royalement d'un jugement auquel il lui suffit de s'identifier pour se trouver assuré de son objectivité, *non sans avoir fait une fois pour toutes abstraction de sa vérité, c'est-à-dire, dans le contexte catégorial austinien, du fait que son allocutaire s'y identifie également ou non.*

Grice verra qu'il n'était intéressant d'un point de vue pragmatique que parce qu'on y cherche à faire adhérer dynamiquement et effectivement l'allocutaire à la perception des choses et aux croyances qu'on exprime ainsi qu'aux actions et aux désirs d'action auxquels on incite. Tout énonciateur est censé produire l'adhésion de son allocutaire à ses croyances et à ses désirs du seul fait qu'il parvienne à leur faire reconnaître qu'il a l'intention de leur faire reconnaître qu'il entend atteindre ce but et de les y faire adhérer en le leur faisant reconnaître. Comme il leur fait reconnaître son intention de communiquer et ce qu'il veut leur communiquer du seul fait qu'il se fasse déjà comprendre en leur faisant reconnaître son intention de se faire comprendre, il leur fait déjà avoir ces croyances et ces désirs du seul fait qu'il les leur fasse penser. La production d'une compréhension commune effective de ce qui est dit semble suffire à assurer d'avance la production de l'adhérence dynamique à des désirs communs et à des croyances communes qu'il suffirait de désigner pour qu'on s'y reconnaisse tous identifiés, pour qu'on s'y reconnaisse *les être* en commun et ce, même si seul l'énonciateur s'était reconnu les être avant de pouvoir les dire et de vouloir les communiquer. Cette théorie gricéenne des intentions de communication est une *éthique pure* de la communication, une éthique qui dégage de toute contrainte différente des contraintes sémantiques et communicationnelles. On n'est certain de parvenir à transmettre ses croyances et ses désirs qu'à condition de ne vouloir transmettre que les désirs et les croyances auxquelles on se reconnaît *effectivement* identifié, avec lesquelles on se reconnaît objectivement en accord parce qu'on reconnaît les avoir objectivement comme dispositions mentales dynamiques, comme états mentaux internes. Cette condition nécessaire n'est pas suffisante, mais cette éthique doit croire qu'elle est suffisante pour pouvoir se transmettre : elle doit croire en l'objectivité universelle, accessible à tout homme, des croyances et des désirs qu'on communique pour croire qu'on peut les faire reconnaître comme tels du seul fait qu'on les exprime.

Elle fait faire nécessairement l'expérience du contraire : la situation de communication n'est pas réduite au seul phénomène psychologique de l'intention de communication comme cette théorie désire qu'elle le soit. Elle fait éprouver l'ensemble des allocutaires auquel s'adresse tout énonciateur à la fois :

1) comme ensemble de représentants d'institutions qui pré-décident déjà pour ces représentants, des désirs et des croyances qu'ils ont le droit d'être, et

2) comme ensemble d'intentions subjectives et stratégiques différents des leurs mais qui prétendent être aussi objectifs que les leurs, comme porteurs de désirs et de croyances qui cherchent également à les faire réaliser par leurs allocutaires.

En découvrant la réalité de ces intérêts privés opposés aux siens, elle fait découvrir que les désirs et les croyances que les énonciateurs cherchent à communiquer ne sont pas ce qu'elle croyait qu'ils étaient : des propriétés communes à chacun, des propriétés anthropologiques mentales communes et constantes. Elle découvre que la communication n'est pas ce qu'ils pensent pouvoir faire par elle : elle n'est rien des effets pragmatique *d'identification des allocutaires* aux désirs et aux croyances qu'on désirait leur transmettre elle n'est qu'un lieu d'expression des états mentaux et psychologiques subjectifs que sont ces croyances et ces désirs. Désirs et croyances sont ainsi psychologisés, transformés en propriétés exclusives des énonciateurs, et cela, contrairement aux intentions que la théorie leur prête. Il suffit qu'un individu ou un groupe soit dominé pour qu'il puisse se faire croire pouvoir transmettre ses croyances et ses désirs qu'il estime réprimés en les faisant reconnaître et adopter par les dominants, mais aussi pour qu'il fasse l'expérience de ne pouvoir les transmettre. L'énonciateur identifié à son intention de communiquer ses désirs et ses croyances *n'existe pas pour son allocutaire*, pas plus que celui-ci n'existait pour les détenteurs des monopoles performatifs.

Ce que révèlerait l'échec du juridisme et du moralisme communicationnels, c'est que l'acte de communication ne peut produire l'effet réel d'identification des interlocuteurs les uns aux autres si cette identification ne préexiste pas déjà à l'acte de communication, si elle ne motive pas déjà *comme identification à l'intérêt de l'allocutaire* l'acte de communication à titre de condition préparatoire. Les partenaires ne peuvent se faire reconnaître l'un à l'autre qu'ils doivent adhérer à ce qu'ils se disent mutuellement aussi bien qu'aux actions subséquentes qu'ils s'engagent à réaliser, que s'ils se présupposent identifiés déjà à un but : la réalisation de cet intérêt de l'allocutaire, qui les fait adhérer à la recherche d'effets communicationnels communs. L'énonciateur doit être identifié psychologiquement à autrui, aliéné à ses désirs et il ne peut le lui montrer qu'en faisant de toute énonciation la preuve d'être ce que l'allocutaire désirerait qu'il soit, en faisant de toutes ses énonciations, une promesse. Toute énonciation, pour pouvoir même se faire comprendre, est action illocutoire par laquelle l'énonciateur s'identifie à ce qu'il dit en s'identifiant à l'obligation d'exécuter l'action qui lui permet d'être identique à son allocutaire, identifié comme lui à son intérêt, c'est-à-dire à son action consommatoire. Identifiant l'intérêt de l'allocutaire dans le contenu même de la promesse qu'il lui fait aussi bien que dans l'acte même de promesse, dans l'acte de s'obliger à réaliser les actions nécessaires à la réalisation de ses désirs, il va non seulement au devant des désirs consommatoires de son allocutaire, mais il le rend seul juge

1) de ce qu'il le connaît déjà lui-même comme énonciateur, comme énonciateur identifié à ce que l'allocutaire se reconnaît être, c'est-à-dire à tel ou tel intérêt, à telle ou telle action consommatoire,

2) seul juge de ce qu'il s'identifie bien comme énonciateur à cet intérêt puisqu'il s'identifie à la seule action nécessaire à son obtention,

3) et enfin, seul juge de ce qu'il s'identifie déjà par la promesse qu'il lui fait, à la seule action verbale qui le révèle identifié à l'allocutaire aussi bien qu'au désir de produire l'action qui lui est favorable. En accordant son acquiescement à l'énonciateur, en reconnaissant sa promesse comme promesse et comme promesse réelle, l'allocutaire ne fait que reconnaître la façon dont l'énonciateur s'est déjà reconnu en lui en épousant ses intérêts et en agissant pour lui par la parole. Il contresigne ainsi le contrat d'énonciation qu'est toute énonciation déjà signée par l'énonciateur au sceau de sa promesse.

Ce contrat est pourtant un contrat de dupes basé sur la prétention que chacun y a de connaître ce qui chez l'autre, lui est inconnaissable. L'énonciateur doit connaître l'intérêt de l'allocutaire comme étant celui auquel il est identifié *hic et nunc* et qui, du seul fait qu'il soit identifié *hic et nunc* se présente objectivement comme son intérêt à lui aussi et donc comme l'intérêt objectif des deux. Comment sait-il que l'allocutaire reconnaît en son propre intérêt privé, un intérêt objectif commun, un désir qui puisse être commun ? comment l'allocutaire pourrait-il lui-même le savoir ? D'autre part l'allocutaire est censé donner son accord et reconnaître l'énonciation de l'énonciateur comme promesse parce qu'il est présupposé *reconnaître que l'énonciateur s'identifie effectivement logiquement et mentalement à sa promesse au moment même où il la dit.*

Mais celui-ci peut très bien ne pas s'identifier à l'obligation qu'il contracte, il peut très bien ne pas *être* cette obligation et se faire reconnaître qu'il ment avant, pendant et après sa promesse. L'allocutaire est censé pouvoir savoir qu'il ne ment pas, il est donc censé identifié psychologiquement à la conscience de promesse de l'énonciateur lui-même de la même façon que l'énonciateur était présumé identifié logiquement et dynamiquement au désir de l'allocutaire. Dans les deux cas, l'identification de l'allocutaire à la reconnaissance de la sincérité de l'énonciateur et l'identification de l'énonciateur au désir de l'allocutaire sont présupposées *être deux réalités dynamiques accessibles simultanément aux deux partenaires* comme deux réalités dont ils peuvent connaître l'existence *chez l'autre*, mais cette accessibilité est purement *fictive*, du domaine de la *parapsychologie* appliquée, de la clairvoyance. Aussi la production effective de l'adhérence mutuelle des partenaires à la reconnaissance de l'occurrence effective de l'acte illocutoire est aussi fictive que la production de la connaissance mutuelle des partenaires sur laquelle ce contrat de communication s'appuie.

Mais ce contrat fonctionne très bien chez tous les énonciateurs qui sont en position de force et peuvent se permettre de faire croire à leurs allocutaires qu'ils ne parlent, ne pensent, ne perçoivent et n'agissent que pour eux. C'est ainsi que le jeu d'expérimentation peut effectivement fonctionner au niveau de la communication, se justifier de lui-même et aveugler ceux qui sont en position sociale de faiblesse pour leur faire oublier la manipulation politique à laquelle ils sont soumis.

L'acte de communication ne perd sa vertu magique de produire un acte performatoire ou illocutoire du seul fait qu'il le fasse se désigner lui-même, l'interaction communicationnelle ne cesse d'être un contrat de dupes que si l'on exhibe la force dynamique et opératoire de la logique de vérité *qui fait qu'on ne s'identifie mutuellement à ce qu'on dit ou entend qu'en y reconnaissant une vérité commune et en la faisant effectivement partager*. L'acte de communication est à la fois :

1) théorie du réel, d'autrui et de soi, et

2) théorie d'elle-même qui ne réussit à se faire partager qu'en s'objectivant elle-même lorsqu'elle se transmet, qu'en parvenant à se faire reconnaître *par tous les interlocuteurs comme la réalité qu'elle dit qu'elle est* et en se faisant reconnaître être aussi réelle qu'elle dit qu'elle l'est. Chaque interlocuteur ne pouvant penser une proposition sans la penser vraie, il ne peut la dire sans s'identifier à la réalité d'action qu'il reconnaît produire, sans rendre à la fois objective et transparente par le prédicat illocutoire, cette réalité d'action et se la prédiquer à lui-même

comme réalité d'action aussi objective que lui-même et que son énonciation.

Tout acte de communication ne met à même l'énonciateur et l'allocutaire de faire l'expérience de la communication qu'en leur faisant produire le même mouvement d'identification à la vérité de la théorie, de la théorie qu'elle est elle-même et à la réalité de perception, d'acte, de pensée ou d'affect qu'elle désigne dans son contenu propositionnel. Se joue donc chez chacun des partenaires, le double mouvement :

1) de la production de la réalité de l'acte de communication, et

2) de la réception de la vérité de l'acte et du contenu de l'énonciation, par laquelle on se reconnaît identique à la réalité communicationnelle et à ce à quoi elle identifie, ou par laquelle on se fait reconnaître ne pas pouvoir y adhérer, ou par laquelle enfin on se produit indifférent à la vérité et à la réalité de ce qui est dit (absolument pas concerné ni par l'acte produit, ni par son sens propositionnel, ni par sa vérité). Seules la production de cette théorie de la théorie (comme communication qui se fait théorie d'elle-même) chez l'allocutaire et la reconnaissance des partenaires en elle *juge* de la réalité ou de l'irréalité de l'acte de communication.

Mais quelle serait cette *vérité commune* que se découvrent énonciateur et allocutaire en se communiquant l'un à l'autre qu'ils s'y reconnaissent identifiés ?

3) Le vœu de maîtrise éthico-politique du jeu de l'expérimentation communicationnelle

La réalité de leur liberté de jugement, disent Apel et Habermas, est celle d'une liberté qui permet aux interlocuteurs de ne s'identifier qu'à des besoins et à des lois qu'ils estiment universels. Dans le contexte d'expérimentation mutuelle où la communication renforce les rapports de dépendance arbitraires et stimule à des actions consommatoires inutiles, la seule façon que les interlocuteurs ont de s'auto-déterminer et de se rendre libres est, pour eux, de se désidentifier, de se désimpliquer des actes de communication auxquels des lois et des institutions injustes les forcent à s'engager.

Mais la pratique de la communication n'est réelle que si elle est réciproque : qu'à condition qu'elle n'oblige chacun à ne s'engager verbalement qu'à ce qu'il estime l'objet d'un engagement nécessaire de la part de chacun. L'énonciateur ne peut s'engager à dire et à faire par la parole que ce qu'il anticipe que ses allocutaires peuvent comprendre et accepter, certain qu'il ne leur dit que ce qu'ils diraient eux-mêmes s'ils étaient à sa place. Le jugement sur la valeur et l'occurrence d'acte illocutoire de ce qui est dit n'engage donc le locuteur

1) que s'il y réalise ce qu'il *juge* devoir faire par la parole, en pleine conscience de son autonomie de jugement et d'action, et

2) pleinement conscient de n'y déclencher chez ses partenaires que des perceptions, des pensées et des actions qui respectent leur autonomie et de leur permettre de reconnaître librement la validité de ses énonciations et la pertinence des actes de langage. La pratique communicationnelle ne se reconnaît comme telle qu'en faisant se reconnaître chacun dans des *vérités communes*, c'est-à-dire dans des besoins et des désirs généralisable dans des actions jugées nécessaires à la vie de tous. Elle transforme de cette façon toute pensée, toute perception, toute action en les rendant conformes à ce qu'elles doivent être : conformes à leur structure communicationnelle, *en les mettant en accord avec elles-mêmes*. Elle ne règle donc toute autre activité (de perception, de pensée ou d'action physique) que parce que l'homme peut s'y reconnaître en y reconnaissant à chaque fois un rapport de communication avec soi et avec autrui : n'est à dire, à percevoir, à faire et à penser que ce que je peux anticiper que chacun, s'il était à ma place, devrait estimer devoir dire, percevoir, faire et penser. S'identifier à l'expérience de l'accord communicationnel, c'est se faire être l'être qui ne dit, ne perçoit, ne fait et ne pense que ce en quoi tout allocutaire se reconnaîtrait : on ne s'y met en rapport avec soi-même qu'au nom d'autrui.

Encore faut-il que les interlocuteurs et la société soient formés de telle façon que chacun puisse y reconnaître en droit la *substituabilité* de chacun à chacun comme producteur de la justice sociale par la parole : des principes de pragmatique éthique d'Apel, Habermas dégage les dispositifs politiques nécessaires à leur mise en application. Pour atteindre son idéal, pour devenir effectivement l'ensemble des allocutaires idéaux qui doivent acquiescer à ce qui leur est dit, pour pouvoir être conforme à ce que les énonciateurs anticipent que chacun doit être, la société communicationnelle *idéale doit s'incarner* dans la société juridique, morale et politique *réelle* en faisant reconnaître effectivement la validité des seules lois dans lesquelles ces interlocuteurs se reconnaissent librement devoir se reconnaître, qu'ils reconnaissent librement devoir suivre pour produire ainsi un bonheur social certain, basé sur une justice sociale, une répartition symétrique et réciproque des droits, des devoirs et des gratifications réelles. Comme les scientifiques adaptent leurs descriptions à la découverte progressive du réel, le dialogue politique, mené dans une discussion sans contraintes au sein de l'opinion publique, doit adapter les lois à la découverte progressive des besoins sociaux et primaires dans lesquels chacun se reconnaît.

En situant dans la faculté judiciaire communicationnelle la force de transformation de l'espèce humaine par elle-même, ces théories ont le mérite de soumettre le contexte d'expérimentation communicationnelle et sociale à une pensée qui pense son adhérence à elle-même et qui reconnaît dans l'adhérence à la vérité descriptive, prescriptive ou expressive de ce qui dit, l'instance dernière d'adhérence à la perception et à l'action non verbale aussi bien que la source d'une liberté effective à l'égard des contextes sociaux. Mais ils doivent pour ce faire présupposer qu'autrui est conforme à l'être de jugement et de liberté auquel ils doivent eux-mêmes s'identifier pour juger l'opportunité et la vérité de leurs paroles. Ils ne font ainsi que reproduire au niveau de la communication socio-politique et courante, le mouvement d'expérimentation de leur propre pensée et de leur propre parole *en la faisant juger par l'accord incontrôlable d'autrui, ils doivent encore une fois s'imaginer savoir ce que cet autrui idéal jugerait et ils doivent savoir que leur allocutaire réel est identique à cet autrui idéal*. Mais eux-mêmes, ils doivent se désidentifier de leurs propres pensées, de leurs propres affects et de leurs vouloirs pour pouvoir se juger et se rendre conformes à cet autrui idéal : ils présupposent ainsi *de facto* dans leurs pensées, leurs affects et leurs vouloirs l'inverse de ce qu'ils présupposent que sont leurs allocutaires comme juges des énonciateurs et des actes illocutoires qu'ils ont à produire devant eux. Ils doivent se présupposer hétéronomes pour croire qu'ils doivent se soumettre au jugement accessible dans l'accord commun qu'ils tentent de provoquer.

L'aliénation à autrui et à son jugement supposé idéal et normatif est la forme que prend ici l'abstraction de vérité qu'on opère à l'égard de ses propres pensées : celles-ci ne sont pas celles dont le fait même de les penser témoigne du besoin qu'on avait de les penser pour y trouver sa vérité, elles sont encore un donné manipulable au nom d'autrui, elles peuvent n'être que désir privé, objet d'un soupçon nécessaire. D'elle-même, cette pensée, qui les concerne, qui concerne autrui ou qui concerne le monde *ne peut donc pas être vraie*. Elle doit se produire libre en se réfléchissant et en triant ses propres contenus au nom d'autrui : elle doit se produire libre parce qu'elle est *présupposée nécessairement aliénée dans ses conditions de production*. Identifiés à la fois au désir de liberté et au désir politique de régler le comportement de chacun en réglant le sien, les interlocuteurs se présupposent nécessairement être le contraire de ce qu'ils doivent se faire être : libres, pour être certains de se rendre eux-mêmes et les uns les autres conformes à l'accord communicationnel qu'ils doivent incarner dans leurs pensées, leurs actes et leurs paroles.

Mais peuvent-ils se reconnaître être, au terme de l'échange communicationnel ou au terme de la discussion publique sur les besoins et les lois, tels qu'ils doivent et désirent se reconnaître s'être produits mutuellement libres et conformes dans leur pratique et leur théorie, à la faculté de reconnaissance de l'homme universel qu'ils sont censés être pour devenir eux-mêmes, pour se rendre conformes à leur idéal de liberté intersubjective et de liberté à l'égard de leur «nature interne», de leurs pulsions?

Puisque chacun doit s'en remettre au jugement d'un autrui idéalisé, mais que chacun sait également que cet autrui idéalisé n'est, comme nature et individu particulier que le produit de ce qui le pré-détermine (ses contraintes biologiques, psychologiques et sociales qui l'individualisent et en font un être non substituable aux autres), l'accord ou le désaccord de l'allocutaire peut toujours ne refléter que les besoins, les désirs ou les croyances privées d'autrui, qu'il s'agisse d'accord ou de désaccord. Qui donne son accord? l'autrui idéalisé comme puissance judiciaire universelle? ou l'autrui non réfléchi, irrationnel, produit comme effet du contexte d'expérimentation mutuelle par la communication. Mais aussi qui parle? celui qui s'est identifié effectivement au jugement universel d'autrui ou celui qui a pris pour instance universelle de jugement, ses propres désirs en s'identifiant au désir de voir s'accorder ses partenaires avec ses désirs privés? Comme ils ne peuvent *jamais* faire l'expérience de communiquer avec un interlocuteur qui soit à la fois *réel et idéal*, ni l'énonciateur, ni l'allocutaire, identifiés d'avance à l'essence idéalisée de leur partenaire, ne peuvent faire l'expérience ni d'eux-mêmes, ni de leurs partenaires mais ils doivent toujours se faire croire qu'ils la font, qu'ils savent se reconnaître en autrui dans telle ou telle énonciation et que l'accord d'autrui estampille bien et leur propre vérité et la vérité d'autrui.

Le concept de liberté pratique par lequel on caractérise l'homme comme énonciateur et allocutaire, et la foi en l'histoire, la croyance en la nécessité de *rendre* l'homme conforme à la puissance judiciaire qu'il est présupposée être, donnent tous deux lieu à des propositions fausses. Cette caractérisation et cette croyance dérivent de l'identification des interlocuteurs au *maître* de l'énonciation illocutoire qui a le pouvoir de produire l'acte illocutoire dans lequel il se reconnaît en reconnaissant que son allocutaire en a besoin. Cette liberté idéale de produire l'histoire en la rendant conforme à sa finalité communicationnelle est pensée comme pouvoir imaginaire de se faire adhérer ou désadhérer à la conscience commune qu'on a nécessairement à connaître et à reconnaître, à laquelle on a à s'identifier pour pouvoir être. Mais cette conscience commune n'est pas accessible aux consciences des partenaires hors de l'accord théorique commun sur la réalité de la communication et sur les réalités qu'ils s'y reconnaissent être. Et elle ne saurait déterminer un nouvel environnement social, analogue aux environnements rigides des animaux, où la connaissance des besoins et des lois peut assurer d'avance une harmonisation sociale et psychique.

4) Expérience de vérité

Que l'homme soit langage ne veut pas dire qu'il adapte l'une à l'autre par l'énonciation sa perception et ses actions en les adaptant à un environnement social aussi fermé, impératif et rigide que les environnements animaux, cela ne veut pas dire qu'il assume ainsi une fonction analogue à celle de l'instinct, en corrélant un seul et unique stimulus au déclenchement d'un seul et unique programme moteur : la maîtrise de tout ce processus serait la production de sa liberté. C'est à titre d'effet que le langage produit cette fixation : cette fixation ne peut être poursuivie comme un but qu'on cherche à atteindre directement, du seul fait qu'on se le soit représenté. Il n'opère cette fonction de mise en corrélation des perceptions et des actions qu'en dégageant les interlocuteurs de leur liberté d'avoir à sélectionner à chaque instant dans la totalité des stimuli, des réactions et des buts pensables, ceux dans lesquels ils se reconnaissent, il les dégage de la surcharge que leur imposerait cette liberté qu'Apel et Habermas réclament pour eux. Comment?

L'identification aux stimuli-réponses audio-phoniques ne constitue une action de transformation de l'énonciateur qu'en le rendant transparent à lui-même : *qu'en produisant leur propre réception* comme phase consommatoire. En s'identifiant à eux, le vivant humain s'extrait des circuits organiques normaux exhibés par le behaviorisme selon le schème «stimulus-réponse-action consommatoire», il s'y fait cesser d'être dans les choses, d'y être projeté par le déclenchement d'un programme d'action tendant vers une action consommatoire. Il y fait de l'émission phonique qu'il produit, la seule réaction dont il ait besoin et du stimulus auditif dont il se gratifie la seule phase consommatoire dont il ait besoin. Ces stimuli-réponses verbaux transforment cette réception auditive d'eux-mêmes en gratification suffisante, comme conscience simultanée de vérité et de réalité : produisant en effet simultanément la perception auditive d'eux-mêmes et la production de l'émission phonique, ils font de leur perception, de leur propre réception, la jouissance nécessaire à l'énonciateur et à l'allocutaire en se manifestant simultanément

1) comme conscience de produire en soi une transformation dès qu'on produit une émission phonique, et

2) comme conscience de l'acte de réception : de reconnaissance de soi dans la parole, comme conscience simultanée à la réception auditive des sons. Ces stimuli-réponses ne s'y pourvoient de sens qu'en se corrélant aux autres stimuli et en les transformant dans la façon même dont ils les font percevoir, en stimuli qui ne déclenchent comme réaction que leur propre réception, en stimuli dont la réception suffit comme action consommatoire.

Ce phénomène se saurait être réduit à sa base audio-phonique biologique : il dicte les conditions d'adhérence mutuelle à ce qui est dit *en sélectionnant le sens* de ce qui doit produire l'adhérence mutuelle de vérité à ce qui est dit. *Si les interlocuteurs ne se produisent pas, en vertu du sens même de ce qu'ils se disent, les stimulis les uns des autres qui ne produisent chez autrui que leur propre réception*, s'ils ne s'y font pas adhérer comme à la seule vérité commune dont ils aient besoin de se gratifier au moment où ils la reçoivent, alors l'acte de communication peut apparaître dépourvu de pertinence, futile, rituel, un acte où n'est transmis que le sens sémantique des sons et où les interlocuteurs ne se reconnaissent pas. La production du lien social se fait donc comme le partage de la vérité qui se dit dans cet acte, car cette vérité ne saurait être l'apanage des descriptions du monde : elle est d'abord et avant tout *la reconnaissance mutuelle des interlocuteurs et de la réalité qu'ils s'y font être, dans la vérité de ce qui y est dit*. Cette expérience est celle d'une réalité d'adhérence incontrôlable, imprédéterminable avant que ne soit dit ce qui y est dit. La réalité que produisent énonciateurs et allocutaires dans la communication comme réalité physique, théorique, mentale, affective et motrice est cette adhérence dynamique commune qu'ils produisent lorsque la communication réussit, sans jamais qu'ils puissent pour autant se mettre à la place de leurs allocutaires pour savoir s'ils ont ou non produit effectivement cette adhérence. Seule l'occurrence de cette adhérence mutuelle à ce qui est dit, juge, comme adhérence à la vérité de ce qui y est dit, cette vérité même.

L'expérience de la communication peut donc s'aliéner : il lui suffit de faire des objets ou d'un autrui imaginaire, le stimulus qui ne déclenche comme réaction que sa propre réception sous forme d'action consommatoire. Mais cette aliénation propre aux pragmatiques aussi bien qu'à l'expérimentation mutuelle qu'elles tente de maîtriser, n'est pas nécessaire. Il suffit pour cela de comprendre que la participation à la communication n'a pas à se faire juger par une autre réalité que par elle-même et que la *théorie* qui s'y produit n'est pas mesurée par autre chose que par sa propre réalité : c'est-à-dire par le phénomène dynamique de reconnaissance mutuelle et d'eux-mêmes qu'elle produit chez les partenaires, ce qui se manifeste dans le fait qu'ils trouvent leur bonheur aussi bien que la satisfaction de leur conscience de réalité et de vérité dans ce qui leur est dit. L'enjeu de la pragmatique est donc de rendre suffisante cette expérience de la communication en détachant des rêves de puissance qui grèvent pragmatiques scientifiques, morales et socio-politiques, que ces pragmatiques miment au sein de la communication.

NOTES

[1] C.W. MORRIS, «Signs, language and behavior», in *Writings on the general theory of signs*. Mouton, 1971.
[2] *Ibid.*, pp. 175-185.
[3] G. MEAD, *L'esprit, le soi et la société*, Paris, PUF, 1970.
[4] A. GEHLEN, *L'homme à l'âge technologique (Die Seele im technischen Zeitalter)*, Hambourg, Rowohlt Verlag, 1957, p. 28.
[5] C.S. PEIRCE, *Philosophical writings of Peirce*, Ed. J. Buchler, New York, Dover Publications, 1957.
L. WITTGENSTEIN, *Tractatus logico-philosophicus*, Paris, NRF, 1971. *Investigations philosophiques*, Paris, NRF, 1961.
S. KRIPKE, *La logique des noms propres*, Minuit, Paris, 1982. *Wittgenstein. On rules and private language*, Harvard University Press, 1983.
[6] J.L. AUSTIN, *Quand dire, c'est faire*, Paris, Seuil, 1970.
J. SEARLE, *Les actes de langage*, Seuil, 1972. *Sens et expression*, Paris, Minuit, 1982.
H.P. GRICE, «Logique et conversation», in *Communications*, n° 30, 1979, pp. 57-72.
[7] K.O. APEL, *Transformation der Philosophie*, Francfort, Suhrkamp Verlag, 1973, tomes 1 et 2.
J. HABERMAS, *Théorie de l'action communicationnelle*, Paris, Fayance, 1987.
[8] A. GEHLEN, *Der Mensch*, Athenaum Verlag, Francfort, 1966. *Urmensch und Spätkultur*, Athenaum Verlag, 1964.
[9] L. WITTGENSTEIN, *Carnets 1914-1916*, Paris, NRF, 1971, pp. 170-171.

L'intentionnalité collective
John R. SEARLE

Dans cet article, je commencerai par formuler trois choses : une intuition, une notation et une présupposition. L'intuition est qu'il existe effectivement quelque chose comme le comportement intentionnel collectif, qui n'est pas simplement la somme de comportements individuels, ni même un comportement individuel complété par une série de croyances individuelles sur le comportement des autres. La notation en question est «S(p)» où «S» représente le type d'état mental ou psychologique, et «p» représente le contenu propositionnel qui détermine les conditions de satisfaction. Comme toute notation de ce genre, celle-ci est loin d'être neutre : elle concrétise une théorie. La présupposition est que toute intentionnalité, collective aussi bien qu'individuelle requiert un Arrière-plan pré-intentionnel de capacités mentales qui, elles-mêmes, ne sont pas représentationnelles. Cela implique, dans le cas présent, que le fonctionnement du phénomène représenté par la notation requiert un ensemble de phénomènes qui ne peuvent être représentés par cette notation.

Dans le cadre de cet article j'aborderai différents thèmes : l'intuition est-elle juste ? (La plupart des auteurs que j'ai lus sur la question répondent par la négative). Et si l'intuition est juste, peut-on l'adapter à la notation ? Comment, si cela doit jamais être le cas, pourra-t-on capter la structure de l'intentionnalité collective dans cette notation ? Quel rôle l'Arrière-plan joue-t-il dans notre aptitude à fonctionner au sein de communautés sociales ? Ces questions ne sont pas innocentes. Elles font partie d'une question plus générale : jusqu'où la théorie de l'*Intentionnalité* peut-elle être étendue pour devenir une théorie générale ?

I

Commençons par l'intuition. Le premier ingrédient de cette intuition pourrait difficilement être erroné. Il semble évident que le comportement collectif intentionnel existe réellement. Vous pouvez vous en rendre compte en regardant une équipe de football exécuter une série de passes ou en écoutant jouer un orchestre. Mieux encore, vous pouvez en faire vous-même l'expérience en vous engageant vous-même dans une activité de groupe où vos propres actions font partie de l'action du groupe.

Le problème réside dans la seconde composante, c'est-à-dire dans l'idée que le comportement collectif est en quelque sorte irréductible à la somme des comportements individuels, et que l'intentionnalité collective est d'une certaine manière irréductible à la conjonction des intentionnalités individuelles. Comment, a-t-on envie de demander, pourrait-il y avoir un comportement de groupe qui ne soit pas simplement le comportement des membres du groupe ? Après tout, il ne reste plus personne pour se comporter une fois que l'on a pris en compte tous les membres du groupe. Et comment pourrait-il exister quelque phénomène mental de groupe à l'exception de ce qui trouve dans le cerveau des membres du groupe ? Comment pourrait-il exister un « Nous avons l'intention » qui ne soit pas entièrement constitué d'une série de « J'ai l'intention » ? Il n'existe clairement aucun mouvement de masse qui ne soit fait des mouvements des membres du groupe. Vous pouvez le voir en imaginant un orchestre, un ballet ou une équipe de football. Donc, s'il y a quelque chose de spécifique au comportement collectif, cela doit résider dans un trait particulier du composant mental, dans la forme même de l'intentionnalité.

Je vais donc tenter de caractériser cette forme spécifique d'intentionnalité collective en essayant d'abord de justifier notre intuition originelle.

Thèse 1. Il existe réellement quelque chose comme le comportement social collectif, qui n'est pas équivalent à la somme des comportements individuels.

Voilà qui semble évident. Néanmoins, il est important de voir combien le phénomène est répandu. Il est loin d'être limité aux êtres humains et semble plutôt être une forme biologiquement primitive de l'existence animale. Les études sur le comportement animal regorgent d'exemples de comportements coopératifs ; il ne faut pas être un spécialiste du domaine pour s'en apercevoir. Prenons, par exemple, deux oiseaux en train de construire ensemble un nid, ou bien des chiots qui jouent dans une prairie, ou encore des groupes de primates à la recherche de nourriture, ou même un homme se promenant avec son chien. Chez les humains, le comportement collectif entraîne typiquement le recours au langage; mais même chez les humains, ce comportement ne nécessite pas invariablement le langage, non plus que d'autres moyens conventionnels de se comporter. Prenons, par exemple, la situation suivante : je vois un homme en train de pousser sa voiture pour la faire démarrer, et je vais simplement pousser avec lui. Aucun mot n'est échangé et il n'existe aucune convention selon laquelle je pousse sa voiture. Et pourtant c'est bien un cas de comportement collectif : mon action de pousser n'est qu'une partie de notre action de pousser.

Le moyen le plus simple de voir que le comportement collectif n'est pas la somme des comportements individuels consiste à observer un mouvement de masse qui, selon le cas, peut se réduire à un ensemble d'actes individuels ou constituer une action collective. Considérons le genre d'exemple suivant. Imaginons un groupe de personnes assises sur l'herbe d'un parc à divers endroits. Imaginons alors que, soudainement, il commence à pleuvoir. Tout le monde se lève et court vers un même abri situé au centre. Chaque personne a l'intention exprimée par la phrase «Je cours vers l'abri». Mais pour chaque personne on peut supposer que sa propre intention est entièrement indépendante des intentions et du comportement des autres. Dans ce cas-ci, il n'y a pas de comportement collectif; il y a juste une séquence d'actes individuels qui convergent par hasard vers un but commun. Imaginons maintenant le cas où un groupe de personnes dispersées dans un parc convergent vers un point commun par comportement collectif. Imaginons que ces gens soient les danseurs d'un corps de ballet en plein air et que la chorégraphie veuille que tout le corps de ballet converge vers un point commun. On peut même imaginer que les deux cas de mouvements de masse soient indiscernables vus de l'extérieur : les gens qui courent vers l'abri exécutent le même genre de mouvement de masse que les danseurs du ballet. D'un point de vue externe, les deux cas sont indiscernables, cependant d'un point de vue interne ils sont clairement différents. En quoi consiste exactement cette différence? Un élément de différenciation nous est fourni par la forme de l'intentionnalité. Dans le premier cas, chaque personne a une intention qu'il ou elle pourrait exprimer sans faire référence aux autres, même dans le cas où chacun possède une connaissance mutuelle des intentions des autres. Dans le second cas, par contre, les «J'ai l'intention» individuels sont, d'une manière que nous aurons à expliquer, dérivés du

«Nous avons l'intention». C'est-à-dire que, dans le premier cas, même si chaque personne sait que les autres ont l'intention de courir vers l'abri et que chaque personne sait que les autres savent qu'elle a l'intention de courir vers l'abri, il ne s'agit toujours pas d'un comportement collectif. Dans ce cas au moins, il semble qu'aucun ensemble de «J'ai l'intention», même s'il est complété par des croyances sur les «J'ai l'intention» des autres, ne soit suffisant pour donner un «Nous avons l'intention». En termes intuitifs, nous dirons que dans le cas collectif, l'intentionnalité individuelle, exprimée par «J'accomplis l'acte A» est dérivée de l'intention collective «Nous accomplissons l'acte A». Un autre indice que le comportement collectif est différent de la simple somme des comportements individuels, c'est qu'il arrive souvent que la forme d'intentionnalité collective dérivée aie un contenu différent de celui de l'intentionnalité collective dont elle est dérivée. Nous pouvons nous en rendre compte en considérant le type d'exemple suivant[1].

Supposons que nous soyons une équipe de football et que nous soyons en train d'essayer d'exécuter un tir au but sur coup franc indirect. L'intentionnalité de l'équipe est donc exprimée, on le suppose, par «Nous sommes en train d'exécuter un tir au but sur coup franc indirect». Mais remarquons qu'aucun membre individuel de l'équipe n'a ceci comme intentionnalité individuelle puisque personne ne peut exécuter un tir au but sur coup frand indirect à lui tout seul. Chaque joueur doit, si possible, apporter sa propre contribution spécifique au but général. Chaque membre de l'équipe participera à l'intentionnalité collective; il aura éventuellement une affectation individuelle qui est dérivée de l'intentionnalité collective mais dont le contenu est différent. Quand l'intentionnalité collective est «Nous faisons A», les intentionnalités individuels seront «Je fais B», «Je fais C», etc.

Mais à supposer que nous ayons vu juste dans la caractérisation des *J'ai l'intention*, ne pourrions-nous pas montrer comment ces intentions s'additionnent pour donner un *Nous avons l'intention*? Je pense que non, et ceci nous amène à notre seconde thèse :

Thèse 2. Les intentions en «Nous» ne peuvent être analysées en ensembles d'intentions en «Je», même si cet ensemble est complété par des croyances mutuelles sur les intentions d'autres membres d'un groupe.

Je pense que la plupart des philosophes seraient d'accord sur l'idée que le comportement collectif est un phénomène réel. Leurs désaccords concernent plutôt la manière de l'analyser. Il existe une tradition où l'on parle de l'esprit du groupe, de l'inconscient collectif, etc. Je trouve cette discussion au mieux mystérieuse, au pire incohérente. Quant aux philo-

sophes à forte tendance empirique, ils pensent, dans leur majorité, que de tels phénomènes doivent se réduire à l'intention individuelle; plus précisément, ils pensent que les intentions collectives peuvent être réduites à des ensembles d'intentions individuelles regroupés avec des ensembles de croyances, et en particulier des ensembles de croyances mutuelles. Je n'ai jamais trouvé une analyse de ce genre qui ne soit sujette à des contre-exemples évidents. Mais essayons quand même d'appliquer cette idée afin de voir pourquoi elle ne marche pas. Et pour travailler sur un échantillon réel, testons l'analyse de Tuomela et Miller, qui est la meilleure que j'aie jamais rencontrée. D'après eux, un agent A qui est membre d'un collectif, «a $_\text{nous}$ l'intention» de faire X si et seulement si[2].
1. A a l'intention de faire sa part de X.
2. A croit qu'il y a des chances raisonnables de succès général; plus particulièrement, il croit que d'autres membres du groupe feront leur part.
3. Il y a une croyance mutuelle au sein du groupe qui a 1 et 2 pour effet.

Ce raisonnement est typique en ce sens qu'il tente de réduire les intentions collectives à des intentions individuelles plus des croyances. Je soutiens au contraire qu'une telle réduction ne marchera pas, que les intentions en «Nous» sont primitives. Je pense qu'il est facile de voir ce qui ne marche pas dans le raisonnement de Tuomela et Miller. C'est simplement qu'un groupe peut satisfaire les trois conditions et cependant ne pas avoir d'intention en «Nous». Considérons l'exemple suivant.

Supposons qu'un groupe d'hommes d'affaire soient tous formés par une école de commerce où ils apprennent la théorie de la main invisible d'Adam Smith. Chacun finit par croire que la meilleure manière pour lui aider l'humanité est de poursuivre son propre intérêt égoïste, et chacun forme une intention séparée à cet effet, c'est-à-dire que chacun a une intention qu'il exprimerait par «J'ai l'intention d'accomplir ma part pour aider l'humanité en poursuivant mon propre intérêt égoïste et en ne coopérant avec personne». Supposons également que les membres du groupe aient une croyance mutuelle à cet effet. Ces hommes d'affaire satisfont aux conditions de Tuomela et Miller, mais, malgré cela, il n'y a pas d'intentionnalité collective. Il règne même une idéologie qui a pour effet qu'il n'y ait aucune intentionnalité collective.

Ce cas doit être distingué de la situation où les mêmes étudiants de l'école de commerce se réunissent le jour où ils reçoivent leur diplôme et concluent un pacte qui a pour effet qu'ils se consacreront tous ensemble à aider l'humanité en poursuivant chacun leurs propres intérêts égoïstes. Ce dernier cas relève de l'intentionnalité collective, à la différence de l'exemple précédent. Des buts collectifs déterminés de manière collective peuvent donc être poursuivis par des moyens individualistes, comme le montre encore l'exemple suivant. Supposons qu'un des membres d'un club de promeneurs perde son portefeuille au cours d'une randonnée[3]. Supposons qu'ils pensent avoir plus de chances de retrouver le portefeuille s'ils agissent séparément. Chacun part à la recherche du portefeuille égaré et agit comme il l'entend, en ignorant les autres. Ils ont donc décidé de manière coordonnée et coopérative de partir à la recherche du portefeuille et d'agir avec un manque complet de coordination. A la différence de l'exemple de départ, nous avons là deux cas véritables de comportement collectif.

Tuomela et Miller essayent d'éviter de tels problèmes en interprétant la notion de «faire sa part» d'une manière qui, espèrent-ils, va bloquer ces contre-exemples. Ils ont alors à affronter une difficulté : soit on inclut la notion d'intention collective dans la notion de «faire sa part», soit on ne l'inclut pas. Si on l'inclut, alors l'analyse échoue par circularité : on définit maintenant des intentions en «Nous» en termes d'intentions en «Nous». Si on ne l'inclut pas, alors l'analyse échoue par inadéquation. A moins que l'intention en «Nous» ne soit imbriquée dans la notion de «faire ma part», on pourra toujours produire des contre-exemples du type exposé plus haut.

Je n'ai pas démontré qu'aucune analyse de ce genre ne pourra jamais aboutir. Mon but n'est pas de prouver un énoncé universel négatif. Mais le fait est qu'à ma connaissance toutes les tentatives de fournir une analyse réductionniste de l'intentionnalité collective échouent pour des raisons similaires. En effet, elles ne fournissent jamais des conditions suffisantes : on peut satisfaire aux conditions stipulées par l'analyse sans pour autant avoir d'intentionnalité collective. Ceci suggère que notre intuition est juste : l'intentionnalité collective est un phénomène primitif.

Cependant, le fait de prétendre qu'il existe une forme d'intentionnalité collective qui n'est pas le produit d'un mystérieux esprit de groupe et qui, en même temps, n'est pas réductible aux intentions individuelles pose, en soi, de nombreux problèmes, et nous devons maintenant entreprendre d'en résoudre quelques-uns. Le problème le plus difficile à résoudre peut être exprimé par la question suivante : quelle est exactement la structure de l'intentionnalité collective ? Nous ne serons pas en mesure de répondre à cette question avant d'avoir répondu, au préalable, à la question de savoir comment réconcilier l'existence de l'intentionnalité collective avec le double fait que la société est entièrement constituée d'individus et qu'aucune donnée concernant les contenus mentaux individuels ne garantit l'existence d'autres individus. Je pense que ce sont des faits tels que ceux-ci qui ont suscité l'idée commune qu'il doit y avoir une réduction possible des intentions en «Nous» aux intentions en «Je».

Tout ce que nous dirons au sujet de l'intentionnalité collective devra satisfaire aux conditions d'adéquation suivantes :

(1) Nos thèses doivent être compatibles avec le fait que la société n'est faite que d'individus. Puisque la société est entièrement constituée d'individus, il ne peut exister d'esprit de groupe ou de conscience de groupe. Toute conscience a son siège dans l'esprit des individus, dans le cerveau des individus.

(2) Nos thèses doivent être compatibles avec le fait que la structure de l'intentionnalité de tout individu est nécessairement indépendante du fait qu'il ait ou non vu juste, qu'il se soit radicalement trompé ou non au sujet de ce qui se passe réellement. De plus, cette contrainte s'applique aussi bien à l'intentionnalité collective qu'à l'intentionnalité individuelle. Une manière de formuler cette contrainte consiste à dire que l'analyse doit être compatible avec le fait que toute intentionnalité, collective ou individuelle, peut avoir comme siège un cerveau placé dans un bocal ou bien une série de cerveaux en bocal.

Ces deux contraintes[4] se résument à l'exigence que toute analyse que nous donnerons de l'intentionnalité collective, et par conséquent du comportement collectif, doit être compatible avec l'ontologie générale et la métaphysique du monde — une ontologie et une métaphysique basées sur l'existence d'êtres humains individuels vus comme les dépositaires de toute intentionnalité, qu'elle soit individuelle ou collective.

Thèse 3. La thèse que les intentions en «Nous» sont une forme primitive, l'intentionnalité, non réductible aux intentions en «Je» augmentées de croyances mutuelles, satisfait aux contraintes (1) et (2).

En réalité, je pense qu'il est très simple de satisfaire à ces contraintes. Il nous suffit de reconnaître qu'il existe des intentions de la forme : «Nous avons l'intention d'accomplir l'acte A»; et qu'une telle intention peut exister dans l'esprit de chaque agent individuel qui agit en tant que partie du collectif. Dans des cas comme celui de l'équipe de football, chaque individu aura un contenu intentionnel supplémentaire qu'il pourrait exprimer, en français ordinaire, par la formulation suivante : «J'accomplis l'acte A en tant que partie de notre accomplissement de l'acte B». Par exemple, «Je me démarque, et je le fais en tant que partie de notre exécution d'un coup franc indirect»[5]. Nous devons simplement remarquer que toute l'intentionnalité nécessaire au comportement collectif peut être possédée par des agents individuels bien que l'intentionnalité en question fasse référence à la collectivité.

Dans les cas décrits plus haut, je conceptualise le fait que si j'exécute une passe, ou si je me démarque, c'est seulement en tant que partie de notre exécution d'un coup franc indirect; l'intentionnalité, au pluriel comme au singulier, est dans ma tête. Evidemment, dans pareils cas, je considère que mon intentionnalité collective est en fait partagée, que je n'agis pas à moi tout seul. Je pourrais cependant posséder toute cette intentionnalité même si je me trompais radicalement, même si la présence et la coopération apparentes des autres personnes était une illusion, même si je souffrais d'hallucination profonde, et même si j'étais un cerveau dans un bocal. L'intentionnalité collective, située dans ma tête, peut faire allusion à d'autres membres supposés d'une collectivité, indépendamment du fait qu'il y ait, en réalité, d'autres membres ou non.

Puisque cette assertion est compatible avec l'idée fantaisiste du cerveau en bocal, elle est *a fortiori* compatible avec toutes nos contraintes. Elle satisfait la contrainte (2) parce que l'hypothèse du cerveau en bocal est simplement la manière la plus extrême d'exprimer (2). Elle satisfait la contrainte (1) parce qu'on ne nous demande pas de supposer l'existence, dans la société, d'éléments autres que des individus. Notre supposition est parfaitement compatible avec le fait que la société est entièrement constituée d'individus. Elle ne contredit pas le fait qu'il n'existe rien de semblable à l'esprit de groupe ou la conscience de groupe; car ce qui nous intéresse, c'est de savoir comment les états conscients ou les états mentaux inconscients des individus peuvent faire référence à des collectivités, alors que la référence aux collectivités se trouve en dehors de la parenthèse qui spécifie le contenu propositionnel de l'état intentionnel.

Une caractéristique des plus inconfortables de notre analyse est que celle-ci tient compte d'une forme d'erreur qui ne provient pas d'un simple échec à créer les conditions de satisfaction d'un état intentionnel, et qui ne se réduit pas non plus à une simple rupture dans l'Arrière-plan. En effet, l'analyse tient compte de l'éventualité que je puisse me tromper lorsque je considère que le «Nous», dans «Nous avons l'intention», réfère effectivement à un nous; elle tient donc compte du fait que la présupposition que mon intentionnalité est collective peut être erronée. Certes, j'ai une croyance erronée si j'ai une intention collective qui n'est pas, en fait, partagée. Mais dans l'analyse proposée, quelque chose de plus n'a pas marché. Notons que ceci viole un postulat cartésien bien ancré que nous sommes spontanément enclins à poser. Ce postulat énonce que si je me trompe, cela doit être dû au fait qu'une de mes croyances est fausse. Or, dans l'analyse fournie ci-dessus, il apparaît que je me trompe non seulement sur l'état du monde, mais même sur ce que je suis, en fait, en train de faire. Si j'ai une hallucination qui me fait supposer que quelqu'un d'autre m'aide à pousser la voiture, que donc je pousse seulement en tant que ma poussée fait partie de notre action de pousser, alors je ne me trompe pas seulement dans ma croyance qu'il y a quelqu'un d'autre qui pousse avec moi; je me trompe également au sujet de ce que je fais. Je pensais pousser en tant que ma poussée faisait partie de notre action de pousser, mais ce n'est pas ce que j'étais effectivement en train de faire.

II

J'en viens maintenant à la notation. Quelle est exactement la structure formelle de l'intentionnalité collective ? Afin d'établir la structure des cas collectifs, nous devons d'abord nous remémorer la structure de l'intentionnalité pour les actions simples. Une action, par exemple lever un bras, a deux composantes : une composante mentale et une composante physique. La composante mentale représente et cause, à la fois, la composante physique ; et puisque la forme de causalité est celle d'une causalité intentionnelle, le mental cause le physique en le représentant. En français ordinaire on pourrait dire : quand je réussis, ma tentative de faire quelque chose cause un effet d'un certain type parce que c'était ce que j'essayais de faire. Dans une notation qui me paraît à la fois utile et suffisamment fine, on peut représenter ces faits de la manière suivante, si l'action est celle de lever ses bras :

i.a. (cette i.a. cause : mon bras se lève) CAUSE : MON BRAS SE LEVE

Les expressions en minuscules représentent la composition mentale. Le type d'état intentionnel est spécifié en dehors de la parenthèse (dans ce cas-ci, «i.a.» représente l'intention-en-action) et les expressions entre parenthèses représentent les conditions de satisfaction, c'est-à-dire ce qui doit se produire pour que l'état en question soit satisfait. Quand il s'agit d'intentions, ces conditions sont, du point de vue causal, auto-référentielles, c'est-à-dire que dans les conditions de satisfaction on stipule que l'état lui-même doit causer un événement du type représenté dans le reste des conditions de satisfaction. Les expressions de droite, en majuscules, représentent des événements physiques réels du monde. Si l'i.a. aboutit, l'action consistera en deux composantes, une composante «mentale» et une composante «physique», et la condition de satisfaction de la composante mentale est qu'elle doit causer un événement physique d'un certain type. Puisque nous supposons que l'i.a. aboutit, la notation introduite plus haut représente le fait que l'i.a. cause bien un événement de ce type. Tous ces faits sont résumés dans la formule.

Afin que la notation soit absolument claire, je la traduirai en français ordinaire :

Il existe une intention-en-action qui a pour condition de satisfaction que cette même intention-en-action est la cause du fait que mon bras se lève ; et la totalité de ce processus mental est effectivement la cause du fait que, dans le monde physique, mon bras se lève.

Rappelons-nous maintenant comment cela marche pour un cas légèrement plus complexe qui implique la relation de moyen. Prenons, par exemple, un homme qui tire au revolver en pressant sur la gâchette. Il a une intention-en-action dont le contenu est que cette même intention-en-action fait qu'il presse sur la gâchette, ce qui, à son tour, cause le coup de feu. Si l'intention est satisfaite, l'événement complexe total ressemble à ceci :

i.a. (cette i.a. cause : la gâchette est pressée, cause : le coup de feu est tiré) CAUSE : LA GACHETTE EST PRESSEE, CAUSE : LE COUP DE FEU EST TIRE

Dans ce cas aussi, les expressions en minuscules représentent les contenus mentaux ; les expressions en majuscules représentent ce qui se produit dans le monde réel. Puisque nous considérons que les contenus mentaux sont satisfaits dans les formulations subséquentes, nous pouvons donc supprimer la référence au monde réel. S'ils sont satisfaits, les contenus mentaux peuvent être plaqués directement sur le monde. Auparavant nous avons introduit les deux points, qui se lisent (avec les ajustements appropriés) «le fait que...», et qui nous permettent de convertir en termes singuliers la phrase ou les autres expressions qui suivent. Nous introduisons ici la virgule, qui se lit «ce qui» et qui convertit les expressions subséquentes en une proposition relative. Donc ce qui se trouve entre parenthèses dans cet exemple se lit, en français :

Cette intention-en-action est la cause du fait que la gâchette est pressée, ce qui est la cause du fait que le coup de feu est tiré.

Appliquons maintenant ces leçons à l'étude du comportement collectif. A cette fin, considérons un autre cas.

Supposons que Dupont et Durand se soient engagés dans un comportement coopératif. Supposons qu'ils soient en train de préparer une sauce hollandaise. Dupont mélange tandis que Durand verse lentement les ingrédients. Ils doivent coordonner leurs efforts, car si Dupont cesse de mélanger ou si Durand cesse de verser les ingrédients, la sauce sera gâchée. Chacun d'entre eux a une forme d'intentionnalité collective qu'il pourrait exprimer par «Nous préparons une sauce hollandaise». Il s'agit d'une intention-en-action et elle a la forme :

i.a. (cette i.a. cause : la sauce est préparée)

Maintenant, le mystère est de savoir comment cette intention collective peut causer quoi que ce soit. Après tout, il n'y a pas d'agents autres que des êtres humains, et de quelque manière que ce soit, la causalité intentionnelle doit fonctionner par eux et uniquement par eux. Je pense qu'une des clés qui nous aidera à comprendre l'intentionnalité collective est le fait qu'en général les relations de manière et de moyen définies par rapport à l'accomplissement d'un but collectif doivent déboucher sur des actions individuelles. Nous pourrions, par exemple, demander aux cuisiniers : «Comment préparez-vous le repas?». Ils pourraient répondre : «D'abord en faisant la sauce; ensuite en cuisant la viande». Mais à un certain point, quelqu'un doit pouvoir dire, par exemple, «Je mélange». Dans des cas comme celui-ci, la composante individuelle des actions collectives joue le rôle d'un moyen pour arriver au but. L'action de mélanger est le moyen de faire la sauce de la même manière que le fait de presser sur la gâchette est le moyen de tirer un coup de feu. Dupont a un contenu intentionnel que nous pourrions exprimer en français par :

Nous préparons la sauce en utilisant comme moyen mon action de mélanger.

De même, Durand a le contenu intentionnel suivant :

Nous préparons la sauce en utilisant comme moyen mon action de verser.

Du point de vue de chaque agent, ce ne sont pas deux actions avec deux intentions qu'ils accomplissent. De même que, dans le cas du revolver, il y a une seule intention et une seule action — tirer le coup de feu en pressant sur la gâchette — de même, dans le cas du collectif, chaque agent n'a qu'une seule intention qui représente sa contribution à une seule action collective :

Dupont i.a. (cette i.a. cause : les ingrédients sont mélangés)
Durand i.a. (cette i.a. cause : les ingrédients sont versés)

Mais nous n'avons toujours pas résolu notre problème. Dans le cas de l'action individuelle, il y a une intention simple qui englobe les relations de moyen ou de manière. J'ai l'intention de tirer un coup de feu en pressant sur la gâchette : une intention, une action. La relation entre l'intention de moyen et l'intention globale est simplement la relation de la partie au tout : l'intention totale représente à la fois le moyen et le but, et ceci en représentant la relation de moyen en vertu de laquelle on atteint le but au moyen du moyen.

Mais comment cela marche-t-il exactement quand le moyen est individuel et le but collectif ? La réponse à cette question n'est pas évidente du tout. Essayons quelques possibilités. Il est tentant de penser qu'il pourrait s'agir d'intentionnalité collective jusqu'au bout; que, simplement, il existerait une classe particulière d'intentions collectives et que c'est tout ce dont nous avons besoin. Selon cette interprétation, l'intentionnalité du point de vue de Dupont est la suivante :

i.a. collective (cette i.a. cause : les ingrédients sont mélangés, cause : la sauce est préparée)

Cependant, cette solution «collectiviste» ou «socialiste» ne peut être bonne, car elle néglige le fait que Dupont apporte une contribution individuelle à un but collectif. Si je suis Dupont, cette interprétation laisse subsister un fait mystérieux : comment l'intentionnalité collective peut-elle faire mouvoir mon corps? On aurait sûrement envie de dire que je dois personnellement avoir l'intention de faire quelque chose si la sauce doit jamais être prête.

Le point de vue opposé selon lequel tout serait intentionnalité individuelle, une solution «capitaliste» ou «individualiste», ne fournit pas de meilleurs résultats :

i.a. singulière (cette i.a. cause : est mélangée, cause : est préparée)

Cette solution n'est pas satisfaisante parce qu'elle est compatible avec l'idée qu'il n'y a pas d'intentionnalité collective du tout. Je pourrais mélanger en sachant que vous faites quelque chose qui, joint à mon action de mélanger, produira le résultat désiré sans qu'il y ait aucune intentionnalité collective. En résumé, cette formulation est compatible avec la thèse que l'intentionnalité collective n'existe pas, qu'il s'agit seulement d'une accumulation d'intentionnalités individuelles; et ce point de vue, nous l'avons déjà rejeté.

Supposons alors que l'on essaye de capter les deux composantes, collective et individuelle, en traitant l'intention collective comme causant l'intention singulière :

i.a. collective (cette i.a. cause : i.a. singulière, cause : est mélangée, cause : est préparée)

Ce qui me fait penser que cette analyse est erronée, c'est le fait qu'une i.a. singulière se trouve sous la portée de l'i.a. collective. Ceci implique que l'intention collective n'est pas satisfaisante si elle ne cause pas le fait que j'ai une i.a. singulière. Et ceci ne peut être correct, parce que mon intention collective n'est pas une intention qui fait que j'ai une intention singulière ; c'est, bien plutôt, l'intention d'atteindre un but collectif pour lequel mon intention singulière représente un moyen afin d'arriver au but. Il y a un indice qui nous suggère que cette analyse est erronée : c'est le fait que nous nous trouverions dans une situation assez différente de l'action singulière ordinaire, où mon intention de tirer un coup de feu en pressant sur la gâchette constitue une seule intention complexe, et non deux intentions dont l'une cause l'autre en tant que partie de ses conditions de satisfaction. Evidemment, dans les cas singuliers, une intention peut faire que j'aie une intention subsidiaire, par raisonnement pratique. Mais même dans de tels cas, l'intention ne doit pas nécessairement causer l'intention subsidiaire pour être satisfaite. Dans le cas singulier, il ne s'agit que d'une seule intention : tirer un coup de feu en pressant la gâchette, pourquoi y aurait-il alors deux intentions dans le cas collectif ?

Reprenons le problème sur de nouvelles bases. Demandons-nous, intuitivement, ce qui se passe. Selon notre intuition, nous préparons intentionnellement la sauce ; et si je suis Dupont, ma participation consiste à mélanger intentionnellement les ingrédients. Mais quelle est exactement la relation entre l'intention collective et l'intention individuelle ? Il me semble que c'est exactement le même genre de relation que celle qui existe entre l'intention de presser sur la gâchette et l'intention de tirer un coup de feu : tout comme je tire un coup de feu en pressant sur la gâchette, de même NOUS préparons la sauce au moyen de MON action de mélanger et de TON action de verser. En ce qui concerne ma participation, NOUS avons l'intention de préparer la sauce au moyen de MON action de mélanger et de TON action de verser. Mais ces deux choses ne doivent-elles pas être deux intentions distinctes, une i.a. singulière et une i.a. collective ? Non, pas plus qu'il ne faut avoir deux intentions distinctes quand je tire un coup de feu en pressant sur la gâchette. La vraie distinction entre le cas singulier et le cas collectif réside dans le type d'intention impliquée, et non dans la manière dont les éléments sont reliés entre eux par les conditions de satisfaction. La forme de l'intention dans le cas singulier est d'atteindre le but B en utilisant le moyen A. Autrement dit, il ne s'agit pas de l'un ou l'autre type déjà connu d'i.a., mais d'une i.a. du type atteindre-B-au-moyen-de-A. Nous pouvons donc penser que la notation qui représente ce type d'i.a. comprend deux variables libres, « A » et « B ». Ces deux variables sont alors liées, à l'intérieur des parenthèses, par des clauses qui fonctionnent comme des noms. Ce que nous essayons de dire est que j'ai une intention du type atteindre-B-au-moyen-de-A, dont le contenu est que la gâchette-est-pressée-comme-A est la cause du fait que le-coup-de-feu-est-tiré-comme-B. Et cela peut être représenté comme suit :

i.a. B au moyen de A (cette i.a. cause : A la gâchette est pressée, cause : B le coup de feu est tiré)

De même, dans la structure de l'action collective, il n'y a qu'une seule i.a. (complexe); il ne s'agit donc pas d'un type déjà connu d'i.a., mais bien du type d'i.a. atteindre-collectif-B-au-moyen-de-singulier-A. Dans la notation, on lie les variables libres de la représentation de ce type d'intention à l'aide de clauses qui fonctionnent, à l'intérieur des parenthèses, comme des syntagmes nominaux singuliers. On a donc :

i.a. collectif B au moyen de singulier A (cette i.a. cause : A mélange, cause : B préparation)

Nous ne sommes pas obligés d'émettre l'hypothèse paradoxale que l'acte collectif cause l'acte individuel. Nous dirons plutôt que l'acte individuel fait partie de l'acte collectif. L'intention de mélanger fait partie de l'intention de préparer en mélangeant de la même façon que, dans le cas du revolver, d'intention de presser sur la gâchette fait partie de l'intention de faire feu en pressant sur la gâchette.

III

Nous devons maintenant aborder la question suivante : quelle sorte d'êtres sommes-nous pour avoir la capacité de former de telles intentions? En fin de compte, la réponse à cette question doit être d'ordre biologique. Nous pouvons cependant nous efforcer de répondre à une acception plus restreinte de cette question : quelles sont, dans l'Arrière-plan, les capacités générales et les phénomènes généraux qui se trouvent présupposés par l'analyse de l'intentionnalité collective que je viens d'esquisser? La manifestation de toute forme particulière d'intentionnalité collective exigera, en Arrière-plan, des aptitudes particulières comme, par exemple, celle de savoir mélanger. Mais y a-t-il certains traits de l'Arrière-plan qui soient généraux ou fort répandus (même s'ils ne sont peut-être pas universels) pour le comportement collectif? Je pense qu'il y en a, mais il n'est pas facile de les caractériser. C'est le genre de chose que les philosophes d'autrefois voulaient exprimer quand ils recouraient à des formules comme «L'homme est un animal social» ou «L'homme est un animal politique» ou «L'homme est grégaire». En plus de la capacité biologique de reconnaître que d'autres personnes sont comme nous — et que ceci est important — dans le sens où les chutes d'eau, les arbres, les pierres ne sont pas comme nous, il me semble que l'aptitude à pouvoir s'engager dans un comportement collectif requiert quelque chose comme un sentiment préintentionnel de la communauté. L'équipe de football a le sentiment du «nous contre eux» et elle a ce sentiment en plus du sentiment du «nous» plus large qui englobe «les équipes en train de jouer»; l'orchestre a le sentiment du «nous jouant devant eux» et ceci en tant que partie du «nous» plus large des «participants d'un concert». «Mais», pourrait-on objecter, «ce sentiment de la communauté est sûrement constitué par l'intentionnalité collective». Je ne le pense pas. Le comportement collectif augmente certainement le sentiment de la communauté, mais ce sentiment de la communauté peut exister sans aucune intentionnalité collective, et ce qui est plus intéressant, l'intentionnalité collective semble présupposer un certain niveau de sentiment de la communauté avant qu'elle ne puisse fonctionner.

Tous les groupes sociaux ne sont pas continuellement engagés dans un comportement dirigé vers un but. Parfois, leurs membres sont simplement, par exemple, assis ensemble au salon, perchés sur les chaises d'un bar, ou bien dans un train. La forme d'«être ensemble» qui existe dans des cas comme ceux-ci n'est pas constituée par une intentionnalité dirigée vers un but puisqu'il n'y en a pas. De tels groupes sont, pour ainsi dire, prêts à l'action mais ils ne sont pas encore engagés dans une action quelconque, il n'y a pas d'intention-en-action et il n'y a pas d'intention-en-projet. Néanmoins ils possèdent le type de conscience communautaire qui est le prérequis général à l'intentionnalité collective.

Sur base de ces réflexions préliminaires je voudrais avancer la thèse suivante :

Thèse 4. L'intentionnalité collective présuppose, en Arrière-plan, un sentiment de la communauté, un sentiment d'être un groupe, d'«être ensemble»; c'est-à-dire qu'elle présuppose un sentiment des autres comme étant plus que de simples agents conscients, comme étant des membres réels ou potentiels d'une activité de coopération.

Quels sont maintenant les arguments en faveur de cette thèse ? Je ne vois rien qui puisse être un argument décisif; néanmoins, les considérations qui me font pencher vers cette interprétation ressemblent à ce qui suit. Demandez-vous ce que vous devez considérer comme acquis afin de pouvoir toujours avoir des intentions collectives ou agir selon elles. Ce que vous devez supposer, c'est que les autres sont des agents comme vous, et qu'ils ont, de même, une conscience de vous en tant qu'agent comparable à eux, et que ces consciences fusionnent en un sentiment du *nous* comme agent collectif réel ou possible. Ces conditions sont même valables pour des gens totalement inconnus. Quand je sors de ma maison pour aller dans la rue aider à pousser la voiture d'un inconnu, une partie de l'Arrière-plan est que chacun considère l'autre comme un agent et comme un candidat à former une partie d'un agent collectif. Mais ceci ne constitue pas, dans les cas normaux, une «croyance». Ma position au sujet des objets qui m'entourent et au sujet du sol qui se trouve sous mes pieds est que ceux-ci sont solides, sans qu'il me faille avoir, ou que j'aie, une croyance spéciale qu'ils sont solides. Ma position au sujet des autres est qu'ils sont des agents conscients, sans qu'il faille avoir, ou que j'aie, une croyance spéciale qu'ils sont conscients. De même, ma position au sujet de ceux avec qui je me suis engagé dans un comportement collectif, est qu'ils sont des agents conscients engagés dans une activité de coopération, sans qu'il me faille avoir, ou que j'aie, des croyances spéciales à cet effet.

Je crois que si nous pouvions comprendre parfaitement ce sentiment de la communauté qui appartient à l'Arrière-plan, nous verrions que certaines tentatives pour comprendre le caractère de la société doivent être erronées. Il est tentant de penser que le comportement collectif présuppose la communication, que les actes de langage dans la conversation sont le «fondement» du comportement social et, par conséquent, de la société. Il est peut-être tout aussi tentant de supposer que la conversation présuppose le comportement collectif, que le comportement social est le fondement de la conversation, et, par conséquent, de toute société dans laquelle la communication joue un rôle primordial. Il y a évidemment bien des choses à dire en faveur de chacune de ces conceptions. Mais je suggère ici que nous ne pouvons expliquer la société en termes de conversation en particulier, ou en termes de comportement collectif en général, puisque chacun de ces phénomènes présuppose une forme de société avant de pouvoir fonctionner. Le sentiment, biologiquement primitif, de l'autre personne comme un candidat à une intentionnalité partagée est une condition nécessaire de tout comportement collectif et, par conséquent, de toute conversation.

Nous pouvons maintenant conclure par la thèse suivante :

Thèse 5. La notation, et par conséquent la théorie de l'Intentionnalité, augmentée d'une certaine conception du rôle rempli par l'Arrière-plan, peut faire une place aux intentions collectives.

Pour une grande classe de cas de comportements collectifs, pas tous bien sûr, la relation de la composante singulière à la composante collective de l'intention est formellement la même que la relation qui s'instaure entre la représentation des moyens et les buts dans les intentions individuelles. Le comportement individuel est le moyen pour arriver au but collectif. Et il y a au moins une présupposition d'Arrière-plan qui soit spécialement requise par ce type d'intentionnalité, c'est le sentiment collectif d'être un groupe.

Traduit de l'anglais par Carmela Spagnoletti

NOTES

[1] Ndt. Nous avons substitué à l'exemple original, emprunté au football américain, une illustration sans doute plus familière à la plupart des lecteurs francophones.
[2] Ndt. Nous traduirons le verbe composé «to we-inted» par «avoir $_{nous}$ l'intention».
[3] Ndt. Nous avons substitué à l'exemple original une illustration sans doute plus familière à la plupart des lecteurs francophones.
[4] Les lecteurs auront vu que ces deux contraintes sont proches de «l'individualisme méthodologique» et du «solipsisme méthodologique» dans leur interprétation traditionnelle. Je m'efforce autant que possible de ne pas sombrer dans le marais des sempiternelles disputes sur ces questions. J'essaye donc de présenter une version de ces deux contraintes où celles-ci soient interprétées comme de simples exigences préthéoriques du sens commun.
[5] Cf. note 1.

Les violations des règles du dialogue raisonné
Douglas N. WALTON

Depuis Aristote, l'étude de l'argumentation a identifié les violations les plus graves des contraintes du discours raisonné et logique aux sophismes informels de la tradition. Mais tout au long de l'histoire, les sophismes ont été décrits, dans les manuels, comme des arguments qui semblent valides alors qu'ils ne le sont pas. Il est temps d'admettre que cette caractérisation est inadéquate et trompeuse, et qu'elle constitue un obstacle sérieux pour le programme de recherche actuel en argumentation critique, lorsque celui-ci aborde la théorie du sophisme. Bien au contraire, il faudrait reconnaître que les sophismes sont des tactiques fallacieuses basées sur des types d'argumentation corrects, mais utilisés indûment dans le but de rompre la communication et de pervertir les canaux de l'argumentation raisonnée (celle où les gens raisonnent ensemble dans le but d'atteindre un objectif acceptable).

D'après cette conception nouvelle, et véritablement pragmatique, du sophisme, celui-ci ne peut être correctement compris et évalué que par rapport à une communauté d'argumentateurs qui se sont engagés ensemble dans la structure conventionnelle ou institutionnelle d'un dialogue interactif régi par des règles[1]. On peut avoir différents types de dialogues. Mais chaque évènement discursif qui prend la forme d'un dialogue doit se conformer à un modèle normatif du dialogue qui peut en être extrait par un processus de reconstruction argumentative. Une fois que les règles du dialogue et les prémisses non exprimées sont extraites et établies, un argument particulier peut être, ou non, évalué comme une instance de sophisme.

Cette conception pragmatique de la discussion comme dialogue interactif est désormais courante dans la recherche actuelle sur l'argumentation[2]. Pourtant, certaines de ses implications pour une compréhension adéquate du concept de sophisme n'ont pas encore été complètement dégagées. L'objectif de cet article est de proposer une nouvelle conception pragmatique du sophisme, résumée par les huit thèses suivantes :

1. *Un sophisme est une erreur*
2. *Un sophisme est une erreur de raisonnement*
3. *Un sophisme est une illusion*
4. *Un sophisme est une ruse ou une tactique*
5. *Un sophisme est une erreur pernicieuse*
6. *Un sophisme est la violation d'une règle*
7. *Un sophisme est un schème d'argumentation indûment utilisé*
8. *Un sophisme est un mécanisme de duperie*

Le concept de «dialogue raisonné» nous fournit le cadre théorique nécessaire pour entreprendre cette analyse pragmatique du concept de sophisme.

Un dialogue raisonné est essentiellement une séquence ordonnée de paires de mouvements stratégiques (de «coups») qui commence par un coup initial ou *étape d'ouverture*, et se poursuit jusqu'à un coup final, ou *étape de fermeture*. Van Eemeren et Grootendorst (1984) distinguent, dans le dialogue raisonné, une phase initiale qu'ils identifient à la confrontation initiale où les participants articulent les buts du dialogue et clarifient — ou s'accordent sur — certaines des règles de procédure. Ces accords ou clarifications, pour autant qu'ils soient connus dans un cas particulier (d'après une interprétation du fragment discursif donné), ont comme rôle de définir le but et la portée du dialogue d'une manière générale. Ces contenus définissent le contexte du dialogue de manière globale. Les conventions, règles, ou accords globaux sont donc rattachés au dialogue entier conçu comme une séquence collective de coups. Par contraste, les considérations *locales* dans le dialogue relèvent d'un coup spécifique de la séquence.

Dans un dialogue, il y a cinq constituants de base, qui s'assemblent pour composer sa structure globale :

1. *Les Participants*. Un dialogue peut avoir n'importe quel nombre de participants. Mais, sous sa forme caractéristique, un dialogue admet une

réduction à deux participants actifs, ou parties prenantes, les «pour» et les «contre».

2. *Les Coups.* Chaque participant doit, à son tour, jouer un coup dans une séquence de paires de coups. Normalement, chaque coup est soit une question, soit une réplique à une question qui peut prendre la forme d'une assertion.

3. *Les Engagements.* Chaque partie prenante se voit assigner un ensemble de propositions appelé *ensemble d'engagements*. A chaque coup, des propositions peuvent être insérées ou supprimées dans l'ensemble des engagements (la prise de position) d'un participant. Cet ensemble varie pendant la séquence du dialogue.

4. *Les Règles de Procédure.* La fonction de ces règles est de définir les conditions sous lesquelles des propositions spécifiques doivent être insérées ou supprimées dans l'ensemble des engagements d'un participant lors de chaque type caractéristique de coup. Ces règles doivent être établies durant les coups d'ouverture, ou avant le début de la séquence du dialogue[3].

5. *But du dialogue.* Le dialogue doit avoir un but ou un critère de succès qui lui est spécifique, de sorte qu'une séquence particulière de coups soit évaluée, conformément aux règles, comme l'accomplissement ou la résolution du dialogue.

Un des types de dialogue les plus courants est celui où le but de chaque partie est de persuader l'autre. Dans ce type de dialogue, chaque participant endosse une proposition spécifique appelée (ou déclarée être) sa *thèse*; thèse qu'il doit prouver ou pour laquelle il doit argumenter. La thèse de chaque partie doit être prouvée uniquement d'après les prémisses (ou engagements) *de l'autre partie*, au moyen de coups inférentiels permis par les règles. Ce type de dialogue est appelé *dialogue de persuasion* (ou *discussion critique*).

Il existe d'autres contextes de dialogue comme, par exemple, les dialogues d'investigation ou de négociation. Mais le dialogue de persuasion constitue, à plusieurs égards, un contexte fondamental pour l'étude des sophismes et d'autres violations importantes des contraintes du dialogue raisonné, dont la logique a traditionnellement reconnu l'importance.

1. Un sophisme est une erreur

Un sophisme, c'est avant tout une bévue, une erreur, ou une faute — quelque chose qu'il faut corriger ou rendre juste. On dit donc d'un sophisme qu'il est «commis». Une fois qu'il est commis, il doit être corrigé ou rétracté. C'est une erreur incontestable qui, une fois remarquée ou signalée, exige une réaction.

Quand on accuse quelqu'un d'«avoir commis un sophisme», on en attend une réponse. Si une réponse satisfaisante n'est pas donnée, l'individu inculpé perd sa crédibilité. L'inculpation présume qu'il a commis une erreur; il lui incombe par conséquent, de rectifier cette erreur s'il veut que son argumentation soit digne d'être écoutée dans toute discussion subséquente.

Dans ce contexte, la notion d'erreur implique qu'il existe une norme sous-jacente, ou une procédure réglée, et que le fait de commettre un sophisme entraîne qu'il y ait violation de cette norme, ou déviation par rapport à elle. Un sophisme est une déviation par rapport à la norme de ce qui est correct, et par cela même il est erroné.

Mais quelle sorte d'erreur est-ce qu'un sophisme? Dans la section suivante, nous verrons que, d'un point de vue logique, la meilleure définition du sophisme le présente comme une erreur de raisonnement.

2. Un sophisme est une erreur de raisonnement

Le mot «sophisme», en anglais «fallacy»[4], a pris, dans l'usage courant, un sens large qui peut inclure toutes sortes d'erreurs, de malentendus, de croyances fausses du sens commun. Par exemple, dans un livre de référence intitulé *Popular Fallacies*[5] les exemples suivants sont repris parmi les sophismes :

Qu'un Tisonnier Posé sur la Barre Supérieure d'une Grille et qui Pointe vers le Haut de la Cheminée Tire le Feu vers le Haut.

Que Sir Walter Raleigh a Introduit le Tabac en Angleterre.

Que les Chats Aspirent le Souffle des Enfants Endormis.

Ce livre consacre environ un paragraphe à chacune de ces entrées, montrant pourquoi ces propositions sont fausses et pourquoi tant de gens pensent qu'elles sont vraies. Cette démarche est compatible avec la signification du terme «fallacy» dans ce contexte, puisqu'il s'agit là de croyances qui sont fausses et, malgré tout, fort répandues.

Dans le contexte de la logique, cependant, ce sens des mots «sophisme» ou «fallacy» devrait être explicitement exclu. Pour la logique en tant que discipline, un «sophisme» est une erreur de raisonnement. Selon

Aristote (*Réfutations Sophistiques*, 165a1), «le syllogisme est un raisonnement où, certaines données étant posées, on tire de ces données quelque conclusion, qui en sort nécessairement, et qui est différente de ces données»[6]. Raisonner, c'est tirer des conclusions à partir de certains autres énoncés appelés prémisses. Un «sophisme» est alors (en logique) une manière pernicieuse ou erronée de raisonner. Par conséquent, une croyance fausse n'est pas, en elle-même, nécessairement réductible à un sophisme.

Bien que le terme anglais «fallacy» soit étymologiquement rattaché au mot latin *falsus* par le terme *fallacia*, il ne s'ensuit pas qu'un «sophisme» («fallacy») soit un énoncé faux. En plus de la signification «faux», le mot latin *falsus* peut aussi vouloir dire «trompeur, prétendu, feint, fourbe ou contrefait», d'après Lewis et Short, *A Latin Dictionary* (1969, p. 271).

Bien qu'un sophisme soit une erreur de raisonnement, il ne s'ensuit pas que ce soit nécessairement un argument fallacieux. Certains sophismes, tels les arguments *ad populum, ad baculum, ad misericordiam*, en appellent aux émotions pour détourner l'un des participants à une discussion d'une ligne argumentative correcte qu'il devrait prendre adéquatement en compte[7]. Ces coups peuvent donc être des «sophismes» dans certains cas, même si l'appel émotionnel n'est pas, à proprement parler, un argument en lui-même. Mais c'est un sophisme parce que c'est une erreur de raisonnement qui survient dans une argumentation.

De même, il ne s'ensuit pas qu'un sophisme soit un argument invalide qui semble valide. Cette idée sera éliminée ultérieurement, quand nous verrons qu'il existe une multitude d'arguments valides qui sont fallacieux, et énormément d'arguments invalides qui ne sont pas fallacieux. Ceci est vrai tout au plus, si par «valide» on entend ce qui est déductivement valide.

Le processus de raisonnement comporte toutes sortes de tactiques, de coups et d'arguments qui font partie d'une discussion raisonnée où deux participants, ou plus, raisonnent ensemble afin de prouver quelque chose ou de résoudre un désaccord. La logique, en tant que science du raisonnement, contient un élément pragmatique - elle n'est pas seulement l'étude (sémantique) d'arguments déductifs.

3. Un sophisme est une illusion

La notion traditionnelle de sophisme a toujours contenu une forte composante d'illusion, de tromperie ou de contrefaçon. Un sophisme n'est pas ce qu'il semble être, et c'est cette apparence trompeuse qui le rend dangereux ou confus. D'après Hamblin (1970, p. 109), le mot *fantasia* était parfois utilisé, au Moyen-Age, comme un synonyme de *fallacia*.

Tout au début des *Réfutations Sophistiques* (1964a22-165a1), Aristote établit un contraste particulièrement parlant entre les vrais arguments et les arguments fallacieux :

> «Il est évident que, parmi les syllogismes, les uns en sont de véritables, et les autres le paraissent sans en être. Comme pour tant d'autres choses, cette confusion se produit ici par une certaine ressemblance que peuvent présenter aussi les discours. Ainsi, parmi les hommes, les uns ont bien réellement la santé, les autres n'en ont que l'apparence, se gonflant eux-mêmes et se parant, comme on gonfle et comme on pare les victimes offertes par les tribus. Les uns sont beaux par leur propre beauté, les autres ne font que le paraître parce qu'ils se sont bien ornés eux-mêmes. On pourrait appliquer cette observation même aux choses inanimées : ainsi, celles-ci sont véritablement de l'argent, celles-là de l'or, d'autres ne le sont pas réellement et le paraissent à nos sens qu'elles trompent : par exemple, le plomb et la litharge paraissent de l'argent, et les choses dorées paraissent de l'or. De même pour le syllogisme et la réfutation : l'un est réellement syllogisme, l'autre ne l'est pas, mais elle paraît l'être à des yeux inexpérimentés ; car les gens sans expérience ne voient les choses que comme s'ils les regardaient à une grande distance.»[8].

Un sophisme est une tactique trompeuse en argumentation, mais la raison pour laquelle il peut être utilisé comme instrument de ruse et de tricherie, c'est qu'il s'agit, dans son principe fondamental, d'une illusion et que, par conséquent, il peut être utilisé pour duper quelqu'un lors d'une discussion. Bien que ces deux éléments, l'illusion et la tactique, soient combinés dans l'utilisation d'un sophisme en argumentation, ils devraient en principe être distingués, et considérés séparément comme les éléments d'un sophisme.

4. Un sophisme est une ruse ou une tactique

Un sophisme est une ruse ou une tactique argumentative. C'est, dans la technique argumentative, un type systématique d'attaque ou de stratégie qui est utilisé lors d'une argumentation, afin de défaire un adversaire en lui tendant un piège. D'après Lewis et Short, *A Latin Dictionary* (1969, p. 721), *fallacia* signifie «supercherie, ruse, artifice, stratagème, habileté, ou intrigue». Le terme anglais «fallacy» provient du latin *fallacia*, qui provient du mot grec *sphal*. Or ce mot a deux significations en grec. Il signifie d'abord «faire tomber», et était utilisé par les Grecs pour faire référence aux tactiques des lutteurs (chez Homère, par exemple)[9]. D'autre part, ce mot était utilisé avec un sens plus métaphorique pour signifier «faire tomber par un argument», afin de renvoyer à des tactiques verbales d'argumentation.

Chez Aristote, ce sens de *tactique verbale d'argumentation* est clairement dominant dans le traitement des sophismes. Les sophismes y sont identifiés à des types de *réfutations captieuses*. Aristote a même classifié ces types de tactiques de réfutation. Il en distingue six sortes qui dépendent de la langue (*Réfutations sophistiques*, 165b25), et sept autres sortes qui sont indépendantes de la langue (166b21). De quelque manière qu'elle classifie ces différents sophismes, la tradition postérieure à Aristote indique clairement que chacun d'entre eux est une sorte de technique ou de tactique qui peut être utilisée ou appliquée, lors d'une instance particulière d'argumentation, pour essayer de l'emporter sur un adversaire dans un débat sur un sujet de discorde.

5. Un sophisme est une erreur pernicieuse

Si vous accusez quelqu'un de commettre un sophisme, cela constitue une grave critique qui oblige la personne critiquée à répliquer elle aussi en termes assez durs si elle veut se défendre avec succès. Le terme «sophisme» est utilisé pour référer à une erreur systématique sous-jacente à une argumentation, ce qui rend celle-ci sujette à la réfutation si l'accusation est étayée. Par conséquent, un sophisme n'est pas une erreur quelconque dans une argumentation; c'est un type d'erreur particulièrement grave.

Lorsque nous traitons d'une argumentation, nous devons donc distinguer entre un *sophisme* et une simple *bévue*. Tous deux impliquent la violation d'une règle argumentative, mais une bévue est un type d'erreur qui n'avantage pas la personne qui la commet. Un sophisme est un cas plus grave de violation; il peut être mis en œuvre de manière tout à fait intentionnelle. Par exemple, si un participant à une discussion argumente circulairement, ce peut être une bévue qui échoue simplement à convaincre l'adversaire d'accepter une conclusion. Mais le fait de commettre le sophisme appelé «pétition de principe» crée une situation beaucoup plus grave.

De même, dire qu'un argument contient un point faible, un défaut (une «lacune»), un vide ou un trou est une chose; un argument doit pouvoir être soumis à une mise en question critique. Mais c'est tout autre chose de dire qu'un argument renferme un sophisme, car cela veut dire que l'argument est réfuté et doit être rejeté. Par exemple, il arrive que dans certaines argumentations, le recours à l'opinion des experts soit peu ou inadéquatement documenté. Mais si on peut remédier à ce point faible, il est préférable de dire que l'argument se prête à la critique plutôt que de dire qu'il renferme un sophisme *ad verecundiam*[10].

6. Un sophisme semble valide mais ne l'est pas

Comme le fait remarquer Hamblin (1970, p. 12), il est enseigné presque partout, depuis Aristote jusqu'à nos jours, qu'un sophisme est un raisonnement qui *semble valide, mais ne l'est pas*. Or cette définition du sophisme est véritablement erronée et gravement trompeuse. Bon nombre des types d'argumentation que l'on a identifiés à des sophismes sont des exemples de raisonnement plausible qui ne sont pas censés être déductivement valides, et ne devraient donc pas être considérés comme erronés dès lors qu'ils ne satisfont pas à la validité déductive. Par exemple, le recours à l'opinion d'un expert, qui est identifié à l'*argumentum ad verecundiam*, est fondé sur un mode de raisonnement plausible[11], une forme de présomption raisonnée faite par un profane engagé dans un dialogue informatif avec une personne experte dans un domaine de la connaissance. L'appel à l'opinion d'un expert peut se fourvoyer de diverses manières, mais ce n'est pas le manque de validité déductive qui définit le sophisme *ad verecundiam*.

En outre, le critère psychologique qui invoque le semblant de validité ne constitue pas, en lui-même, ou conjointement avec l'invalidité, une condition suffisante pour conclure au sophisme. Un argument peut sembler valide à quelqu'un pour différentes raisons — le manque d'attention, par exemple — sans que cet argument soit fallacieux pour autant. L'insistance que l'on met sur la psychologie par ce critère de semblant de validité est en général déplacée. Un sophisme est identifié comme un type distinctif et significatif de tactique argumentative parce qu'il constitue un type particulier parmi les techniques qui peuvent être utilisées pour convaincre les gens de ce qu'ils doivent modifier leurs prises de position sur un sujet. Mais l'engagement ne doit pas nécessairement être identifié à une croyance effective de l'argumentateur[12].

La notion de semblant de validité met légitimement en évidence le fait qu'un sophisme est une sorte d'illusion, mais prise en elle-même, cette notion ne nous amène pas à une analyse adéquate du concept de sophisme.

7. Un sophisme est la violation d'une règle

Il est temps de rejeter, avec Hintikka (1987), la vieille idée sémantique que les sophismes sont des arguments invalides, et de se tourner vers l'idée que les sophismes sont des violations de procédures propres au dialogue question-réponse. Cette réorientation vers la pragmatique dans l'étude des sophismes signifie que ceux-ci peuvent être traités comme des violations des règles du dialogue. Il y a bien sûr différents contextes de dialogue ; par conséquent, d'après cette approche pragmatique, le fait qu'un argument soit, ou non, correctement évalué comme fallacieux ou non, dépend de l'information fournie par un fragment discursif qui entoure l'argument et qui constitue le contexte du dialogue.

Selon l'approche pragmatico-dialectique de Van Eemeren et Grootendorst (1984, 1987), la violation d'une règle contraignant la conduite d'une discussion critique constitue une menace pour la réussite de la discussion. Et ces violations, ou coups incorrects, correspondent à ces genres de défauts que l'on appelle traditionnellement des sophismes. Cette conception du sophisme comme violation d'une règle du dialogue argumentatif touche au cœur même de l'idée de sophisme. C'est une approche constructive qui, pour la première fois, ouvre la voie à une étude objective des sophismes comme erreurs logiques.

Cependant, le critère de violation de règle n'est pas, à lui seul, suffisant pour définir de manière adéquate le concept de sophisme. Comme nous l'avons vu, il y a des bévues, des défauts et d'autres erreurs d'argumentation qui sont des violations d'un code de conduite pour les participants à un discours rationnel, mais qui ne sont pas des sophismes. Un sophisme est un genre particulier de violation grave d'une règle du dialogue, où un type caractéristique de technique est employé par un participant afin de prendre l'autre au piège ou de le tromper.

8. Un sophisme est un schème d'argumentation indûment utilisé

Les principaux sophismes informels reconnus par la tradition sont, fondamentalement, des types d'argumentation corrects qui ont la fonction légitime de déplacer le poids de la preuve dans le dialogue raisonné. Ces types d'argumentation deviennent cependant fallacieux lorsqu'ils sont utilisés, dans un dialogue, d'une manière incorrecte, qui viole les règles de ce dialogue.

Un bon exemple nous est fourni par l'*argumentum ad ignorantiam*, traditionnellement considéré comme un sophisme[13]. Ce type d'argument s'organise selon les schèmes d'argumentation suivants :

(A1) L'assertion A n'est pas connue comme étant vraie.
Par conséquent, A est fausse.

(A2) L'assertion A n'est pas connue comme étant fausse.
Par conséquent, A est vraie.

Bien qu'il soit notoire que ces types d'arguments peuvent être fallacieux, ils sont susceptibles de s'instancier, dans certains cas, sous la forme d'arguments corrects (plausibles, raisonnables) qui opèrent un déplacement légitime du poids de la preuve.

Considérons le cas de Bob, qui vient pratiquer le tir dans un stand. Il s'approche d'un fusil. Il ne sait pas à coup sûr que le fusil n'est pas chargé. Par conséquent, il agit selon la présomption que le fusil est chargé, ce qui est une inférence *ad ignorantiam*.

Considérons encore le cas d'une note envoyée par le Directeur de la Bibliothèque centrale d'une université à tous les chefs de département. Cette note annonce que si aucune objection au sujet d'un nouveau règlement concernant les livres en réserve n'est faite avant une certaine date, ce règlement sera présumé acceptable pour la faculté et le nouveau règlement sera mis en application sur cette base. Le message de la note spécifie clairement qu'une présomption sera inférée par le Directeur à l'aide d'un argument *ad ignorantiam*. Mais l'argument n'est pas nécessairement fallacieux[14].

9. Argumentum ad ignorantiam

Dans des discussions critiques portant sur des sujets controversés et où les faits n'ont pas été établis, tout raisonnement plausible est basé sur l'idée de présomption. L'idée est que même si on ne sait pas si une proposition est vraie ou fausse, on peut la présumer vraie ou fausse pour les buts d'une discussion, afin de voir où la discussion, basée sur une présomption donnée, nous conduit. Une présomption emporte avec elle le poids de la preuve. Mais si ces idées de présomption et de poids de la preuve ont bien un sens en tant que composantes d'une discussion critique, l'*argumentum ad ignorantiam* doit être, au moins dans certains cas, un type raisonnable (non fallacieux) d'argumentation.

Selon les descriptions de manuels traditionnels comme celui de Copi (1986, p. 94), cité ci-dessous, l'*argumentum ad ignorantiam* est un type important de sophisme informel :

> «Le sophisme de l'*argumentum ad ignorantiam* est illustré par l'argument que les fantômes existent forcément puisque personne n'a jamais pu prouver qu'ils n'existent pas. L'*argumentum ad ignorantiam* est commis chaque fois que l'on soutient qu'une proposition est vrai pour la simple raison qu'elle n'a pas été démontrée fausse, ou qu'elle est fausse parce qu'elle n'a pas été démontrée vraie. Mais il est clair que le fait que nous ignorions comment prouver ou infirmer une proposition n'établit ni la vérité ni la fausseté de cette proposition.»

Il est certainement vrai que l'argument par ignorance peut être un type d'erreur important en argumentation. Dans la méthodologie scientifique, on attire légitimement l'attention des étudiants sur le fait qu'il y a une différence entre le manque de preuve pour une hypothèse et une preuve évidente contre cette hypothèse. Car l'absence de support expérimental pour une hypothèse doit être distinguée des données positives permettant de réfuter cette hypothèse. En mathématique, par exemple, on distingue entre la situation où l'on échoue à démontrer un théorème (même si de nombreuses tentatives de démonstration ont avorté) et celle où l'on a prouvé que le présumé théorème n'est pas valide. L'argument par ignorance peut effectivement être erroné dans le cas où il s'avère, en fin de compte, que le théorème en question était très difficile à démontrer. Le manque de preuve et l'impossibilité de prouver sont, dans certains cas, deux choses distinctes.

D'autre part, des arguments qui semblent bien avoir une forme très similaire à l'argument par ignorance n'apparaîtront pas comme fallacieux :

> Un homme est accusé d'avoir fait subir des mauvais traitements à un enfant; mais après une enquête minutieuse et détaillée de son cas, on n'a trouvé aucune preuve pour établir qu'il y a eu mauvais traitement d'enfant.

Quelle serait ici la bonne conclusion à tirer? Certains diront que si l'enquête a été suffisamment minutieuse et complète, on doit conclure que l'homme en question n'est pas coupable. Mais ceci semble être un argument par ignorance. Peut-on, parce qu'on ne connaît ni n'a trouvé aucune preuve, inférer que l'allégation est non fondée? Ceci ressemble fort à l'argument selon lequel une proposition est fausse dès lors qu'elle n'a pas été démontrée.

Evidemment, on peut argumenter sur ce qui est une «preuve positive», par rapport à ce qui est une «preuve négative». Si l'on faisait une recherche minutieuse, et qu'aucune preuve n'était trouvée, peut-être que l'enquête elle-même pourrait être décrite comme une forme de preuve positive établissant que l'allégation était fausse.

Par ailleurs, beaucoup dépend du degré de précision de l'enquête, et du niveau des critères de preuve utilisés. Si l'enquête a été très minutieuse, et si chacun s'accorde à dire qu'aucune voie d'enquête possible n'a montré l'ombre d'une preuve de la culpabilité de l'accusé, alors nous devrons conclure — même si c'est un argument *ad ignorantiam* — que cet homme est disculpé. Et de fait, de nombreux manuels de logique, dont celui de Copi (1986, p. 94) lui-même, admettent que l'*argumentum ad ignorantiam* n'est pas fallacieux dans un contexte particulier : le tribunal. Car tout le monde sait que si l'accusation n'a pas prouvé la culpabilité lors d'un procès criminel, la conclusion qu'il est juste de tirer est que l'accusé n'est pas coupable. L'*argumentum ad ignorantiam* passe pour raisonnable dans ce cas particulier à cause des exigences légales répartissant le poids de la preuve. L'accusation doit prouver la culpabilité de l'accusé sans le moindre doute raisonnable. Tout ce que la défense doit faire pour gagner sa cause, c'est de montrer que les arguments de l'accusation sont contestables ou laissent subsister un doute.

Mais le contexte légal que constitue l'affrontement d'un procès criminel est-il le seul type de cas où l'argument par ignorance est non fallacieux ? Il semblerait que non, puisque l'enquête sur l'allégation de mauvais traitements d'enfant dans le cas discuté ci-dessus ne doit pas nécessairement prendre la forme précise d'un procès criminel pour que l'accusé soit jugé équitablement comme n'ayant pas commis les actes en question.

De plus, le cas vu précédemment des actions accomplies par Bob au stand de tir ne relève pas du procès criminel. C'est pourtant un cas où l'argument par ignorance semble raisonnable : puisque Bob ne sait pas que le fusil n'est pas chargé, il en conclut correctement qu'il doit agir en supposant que le fusil est chargé. En fait, Bob infère que le fusil est chargé — ou en tout cas que telle est l'hypothèse qu'il doit tirer — à partir du seul fait qu'il n'est pas prouvé qu'il est faux que le fusil soit chargé. Ceci semble être un exemple classique de raisonnement *ad ignorantiam*, et cependant, comme nous l'avons noté dans la discussion de la section précédente, ce peut être une forme correcte de raisonnement plausible à partir d'une présomption exigée.

C'est, pour l'essentiel, le même genre de considérations qui s'appliquent au cas de la note du Directeur de la bibliothèque centrale. Une telle note pourrait, dans certaines situations, être jugée comme contenant un argument raisonnable, même si elle avance un argument *ad ignorantiam* (en ce sens que l'absence de réponse de la part des chefs de département sera interprétée comme impliquant qu'ils n'ont aucune objection à l'égard du nouveau règlement).

10. Mécanismes de duperie en argumentation

Un sophisme est donc plus que la violation d'une règle du dialogue argumentatif. Il s'agit d'un type particulier de tactique ou de technique argumentative visant à utiliser indûment un schème d'argumentation[15], et cela afin de tromper ou de piéger un adversaire dans un dialogue et de le défaire en tant que partie prenante. Le mécanisme le plus courant de ce type de tactique consiste à essayer de forcer une présomption en repoussant trop agressivement un adversaire lors d'une discussion, et en éludant ou en détournant injustement le poids de la preuve. Par cette technique, on s'évertue à clôturer une discussion à l'avantage de quelqu'un sans satisfaire aux exigences qui répartissent le poids de la preuve à l'intérieur du dialogue.

En inventant l'expression *argumentum ad ignorantiam*, Locke (1690, IV, xvii, 20) a, bien sûr, perçu très clairement l'abus potentiel inhérent à ce type d'argument quand il le décrit comme suit[16] :

> «Un second moyen dont les hommes se servent pour proter et forcer, pour ainsi dire, les autres à soumettre leur jugement aux décisions qu'ils ont prononcées eux-mêmes sur l'opinion dont on dispute, c'est d'exiger de leur adversaire qu'il admette la preuve qu'ils mettent en avant, ou qu'il en assigne une meilleure. C'est ce que j'appelle un argument *ad ignorantiam*.»

Remarquez que, tel que Locke le décrit, l'*argumentum ad ignorantiam* n'est pas nécessairement fallacieux dans chaque cas ; mais les potentialités d'abus qu'il offre en tant que tactique agressive sont claires.

Des schèmes d'argumentation corrects peuvent devenir fallacieux non seulement par une utilisation indûment agressive mais aussi en vertu d'un *changement dialectique* — par le passage d'un contexte de dialogue à un autre. Par exemple, l'*argumentum ad hominem* est, en principe, une manière raisonnée de réfuter les arguments d'un adversaire d'après ses propres concessions dans le dialogue ; mais il peut devenir fallacieux si l'un des participants passe, de manière illicite, d'une discussion critique d'un sujet à une négociation intéressée. Car adopter un point de vue personnel et intéressé dans une discussion peut être légitime dans certains contextes de dialogue, mais pas si l'on a la prétention d'être, dans une discussion critique ou une investigation, un participant objectif qui examine impartialement tous les points de vue[17]. Mais une telle allégation de biais personnel n'est qu'une des formes de l'*argumentum ad hominem*. Il en existe d'autres.

Un argument circonstanciel contre la personne attaque la conclusion d'un argumentateur en proposant que des implications peuvent être tirées des concessions personnelles de l'argumentateur, dans la mesure où celles-ci vont à l'encontre de la conclusion qu'il avance. Par conséquent, une telle critique est une forme d'attaque personnelle parce qu'elle attaque le plaidoyer présenté par l'argumentateur en faveur de sa conclusion plutôt que la vérité de la conclusion elle-même[18]. Le critique prétend que, indépendamment du fait que la conclusion soit vraie ou non, l'argumentateur qu'il est en train de critiquer a admis, à travers les circonstances particulières de sa vie personnelle, qu'il n'est pas réellement engagé de manière cohérente en faveur de cette conclusion. Par conséquent, l'attaque du critique suggère qu'un tel argumentateur n'est pas vraiment un défenseur crédible de l'argument qu'il a la prétention de défendre[19].

Lorsqu'on aborde un débat lié à l'utilisation d'une attaque personnelle, on risque souvent de perdre de fil de la discussion. Des émotions fortes peuvent être libérées, et les mises en cause personnelles qui en résultent, ainsi que les contre-attaques qu'elles déclenchent, peuvent être très stimulantes pour un auditoire par trop désireux de se divertir à l'écoute de vibrantes récriminations personnelles. Le troisième type d'*argumentum ad hominem* est l'attaque offensante, qui prétend se fonder sur le mauvais caractère d'un argumentateur pour mettre en doute la véracité de ses dires, ou sa fiabilité en tant que participant à un dialogue raisonné.

Dans certains cas, il est indéniable que les caractéristiques propres d'un argumentateur, ou les circonstances particulières de sa vie, sont pertinentes pour l'examen d'un argument qu'il a avancé sur un sujet de controverse. Toutefois, dans d'autres cas, il est clair que les frontières du dialogue raisonnable ont été dépassées par une attaque personnelle. Même là où des matières personnelles peuvent être pertinentes, les attaques personnelles sont trop souvent des tentatives peu justifiées de salir un adversaire par des sous-entendus.

Et cependant, en dépit de nos réserves très raisonnables et avisées sur la mauvaise utilisation des attaques personnelles négatives en argumentation, il faut toujours se rappeler que l'argument contre une personne peut constituer, en principe, une forme raisonnable de critique[20]. Pourquoi en est-il ainsi? Parce que mettre le doigt sur la preuve plausible d'une incohérence dans l'attitude d'un argumentateur est fondamentalement raisonnable s'il s'agit de mettre en question les prises de position qui soutiennent les tentatives qu'il déploie pour nous convaincre par la persuasion raisonnée. Nous savons déjà par la logique formelle qu'un ensemble inconsistant de propositions doit contenir au moins une proposition fausse — la logique déductive nous dit que toutes les propositions d'un ensemble inconsistant ne peuvent être vraies. Par conséquent, la critique circonstancielle visant à établir l'incohérence de l'attitude adoptée par un argumentateur peut aussi constituer, au moins dans certains cas, une forme d'argument raisonnable, lorsqu'on part d'un point de vue pragmatique sur le dialogue raisonnable [21].

Il existe, de manière générale, trois formes fondamentales de critique *ad hominem* opposables à un argument. Elles doivent être soigneusement distinguées pour les buts de cette discussion. La première forme de critique consiste simplement à invoquer le mauvais caractère de l'argumentateur pour jeter un doute sur la véracité de ses dires, ou sur sa collaboration raisonnée au dialogue mené de bonne foi. Cela, c'est l'*ad hominem* offensant. Une autre forme de critique consiste à affirmer que la position d'un argumentateur est incohérente, ou qu'elle présente des symptômes plausibles d'incohérence au vu de circonstances connues. Ces deux mécanismes de critique relèvent légitimement du domaine logique. Tous deux peuvent être des formes raisonnables de critique, au moins dans certains cas. Mais tous deux peuvent être indûment utilisés, et de diverses manières, dans des cas particuliers.

La troisième forme de critique *ad hominem* est l'allégation d'un biais personnel — l'accusation selon laquelle un argumentateur a une stratégie cachée et ne fait, en réalité, que feindre d'honorer les règles d'une investigation impartiale des données [22].

L'argument *ad hominem* recouvre donc des mécanismes distinctifs d'attaque et de défense argumentative qui peuvent être utilisés de manière correcte ou indue. Quand ils sont indûment utilisés, ces mécanismes prennent la forme d'attaques agressives qui tentent de faire échouer les objectifs du bon dialogue en empêchant le locuteur de continuer le dialogue avec la moindre crédibilité ou le moindre espoir de soutenir sa part de la discussion.

Les techniques d'argumentation comme l'*ad hominem* et l'*ad ignorantiam*, ainsi que d'autres sophismes traditionnels, sont des types systématiques d'attaque et de défense qui peuvent être étudiés, utilisés, et dont on peut abuser lors du dialogue. Ce sont en fait des capacités à attaquer et à se défendre de manière organisée et efficace en argumentation. Tout comme un entraîneur de judo enseigne au novice certaines séquences de coups permettant de mettre l'adversaire au tapis, ou de se défendre contre ses tentatives d'attaque, certains types bien définis de techniques argumentatives peuvent eux aussi être étudiés par le débutant qui désire apprendre l'art de la discussion raisonnée. Plus il maîtrise ces techniques, et plus il devient adroit dans leur déploiement lors de situations argumentatives différentes, plus il peut devenir expert dans leur utilisation sans prendre le temps de réfléchir, ou sans devoir se remémorer la séquence exacte des coups requis à chaque fois. Avec la pratique, ces techniques deviennent des réflexes routiniers.

Par conséquent, outre les types de règles du dialogue raisonné déjà reconnus dans la littérature sur l'argumentation, nous devons admettre qu'il existe des heuristiques systématiques d'attaque et de défense dans le dialogue argumentatif. Ces techniques sont (en principe) distinctes des règles qui déterminent la victoire ou la défaite dans un dialogue. A cet égard, une bonne comparaison peut être établie avec le jeu d'échecs. Il y a, pour les échecs, des règles de gain ou de perte qui disent aux joueurs quelles séquences de coups constituent une victoire, une défaite, ou un partage. Mais il y a aussi des règles tactiques (l'heuristique, les techniques d'attaque et de défense) que l'expert peut enseigner à un novice afin que l'élève devienne un joueur plus habile. Cependant, utiliser ces techniques par réflexe, c'est tout autre chose que de les énoncer explicitement ou d'analyser pourquoi, comment et quand elles marchent comme tactiques subtiles, avisées, ou utiles.

11. Les obligations d'un argumentateur dans un dialogue raisonné

Les arguments comme l'*ad hominem* et l'*ad ignrantiam* sont plus que de simples arguments défectueux ou erronés. Ce sont des outils ou techniques qui peuvent être utilisés de manière constructive ou destructive afin d'exercer une influence puissante (bonne ou mauvaise) sur un dialogue argumenté. Le dialogue raisonné peut être un instrument puissant et excellent qui nous aide à trouver la voie de la vérité ou à découvrir de nouvelles connaissances. Alternativement, le mauvais usage de l'*argumentum ad hominem* et d'autres sophismes, transforme le dialogue en un *dialogue éristique*[23], un combat mortel où tout intérêt pour la vérité et la connaissance est mis de côté.

Cependant, tous les dialogues ne sont pas éristiques. Dans un bon dialogue persuasif, les deux participants apprennent non seulement quelque chose sur les positions de leur adversaire dans la discussion, mais ils peuvent aussi finir par apprendre des choses importantes, et non accessibles auparavant, au sujet de leurs propres convictions et engagements profonds. Ceci est la fonction maïeutique du dialogue raisonné, ce qui fait de lui la voie la plus importante que nous ayons vers la connaissance de soi.

Pour que la persuasion raisonnée soit une forme de discussion qui puisse provoquer ou orienter un changement d'engagement dans les positions de l'argumentateur auquel l'argument est adressé, il faut qu'une présupposition importante soit satisfaite. Cette présupposition est que l'argumentateur qui avance l'argument sera engagé ou lié, dans certaines limites, par ses propres positions, et qu'il s'y tiendra, même si (ici encore dans certaines limites) cela va à l'encontre de ses propres intérêts personnels. Cette présupposition est l'une des raisons fondamentales pour lesquelles l'argument *ad hominem* protant sur les circonstances personnelles est si souvent une forme tellement puissante de réfutation d'argument. Si l'on découvre que les actions d'un argumentateur, ou les circonstances particulières de sa vie personnelle, vont à l'encontre des convictions qu'il a épousées et argumentées (ou du moins, de ce qui semblait être ses convictions), cela est une indication que son argument peut n'être qu'une vaine rhétorique. Tout se passe comme si cette personne n'avait aucune considération pour l'argumentation rationnellement contraignante qui sous-tend son point de vue. Elle semble trop disposée à abandonner ses arguments, et à placer en premier lieu son gain personnel, ses désirs, ou ses intérêts dès que l'occasion s'en présente. Ce type d'acte viole, au plus profond, la présomption centrale qui définit la persuasion raisonnée en tant que type d'argument.

Cependant, le fait est que, dans une situation argumentative donnée, le discours nous fournit rarement des conclusions définitives sur les croyances réelles de ce genre de personne. Mais pour évaluer les critiques d'arguments, comme par exemple la critique *ad hominem*, cela n'est de toute façon pas nécessaire. Tout ce dont le critique a besoin, c'est d'un symptôme avéré d'incohérence pratique, établi à partir du contexte même du discours. Dans la mesure où on peut soutenir substantiellement une allégation d'incohérence, le poids de la preuve, ou de l'explication, incombe à la partie critiquée, qui doit dissoudre l'incohérence présumée afin de défendre, si elle le peut, ses prises de position.

Nous connaissons rarement les croyances réelles des argumentateurs, par exemple lors de l'évaluation des débats politiques. Il s'agit là d'un domaine où règnent les «groupes d'intérêt» et où abondent les plaidoyers spécifiques présentés par des groupes dont les prises de position manifestes semblent être un fin vernis dissimulant l'intérêt personnel ou l'ambition. Il est dès lors simple de voir pourquoi l'attaque *ad hominem* est si répandue dans les débats politiques. Mais, dans un sens crucial, les croyances personnelles de tels argumentateurs n'ont pas autant d'importance que la sagesse et la profondeur qui caractérisent leurs prises de positions, ou leur engagement personnel en faveur de ces thèses. Ce qui compte aussi c'est la *tolérance*, le fait d'être libéré du dogmatisme, la volonté d'écouter des arguments fondés sur la position adverse et, dans certaines limites, la capacité à modifier ses prises de position quand les arguments de l'adversaire semblent raisonnablement convaincants.

En matière de conviction, l'engagement n'est jamais absolu, mais fondé sur la force de l'argument et du raisonnement plausible[24]. Pour un argumentateur, l'obligation de s'engager n'est donc jamais inconditionnelle, et elle doit rester ouverte et sensible à la critique et à la mise en question. D'autre part, cette obligation doit être relativement contraignante, afin d'assurer quelque crédibilité à un argument raisonné. Ce qui détermine cette nature contraignante d'un argument, ce sont les règles de procédure appropriées au contexte particulier du dialogue.

Comme les règles et les procédures d'un dialogue sont plus clairement, plus exactement et plus objectivement formulées, ou énoncées, nous considérons le dialogue comme étant plus représentatif d'une persuasion rationnelle que la simple persuasion fortuite. Du fait que la position de l'interlocuteur est moins idiosyncrasique et représente des systèmes d'engagement qui seraient acceptés comme plausibles et acceptables par une classe plus large d'interlocuteurs, nous conceptualisons le dialogue en termes de persuasion raisonnée plutôt qu'en termes de simple persuasion de l'interlocuteur.

Le dialogue de persuasion admet des degrés de rationalité relativement plus élevés dans la mesure où il dépend de moins de présomptions sur un interlocuteur particulier, et sur l'idiosyncrasie de ses prises de positions spécifiques. En conséquence, lorsque le dialogue de persuasion atteint à un certain degré de rationalité et à une plus grande objectivité de discours, nous sommes autorisés à dire qu'il est devenu approprié d'en parler en termes de persuasion raisonnée, plutôt qu'en termes de simple persuasion de l'interlocuteur.

Traduit de l'anglais par Marc Dominicy et Carmela Spagnoletti

NOTES

[1] Grice (1975), Van Eemeren (1986) et Walton (1987).
[2] Voir Harrah (1971), Moore, Levin et Mann (1974), Mackenzie (1981), Manor (1981) et (1982), Barth et Krabbe (1982), Walton (1984), et Van Eemeren et Grootendorst (1984), et Krabbe (1985).
[3] Les *règles de locution* déterminent quels types d'actes de langage sont permis. Les *règles du dialogue* définissent les séquences permises de coups et de réponses. Les *règles d'engagement* déterminent quels engagements sont insérés ou supprimés dans l'ensemble des engagements d'un participant à chaque type de coup. Les *règles stratégiques de gain ou de perte* déterminent quelles séquences de coups d'un participant constituent la victoire ou la défaite (l'issue heureuse ou malheureuse) dans le dialogue.
[4] NdT. Dans ce paragraphe, nous conserverons parfois le terme «fallacy», qui est polysémique, et se traduit dès lors de diverses manières en français.
[5] Ackermann (1970).
[6] NdT. Nous reprenons la traduction française de J. Barthélemy Saint-Hilaire.
[7] Walton (1987).
[8] Cf. Note 5.
[9] Le mot grec provient d'un mot sanskrit qui a une signification similaire. Je suis reconnaissant envers Paul van der Laan pour ces clarifications étymologiques.
[10] Hamblin (1970) et Walton (1987).
[11] Rescher (1976) et (1977).
[12] Hamblin (1970).
[13] Woods et Walton (1978).
[14] Une discussion plus étendue de ces types de cas peut être trouvée dans Walton (1987).
[15] Pour une description des schèmes d'argumentation, voir Van Eemeren et Kruiger (1987).
[16] NdT. Nous reprenons la traduction française de Pierre Coste.
[17] Walton (1985).
[18] Barth et Martens (1977), Johnstone (1978), Perelman (1982), Govier (1983), Brinton (1985), et Walton (1985).
[19] Graham (1977).
[20] Johnstone (1978), Walton (1985), Brinton (1986) et (1987), et Govier (1987).
[21] Walton (1985).
[22] Graham (1977).
[23] Ce terme est souvent utilisé dans les écrits grecs sur le dialogue. Voir Kapp (1942).
[24] L'auteur du présent article a développé sur ce sujet un projet de recherche mené en collaboration avec Eric Krabbe au Netherlands Institute for Advanced Studies. Il en est résulté une monographie intitulée *Commitment in Dialogue* (L'engagement dans le dialogue), à paraître d'ici peu.

REFERENCES

ACKERMANN Alfred S.E., *Popular Fallacies*, 4th ed., Detroit, Gale Research Company, 1970.
ARISTOTLE, *The Works of Aristotle Translated into English*, ed. W.D. Ross, Oxford, Oxford University Press, 1928.
—, *On Sophistical Refutations*, trans. E.S. Forster, Loeb Classical Library Edition, Cambridge, Mass., Harvard University Press, and London, William Heinemann Ltd, 1955.
BARTH E.M. and KRABBE E.C.W., *From Axiom to Dialogue*, New York, De Gruyter, 1982.
BARTH E.M. and MARTENS J.L., «*Argumentum Ad Hominem* : From Chaos to Formal Dialectic», *Logique et Analyse*, 77-78, 1977, 76-96.
BRINTON Alan, «A Rhetorical View of the *Ad Hominem*», *Australasian Journal of Philosophy*, 63, 1985, 50-63.
—, «Ethotic Argument», *History of Philosophy Quarterly*, 3, 1986, 245-257.
—, «Ethotic Argument : Some Uses», *Argumentation : Perspectives and Approaches*, ed. Frans H. Van Eemeren, Rob Grootendorst, J. Anthony Blair and Charles A. Willard, Dordrecht and Providence, Foris Publications, 1987, 246-254.
COPI Irving M., *Introduction to Logic*, 7th ed., New York, Macmillan, 1986.
GOVIER Trudy, «*Ad Hominem* : Revising the Textbooks», *Teaching Philosophy*, 6, 1983, 13-24.
—, *Problems in Argument Analysis and Evaluation*, Dordrecht and Providence, Foris Publications, 1987.
GRAHAM Michael H., «Impeaching the Professional Expert Witness by a Showing of Financial Interest», *Indiana Law Journal*, 53, 1977, 35-53.
GRICE H. Paul, «Logic and Conversation», in P. Cole and J.L. Morgan, eds, *Syntax and Semantics 3 : Speech Acts*, New York, Academic Press, 1975, 43-58.
HAMBLIN Charles L., *Fallacies*, London, Methuen, 1970. [Reprinted by Vale Press, Newport News, Virginia, 1986].
—, «Mathematical Models of Dialogue», *Theoria*, 37, 1971, 130-155.
HARRAH David, «Formal Message Theory», *Pragmatics of Natural Languages*, ed. Yejoshua Bar-Hillel, Dordrecht, Reidel, 1971.
HINTIKKA Jaakko, «The Fallacy of Fallacies», *Argumentation*, 1, 1987, 211-238.
JOHNSTONE H.W., Jr., *Validity and Rhetoric in Philosophical Argument*, University Park, Dialogue Press of Man and World, 1978.
KAPP Ernst, *Greek Foundations of Traditional Logic*, New York, Columbia University Press, 1942.
KRABBE Erik C.W., «Formal Systems of Dialogue Rules», *Synthese*, 63, 1985, 295-328.
LEWIS Charlton T. and SHORT Charles, *A Latin Dictionary*, Oxford, Clarendon Press, 1969.
LOCKE John, *An Essay Concerning Human Understanding*, ed. John W. Yolton, London, Dent, 1961, 2 vol. [originally published 1690].
MACKENZIE J.D., «The Dialectics of Logic», *Logique et Analyse*, 94, 1981, 159-177.
MANOR Ruth, «Dialogues and the Logics of Questions and Answers», *Linguistische Berichte*, 73, 1981, 1-28.
—, «Pragmatics and the Logic of Questions and Assertions», *Philosophica*, 29, 1982, 45-96.
MOORE Christopher W., *The Mediation Process*, San Francisco, Jossey-Bass Publishers, 1986.
MOORE James A., LEVIN James A. and MANN William C., «A Goal-Oriented Model of Human Dialogue», *American Journal of Computational Linguistics?* 67, 1977, 1-54.
PERELMAN Chaim, *The Realm of Rhetoric*, Notre Dame and London, University of Notre Dame Press, 1982.

RESCHER Nicholas, *Plausible Reasoning*, Assen-Amsterdam, Van Gorcum, 1976.
—, *Dialectics*, Albany, State University of New York Press, 1977.
ROBINSON Richard, «Arguing from Ignorance», *Philosophical Quarterly*? 21, 1971, 97-108.
VAN EEMEREN Frans, «Dialectical Analysis as a Normative Reconstruction of Argumentative Discourse», *Text*, 6, 1986, 1-16.
VAN EEMEREN Frans H. and GROOTENDORST Rob, *Speech, Acts in Argumentative Discussions*, Dordrecht and Cinnaminson, Foris Publications, 1984.
—, «Fallacies in Pragma-Dialectical Perspective», *Argumentation*, 1, 1987, 283-302.
VAN EEMEREN Frans H. and KRUIGER Tjark, «Identifying Argumentation Schemes», *Argumentation: Perspectives and Approaches*, ed. Frans H. Van Eemeren, Rob Grootendorst, J. Anthony Blair and Charles A. Willard, Dordrecht and Providence, Foris Publications, 1987.
WALTON Douglas N., *Logical Dialogue-Games and Fallacies*, Lanham, Maryland, University Press of America, 1984.
—, *Arguer's Position*, Westport, Connecticut, Greenwood Press, 1985.
—, *Informal Fallacies*, Amsterdam and Philadelphia, John Benjamins Publishing Co., 1987.
WALTON Douglas N. and BATTEN Lynn M., «Games, Graphs and Circular Arguments», *Logique et Analyse*, 106, 1984, 133-164.
WOODS John and WALTON Douglas, «The Fallacy of *Ad Ignorantiam*», *Dialectica*, 32, 1978, 87-99.

Table des matières

Présentation
par Herman PARRET 5

La fondation pragmatico-transcendantale de l'entente communicationnelle illimitée
Karl-Otto APEL 15

Communauté et «connaissance commune»
Jean-Pierre DUPUY 35

La communauté en paroles d'un point de vue interactionnel
John J. GUMPERZ 54

Pour une phénoménologie de la communauté
Michel HENRY 79

Consensus et conflit : une réévaluation
Francis JACQUES 97

Une sémantique de la communauté : Tönnies, Hegel
Pierre-Jean LABARRIERE 125

Communauté philosophique, communauté scientifique
François LARUELLE 139

Les figures de l'humain : la communauté en passion
Michel MEYER 165

Communiquer par aisthèsis
Herman PARRET 183

L'enjeu d'une pragmatique de la communication : l'expérience philosophique de la vérité
Jacques POULAIN 201

L'intentionnalité collective
John R. SEARLE 227

Les violations des règles du dialogue raisonné
Douglas N. WALTON 245

PHILOSOPHIE ET LANGAGE
Collection publiée sous la direction de MICHEL MEYER

Ouvrages déjà parus dans la même collection :

ADAM : Eléments de linguistique textuelle.
ANSCOMBRE / DUCROT : L'argumentation dans la langue.
AUROUX : Histoire des idées linguistiques. T. 1.
BESSIERE : Dire le littéraire.
BORILLO : Information pour les sciences de l'homme.
CASEBEER : Hermann Hesse.
COMETTI : Musil.
DOMINICY : La naissance de la grammaire moderne.
EVERAERT-DESMEDT : Le Processus interprétatif - Introduction à la sémiotique de Ch. S. Peirce.
GELVEN : Etre et temps de Heidegger.
HAARSCHER : La raison du plus fort.
HEYNDELS : La pensée fragmentée.
ISER : L'acte de lecture.
JACOB : Anthropologie du langage.
KIBEDI-VARGA : Discours, récit, image.
KREMER-MARIETTI : Les racines philosophiques de la science moderne.
LARUELLE : Philosophie et non-philosophie.
LATRAVERSE : La pragmatique.
LAUDAN : Dynamique de la science.
MAINGUENEAU : Genèse du discours.
MARTIN : Langage et croyance.
MEYER : De la problématologie.
MOUREY : Borges, vérité et univers fictionnels.
PARRET : Les passions.
PARRET : La communauté en paroles.
SHERIDAN : Discours, sexualité et pouvoir (Michel Foucault).
STUART MILL : Système de logique.
VANDERVEKEN : Les actes de discours.
VERNANT : Introduction à la philosophie de la logique.

A paraître :

CARRILHO : Pour une nouvelle rationalité.
HINTIKKA : Penser Wittgenstein.
MAYALI : Norme et consensus.
MEYER : Langage et littérature.
MEYER/PLANTIN : Argumentation et signification.
PLANTIN : Argumentation et communication.
ROSEN : Philosophie et crise des valeurs contemporaines.
STOCKINGER : Le contrat.
TAHA : Logique naturelle et argumentation.
VIDIK / BAUER-BERNET : Intelligence artificielle.